بسم الله الرحمن الرحيم

صناعة القرار الإسرائيلي

الآليات والعناصر المؤثرة

تأليف

كريم الجندي

ترجمة

أمل محمود عيتاني

مراجعة

د. محسن محمد صالح

مركز الزيتونة

للدراسات والاستشارات

بيروت - لبنان

The Process of Israeli Decision Making: Mechanisms, Forces and Influences

By:
Karim el-Gendy

Translated by:
Amal Itani

Revised by:
Dr. Mohsen M. Saleh

جميع الحقوق محفوظة ©

الطبعة الأولى

2011م - 1432هـ

بيروت - لبنان

ISBN 978-9953-500-86-7

مركز الزيتونة للدراسات والاستشارات

تلفون: 44 36 80 1 961 +

تلفاكس: 43 36 80 1 961 +

ص.ب.: 5034-14، بيروت - لبنان

بريد إلكتروني: info@alzaytouna.net

الموقع: www.alzaytouna.net

إخراج

مروة غلاييني

طباعة

CA s.a.r.l. |Beirut, Lebanon|

فهرس المحتويات

يميرا

المقدمة

"ليس لإسرائيل سياسة خارجية، وإنما سياسة داخلية فقط"[1]

هنري كيسنجر Henry Kessinger

وفقاً لإعلان الاستقلال الخاص بـ"دولة إسرائيل"، فإن "إسرائيل" دولة يهودية ديموقراطية. ووفقاً للقانون الإسرائيلي، فهي ديموقراطية برلمانية تتخذ قراراتها نظرياً على أساس القوانين والأنظمة التي تكفل الفصل بين السلطات في مختلف المؤسسات المعنية بصناعة القرار. ولكن في الحقيقة، فإن آلية صناعة القرار في "إسرائيل" عملية معقدة، تحكمها المكانة الشخصية بدرجة عالية، وهي مسيّسة إلى حدّ كبير، بالإضافة إلى كونها عملية مائعة وغير رسمية لا تحكمها سلطة واضحة وشاملة. وتتأثر آلية صناعة القرار في "إسرائيل" بالمؤسسات والأفراد ذوي النفوذ، من خارج الإطار الرسمي لصناعة القرار، بشكل مباشر أو غير مباشر. وتتأثر صناعة القرار الإسرائيلي أيضاً بالبيئة الخارجية المعقدة التي تحيط بـ"إسرائيل". إن التوازن بين هذه العوامل المحلية والخارجية المختلفة، هو الذي يقرر في نهاية الأمر أي سياسة يجب اعتمادها، ويختلف الوضع باختلاف طبيعة القضية المتناولة ومضمونها وظروفها وأبعادها وتوقيتها.

بعد حربي 1967 و1973 وُضعت عدة دراسات أكاديمية، وأُلّفت كتب حول عملية صناعة القرار في "إسرائيل" في أوقات الأزمات. وقد عالجت هذه الكتب والدراسات تفاصيل كيفية صناعة القرار في بعض أو كل الأزمات التي واجهت صناع القرار الإسرائيليين في السنوات: 1948، و1967، و1973. وانصب الاهتمام الأساسي في هذه الدراسات على تحليل مدى عقلانية عملية صناعة القرار في خياراتها التي اتخذتها خلال كل أزمة، ومدى أخذها بعين الاعتبار، المكاسب والعواقب التي ستترتب على هذه الخيارات. كما ركزت الدراسات على شرح كيف أثرت ديناميكيات المواقع السياسية على عملية صناعة القرار، وذلك في محاولة التعلم من أخطاء الماضي وتحسين آليات صناعة القرار وخاصة في أوقات الأزمات والضغوط.

[1] Joseph Heller, *The Birth of Israel, 1945-1949: Ben-Gurion and His Critics* (Gainesville, FL: University Press of Florida, 2000), preface xi.

وفي الفترة نفسها تقريباً، برزت دراسات أخرى حول السياسة الإسرائيلية، هدفت إلى شرح طبيعة كل أجزاء النظامين السياسي والاجتماعي المركبين، وغالباً ما ركزت على تفكيك المؤسسات والمجموعات الاجتماعية الإسرائيلية. هذا النوع من الدراسات الذي كان مهتماً بشكل أساسي بشرح تعقيدات المجتمع الإسرائيلي الفسيفسائي، الدائم التغير، بشقيه السياسي والاجتماعي، ناقش في بعض الأحيان التعقيدات التي تخلفها التأثيرات المحلية على السياسة الخارجية، ولكنه نادراً ما تطرق إلى عملية صناعة القرار.

في السنوات القليلة الماضية، تجدد الاهتمام بعملية صناعة القرار في "إسرائيل"، خاصة إثر حرب صيف 2006 على لبنان. وقد نبع هذا الاهتمام من الجدل الذي أثير حول كون الإخفاق الداخلي في عملية صناعة القرار هو الذي أدى إلى الإخفاق في الحرب. وقد ركز هذا الاهتمام الأكاديمي المتجدد أكثر ما ركز على إخفاقات جسم العمل، كما ركز أيضاً على عملية صناعة القرار نفسها خلال الأزمة.

وعلى الرغم من أن اهتمام الباحثين والمتخصصين المتواصل بعملية صناعة القرار الإسرائيلي لا يظهر جلياً إلا بعد وقوع أزمة أو حدث مهم، إلا أنه يمكن القول بأن هذا الاهتمام هو نتيجة أو مظهر من مظاهر القلق المزمن على فاعلية عملية صناعة القرار التي غالباً ما تكون خاطئة. وقد عبر الكثير من الإسرائيليين عن قلقهم هذا على مرّ السنين؛ إذ انتقد هذه العملية العديد من المتخصصين من أمثال يهودا بن مائير Yehuda Ben Meir الذي قال بأن "إسرائيل ليس لديها عملية صناعة قرار منهجية ومنظمة مطلقاً".

وبالإضافة إلى الباحثين والمتخصصين، عبّر العديد من الإسرائيليين المعنيين بعملية صناعة القرار، بمن فيهم مسؤولون سياسيون وعسكريون عن مخاوف مماثلة. فعلى سبيل المثال، يصف أبا إيبان Abba Eban الذي شغل لسنوات طويلة منصب وزير خارجية "إسرائيل"، ورئاسة لجنة العلاقات الخارجية والدفاع في الكنيست The Knesset، المقاربة الإسرائيلية في عملية صناعة القرار بأنها "عمل هواة، مبني على الارتجال، ويفتقر إلى المأسسة".

ومثل إيبان، يصف أيضاً شلومو جازيت Shlomo Gazit، مدير الاستخبارات العسكرية الإسرائيلية الأسبق، والمنسق الأسبق للإدارة الإسرائيلية في الضفة الغربية وقطاع غزة، معظم القرارات التي تنتج عن عملية صناعة القرار الإسرائيلي بأنها "غير مسؤولة، وعشوائية، وغير خاضعة للتفكير المنطقي، وغير مبنية على أي نوع من أنواع

البحث والتمحيص وتقييم البدائل". ويضيف أيضاً، بأن القرارات الصائبة التي تمّ التوصل إليها كانت "محض صدفة". كما يقول إنه "لا يستطيع أن يتذكر قراراً واحداً اتخذ على أساس تفكير متماسك، أو تقييماً تمّ التوصل إليه بعد دراسة عميقة، وتحليل لكل الخيارات والإمكانات والسلبيات والإيجابيات، والتوصية بخطوات عملية".

ويصف أهارون ياريف Aharon Yariv، وهو أيضاً مدير أسبق للاستخبارات العسكرية الإسرائيلية، ووزير سابق، عملية صناعة القرار في "إسرائيل" بأنها تفتقر إلى نسق رفيع المستوى "يمكنه أن ينظر إلى القضايا والتوصيات نظرة شاملة". وكتب أن عملية تطوير "إسرائيل" لاستراتيجية شاملة "هي أكثر نقاط الضعف وضوحاً في نظام الحكم في إسرائيل".

ويقول مائير عميت Meir Amit، المدير الأسبق للموساد Mossad والاستخبارات العسكرية، إنه "لا يوجد في إسرائيل عملية صناعة قرار ممنهجة في أي نطاق أو مستوى؛ فسواء في القضايا الاقتصادية أو الاجتماعية أو قضايا الأمن القومي، ليس هناك عملية نظامية، بل كل شيء يرتجل ارتجالاً، نحن في بلد يدير نفسه بدل أن يكون مُداراً".

ومثله يضيف مردخاي جازيت Mordechai Gazit، الذي شغل منصب السكرتير العام في مكتب رئاسة الوزراء، وفي وزارة الخارجية، بأنه "ليس هناك مأسسة لعملية صناعة القرار، كما أنها تختلف بين حالة وأخرى، ومن شخص إلى آخر". وأكد أيضاً أنه لم يكن هناك يوماً تقسيم واضح ورسمي للمسؤوليات وللسلطات بين مختلف الأشخاص الفاعلين في مكتب رئاسة الوزراء، ولم يكن هناك وضوح من يفعل ماذا. ويؤيده في هذا الكلام إلياهو بن إليسار Eliyahu Ben Elissar، الذي شغل منصب مدير مكتب رئيس الوزراء خلال حكومة مناحيم بيجن Menachem Begin الأولى، حيث قال: "ليس هناك شيء اسمه التخطيط للسياسة لا على المدى البعيد، ولا على المدى القريب ولا على المدى المتوسط"[2].

وعلى ضوء ما ذكرناه سابقاً وما هو متوفر من دراسات، فإن هذه الدراسة تسعى لفهم عملية صناعة القرار الإسرائيلي، وتسعى إلى سدّ ثغرة في الدراسات المتعلقة بهذا الموضوع من خلال ربط العوامل الداخلية بعملية صناعة القرار والسياسة الخارجية. كما

[2] Yehuda Ben Meir, *National Security Decision Making: The Israeli Case* (Boulder, CO: Westview Press, 1986), pp. 67-69.

تحاول الدراسة شرح كيف تتشابك العوامل والقوى داخل منظومة المجتمع الإسرائيلي لتضغط على آلية صناعة القرار، وعلى الطريقة التي تؤخذ بها القرارات المتعلقة بالأمن القومي والسياسة الخارجية. وسوف تركز الدراسة على الإطار والخلفيات السياسية، وعلى العوامل الداخلية والخارجية، كما ستركز على اللاعبين الأساسيين في عملية صناعة السياسة الإسرائيلية.

وسوف نحاول من خلال هذه الدراسة أن نتجنب التركيز فقط على عملية صناعة القرار خلال الأزمات، كما فعلت الدراسات السابقة حول هذا الموضوع. ومن خلال ذلك، نأمل بأن نقدم صورة أوضح عن عملية صناعة القرار الإسرائيلي، وتحديداً أفضل الخصائص التي تنفرد بها التجربة الإسرائيلية، مع ما تمنحه هذه الخصائص من نقاط ضعف ونقاط قوة لعملية صناعة القرار الإسرائيلي.

ولكن في الوقت الذي تحاول فيه هذه الدراسة أن تعتمد مقاربة شاملة لعملية صناعة القرار، فإن الأحداث الكبيرة تفرض نفسها بشكل أساسي وواضح، وهذا مردّه إلى أن الأزمات غالباً ما تستدعي آليات معقدة لعملية صناعة القرار، وانخراط سياسيين من أعلى المستويات، وهذا هو محط تركيز هذه الدراسة[3].

تهدف هذه الدراسة إلى معالجة عملية صناعة القرار الإسرائيلي من ثلاث زوايا مختلفة: صناع القرار والعلاقة الرسمية بينهم، القوى البنيوية والمؤثرات الطبيعية في عملية صناعة القرار، والعوامل الخارجية التي تؤثر على العملية.

بعد المقدمة، سوف يتناول الفصل الأول من الدراسة الزاوية الأولى، فيعرض للآلية النظرية وإطار عمل المؤسسة السياسية مركزاً على لاعبين أساسيين في عملية صناعة القرار الإسرائيلي: مجلس الوزراء والكنيست، والتفاعل بينهما كما يحدده القانون الأساسي في "إسرائيل". وتبيّن الدراسة بأن العلاقة بين الكنيست ومجلس الوزراء الإسرائيلي هي علاقة ديناميكية، أخذ مركز الثقل فيها مؤخراً، يزحف باتجاه مجلس الوزراء.

في الفصل الثاني، تناقش الدراسة العوامل الداخلية والعمليات التي تقلب العلاقات والتوازنات الرسمية بين اللاعبين الأساسيين، وتؤثر على الطريقة التي تعمل من خلالها.

---

[3] Ira Sharansky, *Policy making in Israel: Routines for Simple Problems and Coping with the Complex* (Pittsburgh, PA: University of Pittsburgh Press, 1997).

وتشمل هذه العوامل: تأثير التمثيل النسبي خلال الانتخابات العامة في "إسرائيل"؛ وآليات وقيود وتطور التحالفات السياسية، وكيف تؤثر على عملية صناعة القرار. كما تشمل أيضاً الأيديولوجيات والبرامج المختلفة للأحزاب السياسية، بالإضافة إلى التوسع الحاصل في دور رئيس الوزراء الإسرائيلي وتأثير شخصنة نفوذ القيادة الإسرائيلية. وترى هذه الدراسة أن هذه العلاقات البنيوية الثلاث بين النخب، التي تتولى عملية صناعة القرار، أدت إلى إضعاف الكنيست، وفشل أداء الحكومة باعتبارها منتدى لصناعة القرار. وهذان العاملان هما اللذان أديا إلى ثقافة الارتجال، وإلى انبثاق منتديات بديلة لصناعة القرار بقيادة رئيس الوزراء.

وتتوسع الدراسة من الفصل الثالث وحتى الفصل السابع في تحليل عدد من العوامل الخارجية المؤثرة على عملية صناعة القرار، حيث تدرس تأثير خمس قوى: القوى العسكرية، المستشارون، مجموعتين دينيتين، العلاقة مع الولايات المتحدة الأمريكية، العلاقة مع اليهود في "الشتات". ففي الفصل الثالث يبدأ النقاش حول التأثير العسكري على عملية صناعة القرار من خلال الحديث عن الهواجس الأمنية، وجذور العقيدة العسكرية الإسرائيلية. وبعد وصف حجم وبنية القوى العسكرية الإسرائيلية، فإن الدراسة تحاول شرح كيف استطاعت هذه القوى أن تصبح لاعباً أساسياً في السياسات الإسرائيلية. ويخلص هذا القول إلى نتيجة مفادها أنه على ضوء ضعف القيادة المدنية وضعف عملية صناعة القرار، فإن القوى العسكرية الإسرائيلية، استخدمت أدوات عديدة متوفرة في متناول يدها من أجل ملأ الفراغ القيادي. وقد تمّ إيلاء أهمية خاصة في هذا الفصل للعلاقات المدنية العسكرية في "إسرائيل"، وكيف أن تقاطع المصالح الصناعية والعسكرية لعب دوراً في هذا المجال.

أما الفصل الرابع فإنه يناقش دور المستشارين وخزانات التفكير كلاعبين خارجيين في عملية صناعة القرار الإسرائيلي؛ حيث يتطرق إلى دور مختلف خزانات التفكير الإسرائيلية، بما في ذلك المستشارين المدنيين والعسكريين، بالإضافة إلى دور خزانات التفكير المستقلة. كما يقدم هذا الجزء أيضاً، وصفاً تعريفياً مختصراً لكل خزانات التفكير الإسرائيلية. ويذهب للقول بأن المستشارين يلعبون دوراً أساسياً عند صناع القرار، ليس فقط في إطار صناعة السياسات، بل أيضاً لأهداف سياسية محلية.

ويتحدث الفصل الخامس عن المجموعات السياسية والمجموعات ذات الاهتمام المشترك. فيركز بشكل أساسي على تأثير مجموعتين دينيتين في "إسرائيل" هما الحريديم Haredim (اليهود الأرثوذكس المتشددون)، والداتيم لوميم Datim Le'umim (الصهاينة المتدينون). ولا يهدف هذا الجزء إلى شرح طبيعة الفسيفساء الدينية في "إسرائيل"، بقدر ما يهدف إلى شرح الأدوار المختلفة التي تلعبها كل مجموعة وكيف تسهم في تشكيل السياسة الإسرائيلية سياسياً وأيديولوجياً.

ثم يتطرق الفصل السادس إلى طبيعة العلاقة بين "إسرائيل" والولايات المتحدة الأمريكية، وكيف تؤثر هذه العلاقة على عملية صناعة القرار الإسرائيلي. حيث يناقش العلاقات الرسمية بين البلدين عارضاً لرأي المتخصصين حول طبيعة هذه العلاقة. ويخلص الفصل للقول بأن نموذج الدولة العميلة أو الوكيلة غير صالح لشرح السلوك الإسرائيلي تجاه الولايات المتحدة، ويقدم تفسيراً بديلاً لعملية صناعة القرار الإسرائيلي، مبنياً على مواقف القادة الإسرائيليين تجاه الولايات المتحدة الحليف والراعي الأساسي لـ"إسرائيل".

ويناقش الفصل السابع العلاقة بين "إسرائيل" والمجتمعات اليهودية في الخارج، شارحاً الفرق بين المجتمع اليهودي واللوبي الإسرائيلي The Israel Lobby في الولايات المتحدة الأمريكية، وشارحاً طبيعة تطور علاقات "الشتات" بـ"إسرائيل"، بالإضافة إلى الآليات الرسمية للعلاقات بين الطرفين. ويختتم هذا الفصل بتحليل لتأثير هذه العلاقة على عملية صناعة القرار الإسرائيلية وكيف أن فهم صناع القرار للشتات يؤثر على القرارات المتخذة تجاههم.

ويشكل الفصل الثامن محاولة لدمج وجهات النظر الثلاث في سيناريو صناعة القرار، من خلال تقديم دراسة حالة حول عملية صناعة القرار، والحالة التي اخترناها هي قرار ضرب أهداف في العمق المصري في نهاية حرب الاستنزاف في بداية السبعينيات. وقد قورنت دراسة الحالة المختارة مع حالات أخرى تتعلق بعملية صناعة القرار.

وفي الخلاصة، تعرض الدراسة الخصائص الأساسية لآلية عملية صناعة القرار، من خلال تحديد ما إذا كانت ذات طبيعة براجماتية أو أيديولوجية، بالإضافة إلى تحديد أهم عناصر القوة والضعف فيها.

الفصل الأول

الآلية الدستورية

الآلية الدستورية

النظام السياسي الإسرائيلي مبني من الناحية النظرية على مبدأ فصل السلطات، وهو بشكل عام ينتهج النموذج البريطاني في فصل السلطات، حيث يجب أن تحصل السلطة التنفيذية (الحكومة) على ثقة السلطة التشريعية. أما استقلالية السلطة القضائية (بفرعيها الديني والمدني) ووضعها كحامية لقيم الديموقراطية والحريات المدنية، وكضامنة لنزاهة القوانين، فهي مكفولة في القانون الأساسي الإسرائيلي[1].

ويعرف القانون الأساسي في "إسرائيل"، وهو المكون الرئيس في دستورها غير المصنف[2]، دور السلطات في مختلف المؤسسات الحاكمة، مثل مؤسسة الرئاسة والحكومة ومحكمة النقض العليا، والسلطات المحلية، والقضاء.

ويعرف مايكل بريشر Michael Brecher عملية صناعة القرار في السياسة الخارجية بأنها "الاختيار من بين مجموعة بدائل متصورة، لخيار واحد يؤدي إلى خطوات عملية في النظام الدولي. ويؤخذ القرار من قبل فرد أو أفراد أو مجموعة مخولة من قبل النظام السياسي للعمل ضمن فضاء موصوف للسلوك الخارجي"[3]. ويصنف أيضاً القرارات المختلفة إلى قرارات استراتيجية وقرارات تكتيكية وقرارات تطبيقية[4]. وبناء على هذا التعريف فإن كلاً من الكنيست والحكومة يضعان سلطات صناعة القرار من أجل اتخاذ الأنواع الثلاثة من القرارات من داخل السلطة التنفيذية، أي الحكومة، المرتبطة بشكل قوي بالسلطة التشريعية.

---

[1] ليس لدى "إسرائيل" دستور مكتوب، ويتم الاستعاضة عن ذلك بالقوانين الأساسية شبه الدستورية. ويمكن إضافة قوانين أساسية جديدة، كما يمكن تجديد القديمة شرط موافقة الغالبية العظمى. ولا تشترط القوانين الأساسية بشكل واضح عدم سن قوانين أو تشريعات أخرى تتعارض معها.

[2] وفقاً لـ"إعلان الاستقلال"، فإنه كان من المفترض أن تنتهي الهيئة التأسيسية من إنجاز دستوراً للبلاد حتى 1948/10/1. ويعود سبب التأخير، ثم اتخاذ القرار الصادر في 1950/6/13 بأن يتم وضع الدستور، بنداً ببند، بشكل أساسي، إلى عجز الجماعات المختلفة التي كانت ستؤلف المجتمع الإسرائيلي عن الاتفاق على تحديد هدف الدولة، وهويتها، ورؤيتها على المدى البعيد. ومن الأسباب التي أدت إلى هذه النتيجة أيضاً معارضة بن جوريون نفسه على الموضوع، انظر:
Orit Rozin, "Forming a Collective Identity: The Debate over the Proposed Constitution, 1948-1950," *The Journal of Israeli History*, vol. 26, no. 2, September 2007, pp. 27-251.

[3] Michael Brecher, *The Foreign Policy System of Israel: Setting, Images, Process* (New Haven: Yale University Press, 1972), p. 374.

[4] *Ibid.*

وفي هذا الإطار، فإن الأجسام والمؤسسات الحكومية مثل المحكمة العليا، والرئيس، والنائب العام، ومراقب الدولة لا تلعب دوراً أساسياً في عملية صناعة القرار، ولذلك فهي خارج اهتمام هذه الدراسة. وبالتالي فإن أهم المؤسسات في آلية صناعة القرار هي الكنيست ومجلس الوزراء مع كون السلطة التنفيذية هي الأقوى مع تمركز معظم السلطات في يد رئيس الوزراء. ويمكن تلخيص: طبيعة هاتين المؤسستين، وتكوينهما ووظائفهما وسلطاتهما بما يلي:

أولاً: الكنيست:

1. تكوين الكنيست:

وفقاً للقانون الأساسي الإسرائيلي فإن الكنيست هو برلمان الدولة، وهو يتكون من غرفة واحدة تضم 120 عضواً ينتخبون مرة كل أربع سنوات من خلال انتخابات عامة.

وتختلف الأنظمة الانتخابية الديموقراطية من بلد إلى آخر باختلاف الأولويات التي يركز عليها كل نظام، هل هي استقرار الحكم، أو ضمان تمثيل انتخابي عادل. أما النظام الإسرائيلي فإنه يفضل التمثيل "العادل" لمختلف أطياف المجتمع الإسرائيلي على استقرار الحكومة. ويشكل النظام الانتخابي الإسرائيلي حالة فريدة من التمثيل النسبي، إذ يعدّ البلد كله دائرة انتخابية واحدة، ويعتمد نسباً انتخابية منخفضة، مما يسمح للأحزاب الأصغر التي حصلت على نسب انتخابية منخفضة على مستوى البلد ككل بأن يكون لها تمثيل في الكنيست. وربما يكون النظام الانتخابي الهولندي هو النظام الوحيد المشابه للنظام الانتخابي الإسرائيلي، حيث أنه يعتمد أيضاً الدائرة الانتخابية الواحدة على مستوى البلد ككل، والنسب الانتخابية المنخفضة[5].

وفي النظام النسبي للتمثيل البرلماني الإسرائيلي، لا ينتخب أعضاء الكنيست بشكل فردي، ولكن ضمن إطار الأحزاب السياسية التي تتنافس على أصوات الناخبين. ويختار كل حزب مرشحيه من ضمن الحزب، وينظمهم بالطريقة التي يراها مناسبة

[5] Michael Latner and Anthony McGann, "Geographical representation under proportional representation: The cases of Israel and the Netherlands," *Electoral Studies* journal, vol. 24, 2005, pp. 709-734.

لتشكيل لائحة انتخابية[6]. وبعد إجراء الانتخابات يتم تعيين النواب الـ 120 وفق النسبة التي حصل عليها كل حزب من مجمل العملية الانتخابية، شرط أن يتخطى الحزب 1-2% من الأصوات[7].

يتألف الكنيست من مجلس وعدد من اللجان، والمجلس هو السلطة العليا في الكنيست، وله دورتان تشريعيتان سنوياً أي ما مجموعه ثمانية أشهر. تتخذ القرارات في الكنيست بأغلبية أصوات أعضائه المشاركين، باستثناء الحالات التي تتطلب أغلبية خاصة. وينتخب الكنيست رئيساً له، يتولى القيام بشؤونه، ونائباً للرئيس، يشكلان معاً، رئاسة الكنيست، التي تصادق على مشاريع القوانين الشخصية، وعلى إدارج الاقتراحات المستعجلة[8].

وللكنيست 12 لجنة دائمة هي: لجنة الكنيست، لجنة المال، لجنة الاقتصاد، لجنة الدفاع والعلاقات الخارجية (وهي الأكثر أهمية وحساسية)، ولجنة الداخلية والبيئة، ولجنة الهجرة والاستيعاب والشتات، ولجنة التربية والتعليم، ولجنة الدستور والقانون والقضاء، ولجنة العمل والرفاه والصحة، ولجنة شؤون مراقبة الدولة، ولجنة العلم والتكنولوجيا، ولجنة النهوض بمكانة المرأة.

―――――――――

[6] أي حزب يرغب في خوض الانتخابات عليه أن يسجل نفسه في سجل الأحزاب. ويمكن لمئة شخص في "إسرائيل" أن يشكلوا حزباً ويسجلوه، انظر: موقع الحكومة الإسرائيلية، في:
http://www.gov.il/FirstGov/TopNavEng/EngSubjects/EngSElections/EngSESystem/ EngSEEstablishing

[7] وفقاً للقانون الأساسي فإن "الكنيست ينتخب من خلال انتخابات عامة، وطنية، مباشرة، متساوية، نسبية، بالاقتراع السري، وذلك وفق قانون انتخابات الكنيست". ويمكن شرح هذه المصطلحات القانونية كما يلي: انتخابات عامة؛ من خلال يوم انتخابي واحد يصوت المقترعون للحزب السياسي ليمثلهم في الكنيست. وكل مواطن إسرائيلي بلغ 18 عاماً يحق له التصويت، كما يحق لكل الإسرائيليين من مختلف المجموعات العرقية والمشارب الدينية، بما في ذلك "عرب إسرائيل"؛ الذين يشاركون في الاقتراع منذ سنوات عديدة، بنسبة بلغت 80%. والانتخابات قومية أو وطنية، بمعنى أن كل البلد تكون كتلة انتخابية واحدة. ومباشرة، بمعنى أن الكنيست ينتخب مباشرة من قبل المقترعين، وليس من خلال جسم أو جهاز انتخابي. ومتساوية، بمعنى أن كل المقترعين لهم الوزن الانتخابي نفسه. وسرية، أي تجري بالاقتراع السري، ونسبية، أي أن 120 مقعداً في الكنيست تعطى للأحزاب وفق النسبة التي حققها الحزب من مجموع الأصوات، بحيث يتوجب على الحزب أن يحقق نسبة 2% حتى يتسنى له دخول الكنيست. انظر:
Jewish Virtual Library, The Elections, http://www.jewishvirtuallibrary.org/

[8] Jewish Virtual Library, The Role of the Knesset Speaker, http://www.jewishvirtuallibrary.org/ jsource/Politics/speakerroll.html (Accessed: 8/7/2008).

ويعكس التكوين الحزبي لهذه اللجان، صورة الكنيست نفسه. وبالإضافة إلى اللجان الدائمة، يمكن للكنيست أن يشكل لجاناً خاصة، ولجاناً لقضية أو أمر معين. كما أنه يمكنه أن ينتخب لجاناً فرعية ويمنحها سلطات معينة، كما يمكنه أن يشكل لجاناً مشتركة للقضايا المتعلقة بأكثر من لجنة. ويختار أعضاء اللجان رؤساءهم بتوصية من مجلس الكنيست.

2. سلطات الكنيست ووظائفه:

إن الوظيفة الأساسية للكنيست هي إصدار القوانين ومراجعتها بحسب ما تقتضيه الضرورة. وله أيضاً وظائف إضافية تتمثل في اتخاذ القرارات المتعلقة بالسياسات، ومراجعة أداء الحكومة، وانتخاب رئيس البلاد ومراقب الدولة.

تُراجع مشاريع القوانين التي تقدمها الحكومة من قبل وزارة العدل ووزارة الاقتصاد للتأكد من قانونيتها وتبعاتها الاقتصادية. كما تمرر لبقية وزراء الحكومة من أجل الاطلاع عليها وإبداء ملاحظاتهم، وبعد أن توافق الحكومة على مسودة مشروع القانون، يمكن تقديمه لرئيس الكنيست من قبل الوزير المختص بالشأن المقدم في المشروع، والذي يجب أن يقدم شرحاً حول القانون في الكنيست.

وتعدّ الحكومة الراعي لمعظم التشريعات، ولكن يمكن لأي عضو في الكنيست أن يقدم مشروع قانون كـ"مشروع قانون خاص"، ويحق للجان الكنيست أن تتقدم بمشاريع قوانين ذات صلة بالقوانين الأساسية، والقوانين التي تتعلق بالكنيست، وبانتخاباته وأعضائه، وبمراقب الدولة.

ويحق لرئيس الكنيست الذي ينتخب في أول جلسة تعقد بعد الانتخابات العامة، أن يرفض بعض الاقتراحات المقدمة من قبل أعضاء الكنيست لمناقشتها. ويختلف الوضع بين رئيس برلمان وآخر، ففي الوقت الذي سمح فيه روفن ريفلن Reuven Rivlin رئيس الكنيست من حزب الليكود Likud (2003-2006) بمساحة أكبر من الكلام للأحزاب الصغيرة؛ اشتهر عن داليا إسحاق Dalia Itzik رئيسة المجلس من حزب كاديما Kadima (2006-2009) أنها تتشدد أكثر من سلفها، في منع الحديث في الموضوعات الخلافية التي تثيرها الأحزاب الصغيرة.

وتمر مشاريع القوانين في الكنيست بثلاث مراحل قبل أن تقر وتصبح قانوناً نافذاً، تبدأ المرحلة الأولى بقراءة المشروع المقترح، وتكون هذه القراءة في جلسة نقاش عامة

في المجلس، وفي هذه المرحلة يمكن قبول مشروع القانون وإحالته إلى اللجنة المختصة، أو إزاحته عن جدول الكنيست أو إعادته للحكومة. وإذا ما قبل مشروع القانون، فإنه يحال إلى اللجنة المختصة من أجل إقرار تفصيلاته وإدخال التعديلات الممكنة عليه. بعد ذلك تعيد اللجنة مشروع القانون معدلاً لمجلس الكنيست لقراءته مرة ثانية، حيث يتم التصويت على كل فقرة منه بشكل منفصل. ثم يقدم مشروع القانون بصيغته النهائية، كما اعتمدتها القراءة الثانية، من أجل قراءة ثالثة وأخيرة. وإذا ما مرر مشروع القانون فإنه يوقع من قبل رئيس الكنيست، وينشر لاحقاً في الجريدة الرسمية مذيلاً بتوقيع الرئيس الإسرائيلي، ورئيس الوزراء، ورئيس الكنيست، والوزير المسؤول عن تطبيق القانون. وأخيراً يختم مشروع القانون بختم الدولة من قبل وزير العدل ليصبح قانوناً نافذاً.

تتخذ النقاشات في الكنيست عدة أشكال، منها النقاشات العامة، وإدراج الاقتراحات، والمساءلة البرلمانية، والتصويت على حجب الثقة. وتعقد جلسات النقاش العام من أجل مناقشة مشاريع القوانين، والأمور العامة ذات الطبيعة السياسية أو غيرها. وبينما يختم النقاش حول مشروع قانون ما بالتصويت عليه، فإن النقاشات حول الأمور العامة قد تنتهي دون إجراء تصويت عليها. أما اقتراحات إدراج القوانين، فهي عادة ما تكون نقاشاً برلمانياً من أجل إدراج قضية يثيرها عضو في الكنيست على أجندة الكنيست. أما المساءلة البرلمانية فهي تطرح من قبل عضو في الكنيست حول أداء وزارة ما، من أجل لفت انتباه الحكومة وعامة الشعب، حول قضية تحتاج من وجهة نظر السائل إلى عملية تصحيح. وفيما يتعلق بطلب حجب الثقة عن الحكومة، فإنه عبارة عن اقتراح يتقدم به حزب ممثل في الكنيست، من أجل تجريد الحكومة من الشرعية السياسية. وإذا ما نجح الحزب في ذلك، فإن الحكومة تجبر على الاستقالة، وتتم الدعوة إلى انتخابات مبكرة.

تناقش اللجان اللوائح الحكومية أو أي مسألة تحال إليها من قبل مجلس الكنيست. ومن أجل التعمق في مداولاتها، تستدعي اللجان وزراء في الحكومة، ومسؤولين رفيعي المستوى، وخبراء متخصصين في القضية التي تجري معالجتها. وقد تطلب اللجنة تفسيرات ومعلومات من الوزراء المختصين، في أي مسألة تدخل في دائرة اختصاصهم، وعلى الوزراء أو الأشخاص المعينين من قبل اللجنة أن يقدموا التفسيرات أو المعلومات المطلوبة.

ثانياً: الحكومة:

1. تشكيل الحكومة:

تتشكل الحكومة بعد إجراء الانتخابات العامة؛ حيث يطلب الرئيس الإسرائيلي [9] من عضو في الكنيست (عادة ما يكون رئيس الحزب الذي حصل على أعلى نسبة تمثيل في البرلمان) أن يحاول تشكيل وزارة بحيث يصبح هو رئيسها. وبما أنه لم يحصل أي حزب إسرائيلي ما يكفي من المقاعد في البرلمان ليشكل حكومة بمفرده، فإن كل الحكومات الإسرائيلية حتى يومنا هذا هي حكومات ائتلافية تشارك فيها أحزاب مختلفة. ومن أجل تشكيل ائتلاف حكومي، يقوم رئيس الوزراء المنتخب حديثاً بوضع لائحة من الوزراء مرفقة بمخطط البرنامج الحكومي ويقدمهما إلى الكنيست للموافقة عليهما. تقدم اللائحة والمخطط خلال 45 يوماً من تاريخ نشر نتائج الانتخابات. وكما الكنيست، فإن مدة عمل الحكومة عادة ما تكون أربع سنوات، ولكن ربما يتم تقليص هذه المدة إذا ما قدمت الحكومة استقالتها أو توفي رئيس الوزراء أو أصبح عاجزاً عن القيام بمهامه، أو إذا حجب الكنيست الثقة عنها. وفي حال حجب الثقة عن الحكومة، يستمر رئيس الوزراء ووزراء الحكومة بتصريف الأعمال حتى تشكيل حكومة جديدة. ومعظم الوزراء تسند إليهم حقائب ويترأسون وزارات معينة. أما الوزراء الذين لا يحملون حقيبة، فإنهم يتولون إدارة مشاريع خاصة. ويمكن أن يتولى رئيس الوزراء نفسه، حقيبة وزارية ما. ويجب أن يكون نصف الوزراء على الأقل أعضاء في الكنيست، كما يجب أن يكونوا جميعاً مؤهلين لأن يصبحوا أعضاء في الكنيست. ويمكن لرئيس الوزراء أو أي وزير مفوض من قبل رئيس الوزراء أن يعين نواباً عن الوزراء، وهؤلاء أيضاً يجب أن يكونوا أعضاء في الكنيست.

يجتمع مجلس الوزراء مرة واحدة على الأقل أسبوعياً، وعادة ما يكون الاجتماع الوزاري صباح الأحد، وغالباً ما يستغرق خمس ساعات [10]. ولكن يمكن أن تستدعي الحاجة إلى عقد المزيد من الاجتماعات، ولا يوجد أي حدود لحجم الحكومة وعدد الوزراء

---

[9] دور الرئيس الإسرائيلي هو دور شرفي رمزي إلى حد كبير، فيما عدا سلطته الحصرية في تغيير الأحكام على المدنيين والعسكريين.

[10] Charles D. Freilich, "National Security Decision-Making in Israel: Processes, Pathologies, and Strengths," *The Middle East Journal*, vol. 60, no. 4, Autumn 2006.

فيها. ويقوم مجلس الوزراء بمعظم مهامه من خلال أربع لجان تعالج أمور العلاقات الاقتصادية، والتشريعات، والعلاقات الخارجية والأمن والشؤون الداخلية والخدمات. والهدف من اعتماد اللجان هو إعفاء مجلس الوزراء من الخوض في التفاصيل ذات الطبيعة التقنية. تجتمع اللجان مرة في الأسبوع، وتناقش القضايا الأساسية المتعلقة باختصاصات أكثر من وزارة. ويمكن لمجلس الوزراء أن يشكل أيضاً لجان تحقيق فرعية للتدقيق في الشؤون المؤثرة على وحدة وتماسك الائتلاف، وغيرها من المسائل الطارئة[11]. وقد تمّ تأسيس ما يقارب الخمسين لجنة، لكن القليل منها ظلّ يعمل بشكل متواصل[12]. اللجنة الوحيدة التي يفرض القانون وجودها هي لجنة الدفاع الوزارية، وقد تشكلت سنة 1991. وتتألف هذه اللجنة من رئيس الوزراء، ونائبه، ووزير الدفاع، ووزير الخارجية، ووزير الاقتصاد. وبما أنه ينظر إلى هذه اللجنة على أنها رفيعة المستوى، وتناقش القضايا السياسية والأمنية الحساسة، يسعى الوزراء الآخرون للانضمام إليها. ويمكن أن ينضم إلى هذه اللجنة وزراء آخرون غير أعضائها الأساسيين، شرط أن لا يتجاوز عددهم نصف عدد وزراء الحكومة ككل[13].

وترتبط بالحكومة وحدتان إداريتان، أمانة سرّ مجلس الوزراء ومكتب رئيس الوزراء. ويتوجب على أمانة سرّ الحكومة رسمياً أن تخدم كل الوزارة. فدورها الرسمي هو توفير خدمات السكرتارية للحكومة ولجانها، تسجيل محاضر المداولات الحكومية (تبقى هذه المحاضر سرية لمدة أربعين عاماً، باستثناء محاضر لجنة الدفاع التي تبقى سرية لمدة خمسين سنة). ويساعد أمين سرّ مجلس الوزراء رئيس الوزراء في إعداد أجندة الحكومة، ويزود الوزراء بالمعلومات اللازمة قبل 48 ساعة من انعقاد جلسة مجلس الوزراء، كما يزود الحكومة بمسودات القرارات في مواعيد محدد من أجل جعل جلسة مجلس الوزراء أكثر فاعلية[14].

أما مكتب رئاسة مجلس الوزراء فإنه يساعد رئيس الوزراء في أعماله وأنشطته الرسمية وأعماله اليومية. ويساعد رئيس الوزراء في مكتبه أمين سرّ، ومدير مكتب،

---

[11] Helen Chapin Metz (ed.), "the Cabinet," in *Israel: A Country Study* (Washington: GPO for the Library of Congress, 1988), http://countrystudies.us/israel/80.htm (Accessed: 23/3/2007).

[12] Asher Arian, David Nachmias and Ruth Amir, *Executive Governance in Israel* (New York: Palgrave Macmillan, 2002), p. 46.

[13] *Ibid.*, pp. 49-53.

[14] *Ibid.*, pp. 53-59.

ومستشار للشؤون الخارجية، ومستشار دبلوماسي، وآخر اقتصادي، ومستشار قانوني. بالإضافة إلى ذلك، هناك سكرتير عسكري، يكون ضابط ارتباط مع القيادة العسكرية ووزارة الدفاع. ويتكون المكتب من ثلاث دوائر، دائرة المتابعة، دائرة الأبحاث ودائرة العلاقات العامة والمعلومات. ومن أهم أدوار مكتب رئيس الوزراء التدقيق في المعلومات والقضايا التي ترد، وتحديد الأمور التي يجب أن تستدعي اهتمام رئيس الوزراء.

2. سلطات مجلس الوزراء ووظائفه:

تعدّ الحكومة أو مجلس الوزراء السلطة التنفيذية للدولة، ولها صلاحيات واسعة في إطار صناعة السياسات. ولكل حكومة أن تحدد إجراءات عملها وكيفية صناعة قراراتها. كما يحق لكل حكومة أن تتخذ الخطوات التي تراها مناسبة في أي قضية لم يُسندها القانون إلى سلطة أخرى. وقد عزز غياب دستور مكتوب لـ"إسرائيل"، من قوة الحكومة والكنيست ورفع عنهما الموانع الدستورية التي تعيق قدرتهما على تمرير القوانين، فعلى سبيل المثال، مرر الكنيست تشريعاً مفاده أنه إذا لم تتوفر ميزانية كافية لتطبيق قانون ما، فإنه بعد خمس سنوات من إقراره يصبح لاغياً. وقد فتح غياب الدستور الطريق أمام الحكومة والكنيست لإلغاء القوانين، من خلال الاحتجاج بالميزانية السنوية حين تتوفر الغالبية اللازمة لمثل هذه الخطوات.

والحكومة مكلفة بإدارة الشؤون الداخلية والعلاقات الخارجية بما في ذلك القضايا الأمنية. ويقبع رئيس مجلس الوزراء على رأس هرم آلية صناعة القرار. فبالإضافة كونه يترأس اجتماعات الحكومة ويديرها، فإن رئيس مجلس الوزراء يعد ممثل الحكومة الذي ينسق أنشطتها. والعلاقة بين رئيس الحكومة والوزراء الآخرين غير محددة، مما يعني أن سلطته تعتمد على شخصيته ونفوذه السياسي الشخصي.

وبشكل عام، فإن كل مداولات جلسات مجلس الوزراء تكون سرية. فبحسب القانون الأساسي لسنة 1968، حول السلطة التنفيذية، فإنه يمنع نشر المداولات الحكومية في قضايا الدفاع والعلاقات الخارجية أو أي أمور أخرى يعلنها مجلس الوزراء سرية. وبالإضافة إلى ذلك، فقد أوجدت سنة 1966 آلية تسمح لمجلس الوزراء بإعلان نفسه

"اللجنة الوزارية للشؤون الأمنية"، وذلك من أجل إجراء بعض النقاشات، مما يجعل أي تسريب لمحاضر الجلسات بمثابة حالة "تجسس خطيرة"[15].

وبالنسبة للقضايا المثارة في الاجتماعات الأسبوعية، فإنها تلك التي تحتاج قانونياً إلى قرارات وزارية. مثل مشاريع القوانين، وترقية مسؤولين سياسيين إلى مناصب أعلى. وتأخذ قضايا الأمن القومي قسماً كبيراً من جلسات مجلس الوزراء ولكن لا يتم التصويت عليها، بل يقوم رئيس الوزراء بتلخيصها ومراجعتها. ومثلها قضايا العلاقات الخارجية والدفاع، فإنها لا تخضع للنقاش، ولكن تقدم فيها تقارير فيما بعد. والسبب وراء هذه الإجراءات هو الخوف من تسرب أي معلومات للإعلام. وبالتالي، فإن مجلس الوزراء يتحمل مسؤولية القضايا التي لم تناقش داخل الحكومة[16].

ويحاول رئيس الوزراء تقليدياً، أن يتحكم بمقررات مجلس الوزراء، بالاعتماد على دعم وزراء حزبه. وبسبب ضعف الامتثال للقرارات الحزبية، صار لزاماً على رئيس الوزراء في الفترة القريبة الماضية أن يعتمد تكتيكات أخرى ليتحكم بالمقررات الوزارية. ومن هذه التكتيكات، محاولة التأثير من داخل اللجان الوزارية من خلال أوساط مختارة، ومن خلال الدوائر الخاصة، والإقناع الشخصي، والخدمات السياسية المتبادلة، وفي النهاية من خلال التهديد بالاستقالة[17].

ولرئيس الوزراء سلطة واسعة على أمانة سرّ مجلس الوزراء، حتى إنه يحق له أن يفوض أمين سرّ رئاسة الوزراء القيام بمهام سياسية. وبشكل عام، فإن أنشطة وتأثير أمين سرّ مجلس الوزراء تحددها بشكل أساسي، الثقة الشخصية التي يوليها إياه رئيس الوزراء[18].

وفي سنة 1994 أقرت القوانين الإجرائية إنشاء سبع لجان قانونية، كان بعضها موجوداً بالفعل، وهي لجان: الدفاع، الأنظمة والمعلومات السرية، تنمية وتطوير المدن، الخصخصة، إجازات العمل أيام الأعياد اليهودية، الحفريات الأثرية، والمجالس الدينية.

---

[15] Asher Arian, *Politics in Israel: The Second Republic* (Washington D.C: CQ Press, 2005), p. 269; and Alan Dowty, "Israeli Foreign Policy and the Jewish Question," *Middle East Review of International Affairs (MERIA)* journal, vol. 3, no. 1, March 1999.

[16] Arian, Nachmias and Amir, *op. cit.*, pp. 44-45.

[17] *Ibid.*

[18] *Ibid.*, pp. 49-53.

ويمكن لرئيس الوزراء الذي يعد الرجل الأكثر تحكماً في تعيين الوزراء واللجان، أن يشارك هو نفسه في اجتماع أي لجنة من اللجان أو حتى يترأس الاجتماع. كما يمكن للمسؤولين الكبار في الدولة، مثل حاكم المصرف المركزي والنائب العام، أن يحضروا اجتماعات اللجان الوزارية بشكل دائم. كما يمكن للمسؤولين الكبار في دائرة الميزانية في وزارة الدفاع أن يحضروا اجتماعات اللجان الوزارية، عندما يتعلق الأمر بالقضايا الاقتصادية[19].

ثالثاً: العلاقة بين مجلس الوزراء والكنيست:

وفق القانون الأساسي، فإن وزراء الحكومة، بمن فيهم رئيس الوزراء، مسؤولون أمام الكنيست عن أعمالهم. وبما أن الكنيست هو السلطة التشريعية، فإنه مخول أن يلعب دوراً مهماً في الإشراف على أداء الحكومة. ولكن، كما في الكثير من الديموقراطيات البرلمانية، فإنه على الرغم من الصلاحيات الرسمية للسلطة التشريعية على السلطة التنفيذية، تتركز السلطة السياسية عملياً في يد السلطة التنفيذية التي تُقلّص إلى حدّ كبير من نفوذ السلطة التشريعية. وفي النظام الإسرائيلي، فإن "توازن الرعب" هو أفضل توصيف ينطبق على العلاقة بين السلطة التنفيذية والسلطة التشريعية. حيث إن كلاً من الحكومة والكنيست لديهما القدرة على حلّ بعضهم بعضاً[20].

وللكنيست، نظرياً، اليد العليا على الحكومة، فأي تكتل داخل الكنيست (على الأقل نائبين من الكنيست)، يمكنه أن يتقدم بطلب حجب الثقة عن الحكومة. ويتوجب على الكنيست أن يناقش الطلب في أول جلسة يعقدها في الأسبوع الذي يلي تقديم الطلب. وإذا تمّ التصويت على حجب الثقة عن الحكومة بأغلبية 61 صوتاً، يدعو الكنيست إلى انتخابات عامة خلال ستين يوماً. وتستمر الحكومة بتصريف الأعمال إلى أن يتم تشكيل حكومة جديدة. وعادة ما تلوح أحزاب المعارضة بسلاح حجب الثقة، من أجل إثارة موضوع لا يمكن تملك أي أداة إجرائية أخرى لإثارته.

ويمكن للكنيست أيضاً أن يُقيل رئيس الوزراء، إذا فشل في اعتماد ميزانية سنوية خلال ثلاثة أشهر من تقديمها للكنيست. ويمكن للكنيست أيضاً أن يحل نفسه في أي

[19] *Ibid.*, pp. 46-47.

[20] *Ibid.*, p. 39.

وقت خلال فترة ولايته، حيث يتم تشكيل حكومة جديدة بعد أن يُنتخب كنيست جديد. وفي الفترة بين حجب الثقة عن حكومة ما وبدأ ولاية كنيست جديد بعد انتخابات جديدة، يظل الكنيست القائم محتفظاً بكامل سلطته وصلاحياته كراعٍ للتشريعات.

ولكن من ناحية أخرى، فإن للحكومة أيضاً حرية التصرف في مجالات كثيرة دون الرجوع إلى الكنيست، طالما أنها لا تخالف أية قوانين، أو تقوم بأعمال تتعارض مع النظام الدستوري. فللحكومة مطلق الحرية بأن تضع المعاهدات وغيرها من الاتفاقات الدولية، حيث يمكنها أن تفاوض وتوقع وتصادق على أي معاهدة أو اتفاقية أو ميثاق دون العودة إلى الكنيست، إلا في حال تطلب ذلك إجراء تعديلات على التشريعات المحلية، حيث تتطلب هذه الحالة أخذ موافقة الكنيست.

بالإضافة إلى ذلك فإن للحكومة نفوذاً على الكنيست، من خلال سيطرتها على ائتلاف الأحزاب التي لها تمثيل في البرلمان وكتلها البرلمانية، التي تشكل أغلبية الكنيست. وبالتالي فإن الكلمة العليا تكون للحكومة في أي تصويت. ولرئيس الحكومة أيضاً الحق في حلّ البرلمان في أي وقت خلال فترة ولايته (وذلك بالاتفاق مع الرئيس الإسرائيلي)، والدعوة إلى انتخابات مبكرة. ويمكن للحكومة أيضاً أن تمرر القوانين التي قد تغير العلاقة بين الحكومة والكنيست، شرط أن تتوفر لها الأغلبية المطلوبة. فعلى سبيل المثال، في سنة 1999 تمّ تغيير القوانين التي تحدد حجم الحكومة، وتحد من الحركة بين الأحزاب السياسية، وذلك استجابة لمتطلبات تشكيل ائتلاف حكومي برئاسة إيهود باراك Ehud Barak[21].

وتتحكم الحكومة أيضاً بالكنيست من خلال قدرتها على استصدار مشاريع قوانين حكومية، وتمرير قوانين، ومن خلال قدرتها التقليدية على التحكم بالإجراءات الداخلية للكنيست. وقد أعطت تقسيمات الكنيست الحكومة "حق مرور" في التحكم بمعظم أوقات عمل الكنيست، وذلك من خلال تقديم آرائها لأعضائه، وشرح أعمالها للكنيست. وهذا طبعاً يكون على حساب المبادرات التي يقوم بها أعضاء الكنيست. بالإضافة إلى ذلك، ليست مناقشة مشاريع القوانين التي تقترحها الحكومة هي وحدها المقدمة على مشاريع القوانين التي تقدم من قبل أعضاء الكنيست، بل إن

[21] برهوم جرايسي، التركيبة البرلمانية تمنع صيغة مشتركة لتغييرات في نظام الحكم الإسرائيلي، موقع المشهد الإسرائيلي، 2006/11/14.

مناقشة تصريحات وبيانات الحكومة مقدمة على أي شأن آخر، حتى ولو كان ذلك الشأن طلب حجب الثقة عن الحكومة. وهذا ما ينتج عنه في الكثير من الأحيان، إلغاء اقتراحات مشاريع القوانين المقدمة من أعضاء الكنيست، إذا كانت تتمحور حول الموضوع نفسه الذي قدمته الحكومة[22]. إلا أنه منذ سنة 1992، حصل نوع من الانقلاب في مسار الأمور حيث أصبح لمشاريع القوانين الخاصة المقدمة من أعضاء الكنيست، أولوية على مشاريع القوانين المقدمة من قبل الحكومة[23].

وخلافاً لما هو عليه الحال في النظام البرلماني الأمريكي، فإن أعضاء الكنيست ليسوا مجهزين جيداً بفرق عمل، ولذلك فإن قدرتهم على مناقشة تفاصيل السياسات والميزانيات تبقى محدودة[24]. ونتيجة لذلك لا يزود أعضاء الكنيست بما تزود به الحكومة من معلومات أساسية لها علاقة بسياستها وبالجوانب الإدارية. ومن ناحية أخرى، لا يتوفر لأعضاء الكنيست شروح ومراجعات حول مشاريع القوانين التي تقدمها الحكومة للكنيست. وحتى في الحالات التي تُطلب فيها المعلومات من الكنيست، وهو طلب غير مرفوض بطبيعة الحال، فإن نقص الموظفين وفرق العمل يؤثر على قدرة أعضاء الكنيست على استيعاب الكم الكبير من المعلومات التي يُزودون بها[25]. وقد أدى هذا إلى إثارة الجدل حول عدم وجود تأثير مباشر للكنيست (فيما عدا الميزانية) في بُنية صناعة القرار، وخاصة فيما يخص السياسات المتعلقة بالأمور الدبلوماسية والدفاع[26].

[22] Samuel Sager, *The Parliamentary System of Israel* (Syracuse, N.Y.: Syracuse University Press, 1985), pp. 195-205.

[23] Anat Maor, "The Legislation in Israel," Association for Israel Studies' 22nd Annual Conference, Calgary, Canada, May 2006, http://www.aisisraelstudies.org/2006papers/Maor%20Anat.pdf (Accessed: 1/6/2008).

[24] Richard C. White, "Congressional limitations and oversight of Executive Decision-Making Power: The Influence of the Members and the Staff," in Robert L. Pfaltzgraff, Jr. and Uri Raanan (eds.), *National Security Policy: The Decision-Making Process* (Hamden, CT: Archon Books, 1984), pp. 241-249.

[25] Sager, *op. cit.*, pp. 195-205.

[26] Priya Singh, *Foreign Policy Making in Israel: Domestic Influences* (Delhi: Shipra Publications, 2005), p. 86.

رابعاً: موظفو وزارة الخارجية:

يعرف القانون الإسرائيلي دور وزارة الخارجية بأنه: "وضع وتطبيق سياسة إسرائيل الخارجية، وتعزيز علاقاتها الاقتصادية والثقافية والعلمية"[27]. وتقليدياً، شكل موظفو وزارة الخارجية النخبويون جزءاً أساسياً من عملية صناعة القرار. فلعقود من الزمن كانت وزارة الخارجية هي المكان الذي تصاغ فيه السياسات عبر نظام الهرمية البيروقراطية. وعلى أقل تقدير، ظلت النخبة المتخصصة في الدوائر الداخلية لوزارة الخارجية حتى منتصف السبعينيات، تعد الدائرة الأساس في صناعة القرار[28].

تتألف وزارة الخارجية من عدة دوائر أو أقسام، هي: قسم الإعلام والمعلومات، قسم التعاون الدولي، قسم المجتمعات اليهودية، قسم العلاقات الاقتصادية، بالإضافة إلى وجود مستشار قانوني. ويأتي على رأس هذه التقسيمات البيروقراطية، كما في كل الوزارات الأخرى، أمين سرّ يكون مسؤولاً مباشرة أمام الوزير.

ومؤخراً، بدأ دور وزارة الخارجية يتراجع مع تنامي دور مجلس الوزراء، ورئيس الوزراء والقيادة العسكرية. ولأسباب سوف نشرحها لاحقاً، ضعف دور وزارة الخارجية ومشاركتها، كما قُلصت مشاركتها في صنع القرار إلى حدّ كبير، وهذا ما أدى إلى تغيير دور وزير الخارجية وتحوله إلى دور الداعم أو المعزز لعملية صناعة القرار الإسرائيلي. وفي محاولة منها لتغيير هذا الواقع وتعزيز نفوذها في عملية صناعة القرار، قام قسم الاستخبارات في وزارة الخارجية الإسرائيلية بتأسيس دائرة أبحاث سياسية جديدة، لها أيضاً دور استشاري فيما يتعلق بالسياسات. والدائرة مسؤولة أمام أمانة سرّ وزارة الخارجية، والوزير نفسه، وهي بالتالي جزء من النسق البيروقراطي للوزارة. إلا أن قدرة هذه الدائرة على صناعة القرار محدودة مقارنة بغيرها من الدوائر البحثية التي سوف نتحدث عنها لاحقاً في هذه الدراسة[29].

---

[27] Israel Government Portal, Ministry of Foreign Affairs, http://www.gov.il/FirstGov/TopNavEng/Engoffices/EngMinistries/Engmfa/ (Accessed: 20/7/2008).

[28] Brecher, *The Foreign Policy System of Israel*, p. 505.

[29] Freilich, *op. cit.*

الفصل الثاني

القوى والعمليات داخل الجسم السياسي

القوى والعمليات داخل الجسم السياسي

أولاً: سياسة الائتلاف:

1. التمثيل النسبي، سياسات الائتلاف ومجلس الوزراء:

يمكن القول بأن نظام التمثيل الانتخابي النسبي في "إسرائيل"، وما ينتج عنه من حاجة إلى تولي الحكم من خلال ائتلاف وزاري، هو المحدد الأكثر أهمية في آلية صناعة القرار الإسرائيلي. تاريخياً اعتمد النظام الانتخابي كوسيلة لإدماج أكبر عدد ممكن من المجموعات تحت مظلة الحركات الصهيونية، وفيما بعد تحت مظلة الدولة. إلا أن الكنيست ونتيجة للهدف الذي وُجد من أجله، لم يعكس فقط حالة التنوع في المجتمع، بل إنه أصبح مثقلاً بها أيضاً.

وهذا ما أدى إلى تشظي هذا المجلس التشريعي، حيث تتمثل الأحزاب الصغيرة في البرلمان، ولا يستطيع أي حزب أن يحصل على أكثر من ستين مقعداً ليشكل الحكومة منفرداً. وهذا النظام سمح للأحزاب المتطرفة التي تحمل آراء بعيدة عن النسق السياسي الأساسي في البلاد وبعيدة عن التيار الجماهيري العام، أن يكون لها تمثيل في البرلمان[1]. ومثال ذلك أحزاب الحريديم الدينية[2]، والأحزاب التي تمثل التيار الديني القومي، أو الأحزاب التي تحمل أجندة محدودة، مثل ما حصل في انتخابات سنة 2006 حيث مثل حزب جيل Gil الذي يعكس مصالح المتقاعدين[3].

وعادة ما يطلب رئيس البلاد من زعيم أكبر كتلة حزبية في البرلمان أن يقوم بتشكيل الحكومة. فيقوم الأخير بمفاوضة الأحزاب الأخرى في البرلمان للتوصل إلى اتفاق رسمي على تشكيل ائتلاف حكومي، ويتضمن هذا الاتفاق الخطوط العريضة لتوجهات الحكومة والبرنامج الحكومي. وعلى الرغم من أنه يقوم باختيار الأحزاب التي يريد أن يتفاوض معها، فإن الأحزاب الصغيرة لها نفوذ قوي غير متناسب مع حجمها، في عملية

---

[1] تراوح عدد الأحزاب المتنافسة في انتخابات الكنيست بين 14-30، فيما تراوح عدد الأحزاب التي نجحت في الانتخابات ما بين 10-15 حزباً. وفي انتخابات سنة 2006 العامة، تنافس ثلاثون حزباً، وصل منها فقط 12 حزباً إلى الكنيست 17.

[2] تمثلت في انتخابات سنة 2006 العامة من خلال حزب شاس ولائحة التوراة الموحدة.

[3] في انتخابات سنة 2006 فاز الحزب الجديد جيل (حزب المتقاعدين) بشكل مفاجئ بسبعة مقاعد في الكنيست 17.

التفاوض على تشكيل الائتلاف، لكونها قادرة على قلب المعادلات الائتلافية، مما يدفعها إلى رفع سقف طلباتها مقابل قبولها بالانضمام إلى الائتلاف.

وتستهلك مفاوضات تشكيل الائتلاف جميع الفرقاء المعنيين، إذ تتخللها الكثير من المناورات والمساومات السياسية، التي سرعان ما احترفتها جميع الأحزاب السياسية الإسرائيلية. غير أن تشكيل الائتلاف ليس قضية براعة في الأداء البراجماتي السياسي وحسب، بل تؤثر فيه أيضاً المواقف الأيديولوجية وخلافات الأحزاب السياسية المشاركة في الكنيست حول مختلف القضايا.

والاتفاق على تشكيل ائتلاف حكومي يلزم جميع الأحزاب المشاركة فيه، ويجعلها مسؤولة مسؤولية جماعية أمام الكنيست. فعلى الأقل يوجب الاتفاق على تشكيل الائتلاف، أن يدعم الوزراء كل القرارات التي تتخذها الحكومة، أمام الكنيست وأمام الشعب. وعلى كل أعضاء الكنيست، المنضوين تحت لواء الائتلاف الحكومي، أن يصوتوا لصالح الحكومة في القضايا المتعلقة بالشؤون الدفاعية والسياسة الخارجية والميزانية، وعند مساءلة الحكومة[4].

وبالإضافة إلى اتفاق الائتلاف، يتحكم بالائتلاف ما يسمى إدارة الإئتلاف الحكومي، وهي جسم إداري مكون من ممثلي الأحزاب المشاركة في الائتلاف، وهي مسؤولة عن التأكد من أن جميع أعضاء الكنيست من الأحزاب المشاركة في الائتلاف يصوتون لصالح مشاريع القوانين التي تقدمها الحكومة، بناء على ما يعرف بالتزامات الائتلاف. وهذا أمر يمكن التحقق منه بسهولة، باعتبار أن التصويت في الكنيست يكون علناً وبرفع الأيدي[5].

ومن ناحية أخرى، فإن قدرة أعضاء الكنيست المشاركين في الائتلاف الحكومي على المناورة السياسية ومعارضة كتلهم البرلمانية، محدودة، لأنهم قد يكونون بحاجة إلى وزرائهم من أجل الاستمرار في مناصبهم البرلمانية، أو لأنهم مدينون لهم لأنهم دعموا ترشيحهم في انتخابات الكنيست[6]. وهذا ما يظهر واضحاً في كل القضايا التي تؤثر على

---

[4] Metz (ed.), "The Cabinet."

[5] Jewish Virtual Library, The Knesset, http://www.jewishvirtuallibrary.org/jsource/Politics/knesset.html (Accessed 18/2/2007).

[6] Sager, *op. cit.*, pp. 195-205.

استقرار الائتلاف، حيث يمكن أن يُقال أحد الوزراء من منصبه، إذا رفض دعم الحكومة في أي قضية تمّ الاتفاق عليها حين تمّ تشكيل الائتلاف. ويستثنى من ذلك الحالات التي يصوت فيها الوزير ضدّ الحكومة لأسباب "ضميرية" يجب أن يوافق عليها الحزب الذي ينتمي إليه الوزير مسبقاً[7]. وأيضاً في حالة تقييم أداء رئيس الوزراء فإنه يمكن لأعضاء الكنيست أن يصوتوا بحرية على القضايا التي لا تؤثر على الأداء الحكومي[8].

وبطريقة أو بأخرى يشبه اتفاق الائتلاف الدور الذي يلعبه "حامل السوط" في النظام البريطاني الذي بني النظام الإسرائيلي على أساسه، حيث يجبر برلمانيو الحزب الحاكم على التصويت لصالح حزبهم في مختلف القضايا، تحت تهديد الطرد من الحزب.

وهذه الآلية تزود أي حكومة بأغلبية أوتوماتيكية، وبالتالي تقلص من صلاحيات السلطة التشريعية في مراقبة السلطة التنفيذية، وتحرم الكنيست من دوره الإشرافي المهم، كما تحول بعض صلاحياتها إلى الحكومة ورئيسها، مما يتعارض بشكل واضح مع مبدأ فصل السلطات. ويذهب البعض للقول إنه ما خلا بعض الاستثناءات التي حصل فيها خلاف حزبي أساسي على قضايا في غاية الأهمية، مثل التصويت على اتفاقيات كامب ديفيد Camp David Accords، وفك الارتباط مع غزة، فإن تأثير الكنيست الفعلي في اتخاذ القرارات المتعلقة بسياسات الأمن القومي، يكاد يكون شبه معدوم[9].

ومن جهة أخرى، فإن الطبيعة المتشظية للكنيست، والحكومات، والتغيرات التي تطرأ على مواقف الناخبين، أدت إلى حالة من عدم الاستقرار الحكومي[10]؛ حيث يصنف البنك الدولي "إسرائيل" على أنها أقل الدول تمتعاً بالاستقرار السياسي بين 36 بلداً شملها المسح سنة 2007[11]. ويرى البعض أن "إسرائيل" لم تعرف حكومة مستقرة

---

[7] Metz (ed.), "The Cabinet."

[8] بنك معلومات مدار، إدارة الائتلاف الحكومي، 2006/1/1.
http://databank.madarcenter.org/databank/TopicView.asp?CatID=1&SubID=2&TopicID=28 (Accessed: 25/10/2006).

[9] Freilich, *op. cit.*

[10] تقول التقديرات أن ما يقارب ثلث إلى نصف الناخبين اختاروا حزباً مختلفاً عن الذي انتخبوه سابقاً، انظر: Arian, *Politics in Israel.*

[11] Asher Arian et al., *The 2007 Israeli Democracy Index: Auditing Israeli Democracy-Cohesion in a Divided Society* (Israeli Democracy Institute- The Guttman Center: June 2007).

منذ سنة 1982. فحتى كتابة هذه السطور، شهدت "إسرائيل" تشكيل 32 حكومة[12]، مما يجعل معدل حياة الحكومة لا يتعدى السنتين. بالإضافة إلى ذلك، فإن خمساً فقط من أصل 17 من الانتخابات العامة جرت في موعدها[13]. فيما شهدت الفترة الممتدة بين سنتي 1995 و2005 تشكيل سبع حكومات. بالإضافة إلى ذلك، لم تستطع أي حكومة إسرائيلية أن تحافظ على تماسكها الداخلي لمدة سنة، وفي السنوات العشر الأخيرة، وصل معدل التغييرات الوزارية إلى تغيير كل 16 شهراً[14].

وقد حوّل عدم الاستقرار في الائتلافات الحكومية مسألة إبقاء الائتلاف الحكومي قائماً، هدفاً بحد ذاته، وأمراً يستهلك معظم الأوقات، بحيث تحولت الحكومة إلى منتدى لحل الخلافات التي تؤدي إلى انقسام الائتلاف، بدل أن تكون الجسم التنفيذي الذي قدر لها أن تكونه. وهذا ما حدّ من قدرة الحكومة على اتخاذ القرارات الصعبة، فنتج عن ذلك، سيطرة استراتيجية التأجيل، والشلل، والحلول المجتزأة، مما يدفع الحكومة إلى اتخاذ قرارات غير شعبية[15]. وحتى في القضايا الاستراتيجية الكبرى، فإن هناك ميلاً نحو الانتظار حتى تصل الأمور إلى وضعٍ لا خيارات فيه، مما يستدعي القيام بتحركات مفاجئة وارتجالية[16].

وتجدر الإشارة إلى أن حالة التشظي في المشهد السياسي الإسرائيلي ليست جديدة، إذ إنها موجودة منذ وجد أول كنيست. حيث يتنافس ما بين 14-33 حزباً على الانتخابات العامة[17]، ينتخب منهم 10 إلى 15 حزباً. ولكن حالة التشظي هذه لم تشكل معضلة في السنوات الأولى لتأسيس "دولة إسرائيل"، بل إن تأثيراتها بدأت تظهر للعيان بعد أن تغيرت طبيعة المشهد السياسي.

---

12 يشمل ذلك حكومة "إسرائيل" المؤقتة (بين 1942/5/14-1949/3/8)، والحكومة التي تشكلت بعد انتخابات 2006.

13 كانت هناك أزمات ائتلاف على امتداد ستين عاماً من تأسيس "دولة إسرائيل". ولكن الحكومة لم تسقط لتتولى مكانها المعارضة إلا في سنتي 1977 و1999 نتيجة للخلاف على الائتلاف. ومثل هذه المعارك غالباً ما تشنها الأحزاب الصغرى في محاولة لتخويف رئيس الوزراء وابتزازه من أجل تحقيق أهداف محددة، وإلا فإنهم سوف "يغرقون السفينة".

14 جرايسي، التركيبة البرلمانية تمنع صيغة مشتركة لتغييرات في نظام الحكم الإسرائيلي.

15 Gidi Grinstein, A President Doesn't Guarantee Capacity to Govern, The Reut Institute, 10/10/2006, http://www.reut-institute.org/Publication.aspx?PublicationId=967 (Accessed: 17/10/2006).

16 Freilich, *op. cit.*

17 وضع السجل في سنة 1999 حين تنافس 33 حزباً على مقاعد الكنيست.

ففي الأساس كان المشهد السياسي الإسرائيلي مسيطراً عليه من حزب واحد، هو الماباي Mapai، الذي تطور إلى المعراخ (Ma'arach (alignment، أو ما يعرف بحزب العمل، فيما بعد، وهي الفترة التي شهدت مرحلة ما يُسمى "بناء الأمة" ما بين سنة 1948 والسبعينيات. وفي سنة 1977، بعد فوز الليكود في الانتخابات، تحول المشهد السياسي من سياسة سيطرة الحزب الواحد إلى حالة التنافس السياسي بين حزبين. وبدوره، تغير مشهد الازدواجية الحزبية، خلال مرحلة "الإصلاح الانتخابي" في الفترة ما بين عامي 1992 و2001، التي كان رئيس الوزراء ينتخب فيها بشكل مباشر. فخلال تلك الفترة أصبح المشهد السياسي أكثر حزبية وبدت حالة التشظي التي سيطرت عليه أكثر وضوحاً. وتُشكِّل انطلاقة حزب كاديما أواخر سنة 2005 إشارة إلى إمكانية أن يحصل تغير في المشهد السياسي، بحيث تتحكم فيه ثلاثة أحزاب بدلاً من اثنين.

وخلال سنوات سيطرة حزب العمل Labor، كان الحزب يسترضي حلفاء الائتلاف الصغار بوزارات ثانوية، ولكن بعد أن فقد الحزب سيطرته السياسية في أواخر السبعينيات، أصبحت حالة التشظي التي سادت في الكنيست أكثر إثارة للمشاكل، حيث بدأت الأحزاب الصغيرة ترفع سقف مطالبها، وأصبحت أكثر وعياً بنفوذها وقوتها، مما جعل عملية تشكيل الائتلافات أمراً معقداً، وأدى إلى زياة عدد الوزراء؛ حيث زاد عدد الوزارات التي تولتها الأحزاب الصغيرة ما بين سنتي 1977 و1992، بينما اتسم الكنيست بعدم وجود حزب أساسي يسيطر عليه.

وفي محاولة للحد من حالة التشظي التي يعيشها الكنيست رُفعت النسبة الانتخابية المطلوبة لدخول الكنيست من 1% إلى 1.5%، بعد الكنيست 13، في سنة 1996، ثمّ إلى 2% بعد الكنيست 16 (2003-2006). وكان الهدف من ذلك تقليص عدد الأحزاب المشاركة في الكنيست، وبالتالي تحسين استقرار الكنيست والحكومة. ولكن وفقاً لما أوردته مؤسسة الديموقراطية الإسرائيلية، فإن عدد الأحزاب المشاركة في الانتخابات لم يتقلص، واستمر الناخبون في التصويت للأحزاب الصغيرة، حتى ولو أدى ذلك إلى تضييع أصواتهم، إذا ما فشلت تلك الأحزاب في الحصول على النسبة التي تخولها دخول الكنيست[18]. وقد استمر هذا النسق من التصويت حتى مع زيادة اتجاهات التصويت بناء على قضايا معينة[19].

[18] حول رفع نسبة الحسم: الدوافع والغايات، المشهد الإسرائيلي، 2007/4/17.

[19] Michal Shamir and Asher Arian, "Collective Identity and Electoral Competition in Israel," *American Political Science Review (APSR)* journal, vol. 93, no. 2, June 1999, pp. 265-277.

وترافقت حالة التشظي في الكنيست مع ازدياد الخلافات في المواقف الأيديولوجية بين الأحزاب المشاركة في الائتلافات الحكومية. فحتى سقوط حزب العمل في سنة 1977، بعد 29 سنة متواصلة من الحكم، كانت كل الائتلافات الإسرائيلية مبنية على تحالفات غير متينة بين العمل والحزب القومي الديني (المفدال) National Religious Party-NRP (Mafdal)، الذي كان يتخذ في ذلك الوقت مواقف براجماتية في معظم القضايا السياسية. بعد ذلك، بدأ التناغم الأيديولجي ضمن الائتلافات الحاكمة يتقلص، فكانت البداية مع قيادة الليكود لائتلاف ضم الحزب الديموقراطي من أجل التغيير، بينما شهدت فترة الثمانينيات ستّ سنوات من حكومات "الوحدة الوطنية"، حيث شكل شامير ائتلافاً ضمّ الليكود، وحزب موليدت Moledet. في حين ضمّ الائتلاف الذي شكّله إسحاق رابين Yitzhak Rabin، حزب العمل، وحزبي ميرتس Meretz وشاس. وبعد ذلك، ضمّ الائتلاف الذي شكله نتنياهو Benjamin Netanyahu أحزاب الليكود ومفدال وشاس Shas وإسرائيل بعليا Israel Bealiyah. كما شكل أريل شارون Ariel Sharon ثلاث حكومات ائتلافية، ضمت الليكود والعمل، ثم الليكود وشينوي Shinui، وائتلاف الحزب القومي الديني والاتحاد الوطني National Union (NU).

وقد تفاقمت ظاهرة التشظي الحزبي وأدت إلى إضعاف السلطة المؤسساتية للكنيست، وسرَّعت في تركيز السلطات في يد رئيس الوزراء، ولكنها في الوقت عينه، أعاقت إلى حدّ كبير قدرة الحكومات المتعاقبة على إدارة شؤون البلاد بشكل فعال ومسؤول[20].

ونتج عن تشكيل الائتلافات الحكومية التوسع في حجم الحكومة. ففي السنوات الأخيرة، وعلى الرغم من محاولات الحد من عدد الوزراء في الحكومة، زاد عددهم بسبب متطلبات التوصل إلى تشكيل ائتلاف حكومي، الأمر الذي استدعى استحداث عدد كبير من المناصب الحكومية، إرضاء للرموز السياسية في كل حزب. فمن أجل تشكيل الحكومة، من المطلوب أن يكون هناك ما معدله منصب وزاري لكل ثلاثة أو أربعة مقاعد في الكنيست[21]، مما دفع إلى استحداث وزارات جديدة أو إلى تعيين وزراء من دون حقائب، بحيث تراوح عدد الوزراء في كل حكومة ما بين عشرين وثلاثين وزيراً[22].

Arian, Nachmias and Amir, *op. cit.*, pp. 91-94. [20]

Metz (ed.), "The Cabinet." [21]

Freilich, *op. cit.* [22]

وغالباً ما تُعيِّن الأحزاب وزراءها بناء على نفوذهم الشخصي، وليس على أساس خبرتهم العملية وحرفيتهم العالية، وكفاءاتهم الإدارية. ولا يستثنى من هذا الأمر منصب رئاسة الوزراء، ووزير المالية ووزير العدل. وظلّ منصب وزير الدفاع بمنأى عن هذا النوع من الاختيار، حتى تعيين عمير بيرتس Amir Peretz في هذا المنصب[23]. وتسمح طبيعة الائتلافات الحكومية بإيجاد ما وصفه تشارلز فريليش Charles Freilich بالفيدرالية، أو ما يشبه وزارة الحكم الذاتي، حيث تسيطر سياسة "عش ودع غيرك يعيش" على عقلية الوزراء المعينين من قبل أحزابهم. حيث إن لكل وزير حرية إدارة وزارته بطريقة مستقلة إلى حدّ بعيد عن رئيس الوزراء والوزراء الآخرين[24].

بالإضافة إلى ذلك، ونتيجة لحجم الحكومات والهالة التي تحظى بها الوزارات المصغرة، أو لجان الدفاع الحكومية، أخذت الأحزاب الصغيرة تطالب بأن يكون لها تمثيل في الوزارات المصغرة، مما تسبب في توسعها هي أيضاً، وهذا ما ترك أثراً واضحاً على طبيعتها السرية، الأمر التي يتعارض مع سبب وجودها.

وبالإضافة إلى ما سبق، فإن قدرة رئيس الوزراء على السيطرة على الحكومة تتأثر بنفوذه السياسي الشخصي[25]، وعلى مهاراته وعلاقاته السياسية الداخلية، وعلى قدرته على استخدام هيبة مركزه في حشد الدعم للسياسات التي يفضلها[26].

2. سياسات الائتلافات الحكومية وعملية صناعة القرار:

أدت سياسة تشكيل الائتلافات، وتراجع الانضباط الحزبي إلى اضطرار رئيس الوزراء إلى الاعتماد على الأحزاب المتحالفة معه أو حتى أحزاب المعارضة، من أجل تمرير القوانين التاريخية، التي لم يستطع أن يحصل على موافقة حزبه عليها. فعلى سبيل المثال احتاج بيجن إلى دعم حزب العمل المعارض حينها، من أجل الحصول على موافقة الكنيست على اتفاقات كامب ديفيد، تماماً كما احتاج شارون إلى دعم حزب العمل المعارض من أجل تمرير خطة فكّ الارتباط مع غزة[27].

---

23 *Ibid.*

24 *Ibid.*

25 Yoram Peri, *Generals in the Cabinet Room: How the Military Shapes Israeli Policy* (Washington D.C: United States Institute of Peace Press (USIP), 2006).

26 Freilich, *op. cit.*

27 *Ibid.*

وقد أدت الطبيعة الحزبية للكنيست إلى انشغال أعضائه الدائم بأنشطتهم السياسية حيث إنها بالنسبة إليهم هي الدعائم الأساسية لبقائهم في الكنيست مستقبلاً، وليس إنجازاتهم داخل الكنيست؛ كما أنها هي التي تعزز فرصهم في تولي مناصب وزارية. وبالطبع فإن هذه الأنشطة السياسية تكون على حساب دورهم الأساسي، أي الرقابة على السلطة التنفيذية.

وبصورة مشابهة، فإن الطبيعة الحزبية لمجلس الوزراء وسرعة انفراط عقد الائتلافات الحكومية، وكون مستقبل الوزراء السياسي يعتمد على مدى قدرتهم على إرضاء جمهورهم الحزبي، وليس على كفاءتهم في الأداء الوزاري، فإن الوزراء يركزون على المكاسب الانتخابية الآنية التي يمكن أن تعود بها أنشطتهم الوزارية، بدل التركيز على تقديم أداء وزاري جيد. فالوزراء الإسرائيليون يكونون في سعي دائم لتعزيز مواقعهم وتأمين مستقبلهم السياسي. ومع ذلك الدفق الإعلامي الذي لا يتوقف على مدار الساعة، والسياسات الحزبية المتقلبة، فإنه يكون لزاماً على العديد من الوزراء أن يكرسوا أنفسهم لسياسات أحزابهم الداخلية، بوتيرة لا تقل عن انشغالهم بالأمور الوزارية. وربما يكون وزير الدفاع، وبدرجة أقل وزير الخارجية الاستثناءين من هذه القاعدة.

وبشكل عام أضعف تسييس الحكومة من موقفها وموقف رئيسها، وبالتالي تحول مجلس الوزراء إلى منتدى سياسي، أكثر من كونه مطبخاً لصنع القرار. فمعظم القرارات الوزارية تؤخذ بشكل علني، وما يتخذ في المجالس المغلقة من قرارات يتسرب فوراً إلى وسائل الإعلام[28]؛ وهي قضية مثيرة للاهتمام لأنه من المفترض أن تظل مداولات اللجان الوزارية طي الكتمان.

وفي هذا الجو الحزبي، دائماً ما تناقش السياسات في "إسرائيل"، مع الأخذ بعين الاعتبار الانعكاسات السياسية الحزبية منها والمحلية. مما يولد بيئة لا يمكن مناقشة السياسات فيها بطريقة موضوعية، حيث يحول مسار الأمور باتجاهات محددة مسبقاً. فعلى سبيل المثال، كان قرار وقف مشروع الطائرات المقاتلة لافي Lavi الذي كلف مليارات الدولارات قراراً مبنياً على اعتبارات حزبية صرفة، دون النظر إلى أي اعتبارات اقتصادية أو تقنية أو عملياتية[29].

[28] *Ibid.*

[29] *Ibid.*

وبما أنه كلما ارتفع الثمن السياسي للقضايا المعالجة، كلما أصبحت أكثر إثارة للجدل، فإن صياغة السياسات حول القضايا الكبرى المتعلقة بوجود "إسرائيل" والتي تشهد انقساماً حزبياً حاداً حولها، مثل خطة فكّ الارتباط مع غزة، أصبح من الأمور البالغة الصعوبة. وفي بعض الأوقات فإن صياغة سياسةٍ ما، حول مثل هذه القضايا، يعدّ عملية انتحار سياسي[30].

بالإضافة إلى ذلك تفتقر الحكومة إلى فريق موظفين يقوم بالأعمال التحضيرية، حتى إن المعلومات الأساسية غالباً ما تظل مجهولة بالنسبة للوزراء. أما اجتماعات الحكومة فغالباً ما تكون مخصصة لمناقشة الأوضاع القائمة، بدل أن تكون مناسبة للتداول في السياسات الواجب انتهاجها.

وحتى حين يتم إنضاج الخيارات السياسية في إطار العملية البيروقراطية، فإنه يتم تسوية الخلافات قبل انعقاد جلسة مجلس الوزراء، بحيث لا يدري المجلس بها، وبالتالي، لا يأخذها بعين الاعتبار. ومن ناحية أخرى، فإنه لا يتم إبلاغ الوزراء، والمؤسسات الأمنية والدفاعية بالأجندة الكاملة لمجلس الوزراء وبحاجة المجلس إلى معلومات محددة، وبالتالي، فإنهم يقومون بتحضير سياسات عامة، بدل أن ينحصر جهدهم بتحضير سياسات محددة تتطلبها أجندة مجلس الوزراء. بالإضافة إلى ذلك، فإن غياب فرق العمل التي تساعد على بلورة السياسات يؤدي إلى عجز المجلس عن بلورة تقييم مستقل للمعلومات والخيارات التي يتم عرضها؛ إذ يكون الوزراء مضطرين إلى الاعتماد على معلوماتهم العامة، والمعلومات التي يتمكنون من جمعها من الإعلام ومن المحادثات العادية مع الأحزاب المهتمة بالقضية المطروحة. ونتيجة لذلك يحلّ أحياناً الحدس والمفاهيم والأحكام المسبقة، مكان الحسابات والتقديرات الجدية للقضية المطروحة[31].

وإذا ما أخذنا بعين الاعتبار أيضاً، أن وزراء الحكومة الذين يتخذون السياسة مهنة ليسوا خبراء في مجال المسؤوليات المسندة إليهم أو في مجال الإدارة، مما يثير الشكوك حول مدى صحة حكمهم على الأمور، فإنه يمكننا أن نُكوِّن صورة عن عدم فعالية مجلس الوزراء في مجال صياغة السياسات واتخاذ القرارات. بالإضافة إلى ذلك، غالباً ما يكون الرابط بين القرارات المتخذة وتحديد الموارد اللازمة لتطبيقها ضعيفاً؛ خصوصاً وأن القرارات تتخذ في كثير من الأحيان لأسباب رمزية صرفة. ومن المعلوم في "إسرائيل"

---

[30] *Ibid.*

[31] *Ibid.*

أن أغلبية القرارات التي يتخذها مجلس الوزراء لا يتم تطبيقها، إذ يتم تبنيها دون أن تكون هناك نية للتطبيق. وفي هذا الإطار، تقول تقديرات رسمية إسرائيلية إلى أن 70% من القرارات الحكومية المتخذة لا يتم تطبيقها[32].

ومن الأمثلة على أن مجلس الوزراء لم يعد المكان الذي تُصنع فيه السياسات، فإنه خلال تنفيذ عملية فكّ الارتباط مع غزة، كان وزير الخارجية غائباً تماماً عن متطلبات المفاوضات حول خطة فكّ الارتباط، حيث عجز وزير الخارجية عن لعب أي دور في التفاصيل التي صاغها رئيس الوزراء حينذاك، أريل شارون ومستشاروه، بل إنه عجز أيضاً عن تقديمها بطريقة فعالة في الخارج. وأكثر من ذلك فإن وزارة الدفاع نفسها، ومعها الجيش الإسرائيلي دخلوا على خطّ عملية فكّ الارتباط في وقت متأخر نسبياً[33].

وتشكل المناقشات السنوية لميزانية الدفاع، مثالاً آخر على عجز مجلس الوزراء عن التعاطي مع قضايا الأمن القومي المعقدة. ففي كل عام، يطلق وزير الدفاع والجيش الإسرائيلي حملة علاقات عامة غالباً ما تكون قائمة على تكتيك إخافة الناس، وذلك من أجل حشد الدعم لميزانية الدفاع السنوية. ويتبع ذلك اجتماعات لمجلس الوزراء يقدم فيها وزير الدفاع وقيادة الجيش الإسرائيلي كماً هائلاً من المعلومات والتقديرات، مستخدمين أحدث ما توصلت إليه تكنولوجيا وسائل العرض، لإخافة الوزراء وإرباكهم. وبما أن الوزراء لا يملكون الأدوات والكفاءات اللازمة لتقييم مطالب الوزير والمؤسسة العسكرية، ويتأثرون بشدة من ضغط الرأي العام الإسرائيلي، فإنهم لا يتعمقون في مناقشة الميزانية المقترحة. وغالباً ما تحسم المعركة بين وزير الدفاع ووزير المالية بمساومة بعد أن يقوم الأخير باقتطاع مبلغ اعتباطي من الرقم المقترح للميزانية[34]. وبالتالي، فإن العملية كلها تكون عملية سياسية غير قائمة على تقييم تفاصيل متطلبات الميزانية.

[32] *Ibid.*

[33] *Ibid.*

[34] *Ibid.*

ثانياً: الأحزاب والأيديولوجيات والبرامج:

1. خلفية عن البنية الاجتماعية والأيديولوجيات:

يرتبط ما يترتب عن سياسات الائتلافات الحكومية بالطبيعة الأيديولوجية للأحزاب التي تشكل الائتلاف. حيث تلعب الأيديولوجيا دوراً كبيراً في السياسات الإسرائيلية، وهو ما يعد انعكاساً لمكانة الأيديولوجيا في الحياة السياسية. وعلى الرغم من أن معظم الأحزاب السياسية الإسرائيلية مرتبطة بشكل أو بآخر بالأيديولوجيا الصهيونية، باستثناء الأحزاب المعادية للصهيونية والأحزاب العربية، فإن الأحزاب الإسرائيلية تختلف بشكل كبير في فهمها للصهيونية. ويعد هذا الأمر انعكاساً طبيعياً للتنوع الذي يحكم المجتمع الصهيوني، فهناك الصهيونية العمالية، وهناك الصهيونية التنقيحية، وهناك الصهيونية الدينية. والفكرتان الأوليان هما المسيطرتان، وتتمثلان في هذه المرحلة من الناحية السياسية بأحزاب العمل والليكود وكاديما.

بالإضافة إلى ذلك، فإن المجتمع منقسم من الناحية الأيديولوجية وفق أسس دينية، فالخلاف الأساسي هو بين الأحزاب الدينية والأحزاب العلمانية، حيث إن هناك الكثير من الخلافات بين الطرفين حول الشكل الذي يجب أن تصبح عليه "دولة إسرائيل". ففي حين تود الأحزاب الدينية أن تراها دولة يهودية حقاً، تحكمها الشريعة اليهودية، ويعرفون أنفسهم بشكل جمعي على أنهم يهود وليسوا إسرائيليين، فإن اليهود العلمانيين والقوميين، يرون أنه ليس هناك أي دور للدين في الحياة العامة أو السياسية، ويميلون إلى تعريف أنفسهم بأنهم إسرائيليون أكثر منهم يهوداً[35].

وبالإضافة إلى هذه التصنيفات الأيديولوجية العامة، فإن اليهود الإسرائيليين منقسمون من الناحية العرقية وفقاً للبلاد التي هاجروا منها، على الرغم من أن 68% من اليهود الإسرائيليين هم من الصابرا Sabra، وهي كلمة عبرية تعني الصبار[36]، وهم أبناء الجيل الثاني والثالث من اليهود الذين هاجروا إلى فلسطين خلال العقود الماضية. كما أن المجتمع الإسرائيلي منقسم بعمق على أسس إثنية خصوصاً مع قلة الزيجات

---

[35] Charless S. Liebman and Eliezer Don Yehiya, "What a Jewish State Means to Israeli Jews," in Sam N. Lehman-Wilzig and Bernard Susser (eds.), *Comparative Jewish Politics: Public Life in Israel and the Diaspora* (Israel: Bar-Ilan University Press), pp. 105-109.

[36] تعود هذه الأرقام إلى سنة 2004، انظر:
Central Bureau of Statistics (CBS), Jews and others, by origin, continent of birth and period of immigration (Hebrew), http://www1.cbs.gov.il/shnaton56/st02_24.pdf

المختلطة بين الإثنيتين. والإثنيتان الغالبتان هما الأشكناز Ashkenazim والمزراحيم Mizrachim أو السفارديم Sephardim. ويتساوى العرقان من حيث العدد تقريباً، مع بعض الاختلاف في التقديرات. وتعود هذه الاختلافات في التقديرات إلى كون مكتب الإحصاء الإسرائيلي المركزي لم يعد يصنف اليهود وفق أصولهم الإثنية، بل وفق مكان ولادتهم. بالإضافة إلى ذلك، فإن التقديرات تختلف بناء على كيفية تصنيف الأقليات اليهودية الأخرى.

على صعيد المزراحيم، فإنه في الوقت الذي يتم فيه استخدام مصطلحي المزراحيم والسفارديم للدلالة على أمر واحد، مع ميل حالي لاستخدام مصطلح المزراحيم بدل السفارديم، فإن المصطلحين ليسا متطابقين. فالمزراحيم مصطلح إثني، ويعني بالعبرية الشرقي، للتدليل على المكان الذي أتى منه قسم من اليهود. أما السفارديم فهو مصطلح ديني يدلل على طبيعة الطقوس الدينية التي يمارسونها[37]. وفي هذا الإطار، تجدر الإشارة إلى الجهود التي يبذلها حزب شاس، الذي ينتمي إلى السفارديم الحريديم من أجل توضيح هذا الفرق لكي يسمح لنفسه بتمثيل المجموعة الدينية من السفارديم والمزراحيم.

وفي المقابل، يعزى نفوذ الأشكناز إلى دورهم في تأسيس المشروع الصهيوني، منذ بداياته، قبل تأسيس "دولة إسرائيل" سنة 1948 . فعندما تأسست "دولة إسرائيل"،

---

[37] الأشكنازيم : أطلق هذا المصطلح على اليهود القادمين من شمال أوروبا، والذين عادة ما يتبعون التقاليد المتوارثة من اليهودية الألمانية في القرون الوسطى. ويطلق هذا المصطلح حالياً على اليهود ذوي الأصول الشمال أوروبية، والجنوب أوروبية (بما في ذلك روسيا)، الذين يمارسون طقوساً أو عادات دينية أو اجتماعية مختلفة. وتعني كلمة أشكناز ألمانيا باللغة العبرية العائدة للقرون الوسطى.

المزراحيم: هم اليهود المتحدرون من المجتمعات المحلية في الشرق الأوسط، ويشملون اليهود القادمين من الدول العربية وغيرها من المجتمعات مثل يهود جورجيا، واليهود الفرس، يهود بخارى، ويهود الجبل، واليهود العراقيون (بما فيهم اليهود البغداديون المتحدرون من الهند)، واليهود الأكراد، واليهود اليمنيون وغيرهم. وعبارة مزراحيم مشتقة من مزراحي، وتعني الشرق في العبرية. معظم اليهود المزراحيم يمارسون طقوس اليهودية السفاردية، حيث إنهم تأثروا بالسفارديم الذين هاجروا من إسبانيا إلى الإمبراطورية العثمانية. ويتحدث معظم المزراحيم العربية والعرب-يهودية.

السفارديم: هم اليهود الذين يمارسون اليهودية السفاردية وفق تقاليد اليهود الذين تركوا إسبانيا والبرتغال بعد عمليات الطرد التي وقعت سنة 1492، وانضموا إلى مجتمعات المزراحي في العالم العربي. وتقوم معتقدات اليهودية بشكل أساسي على اليهودية الأرثوذوكسية المتشددة، على الرغم من وجود بعض الاختلافات في تفسيرات اليهود السفارديم والأشكناز للشريعة اليهودية أو الهلاخاه. ومن الناحية الثقافية فإن مصطلح السفارديم يشير إلى الطقوس الدينية التي يمارسها يهود هذه المنطقة وما يرتبط بها من مناطق "الشتات" والشرق الأوسط (وخصوصاً البلدان الإسلامية). والمصطلح مشتق السفارد، وهي تعني إسبانيا بالعبرية. تقليدياً يتحدث السفارديم اللادينو أو العبرية الإسبانية.

كان الأشكناز يشكلون 77.7% من تعداد اليهود في فلسطين، ولكن الهجرات المتتالية لليهود السفارديم، أدت إلى ردم الهوة الديموغرافية، بينهم وبين الأشكناز، بحيث أصبحت أعدادهم متساوية تقريباً. ولكن بالرغم من ذلك، ظلّ الأشكناز هم المسيطرون من الناحية السياسية والعسكرية. إن التمييز التاريخي الذي مورس ضدّ اليهود المنحدرين من أصول مشرقية، وثقافة العداء للذين "يتكلمون لغة العدو"، مع كون اليهود الشرقيين قد تلقوا تعليماً من الدرجة الثانية، قد حال دون قدرة اليهود الشرقيين على تشكيل هيكل سياسي خاص بهم. فاليهود الشرقيون لا يمتلكون حتى الآن حزباً يمثلهم من الناحية العرقية. فحزب شاس يمثلهم من الناحية الدينية، كما أن بيانه التأسيسي هو بيان ديني. وتشكل تجارب ديفيد ليفي David Levy الوزارية، وما وجه من اتهامات بعدم الكفاءة لوزير الدفاع الأسبق عمير بيريتس، مثالاً جيداً على ضعف الخبرة السياسية عند اليهود الشرقيون. وقد شغل اليهود الشرقيون في الكنيست السابع عشر 32 مقعداً أي ما يعادل 27% فقط من عدد المقاعد.

وبالمقارنة مع اليهود الشرقيين، فإن اليهود المهاجرين من روسيا، الذين وصلوا إلى "إسرائيل" في التسعينيات، لديهم خبرة سياسية أوسع من خبرة اليهود الشرقيين، وقد نجحوا في الاندماج في المجتمع بشكل أفضل، وتلقوا دروساً في اللغة العبرية، كما تلقوا تعليماً ذا مستوى عالٍ، وتمّ استيعاب اختلافاتهم أكثر مما استوعبت اختلافات اليهود الشرقيين. وربما كان لأصولهم الأوروبية فضل في كل هذه الأمور، بالإضافة إلى ادعائهم بأنهم أتوا لإنقاذ الصهيونية والطبيعة الأوروبية لـ"دولة إسرائيل".

2. الأيديولوجيات السياسية:

بسبب الانقسامات المختلفة داخل المجتمع الإسرائيلي، أصبحت الأحزاب السياسية تمثيلاً معقداً لهذه الانقسامات. فالأحزاب السياسية في "إسرائيل"، قد تمثل اتجاهات سياسية، مثل الليكود الذي مثل اليمين الوسط، أو الصهيونية التنقيحية، والعمل الذي يمثل اليسار الوسط، أو أيديولوجية الصهيونية العمالية. كما أن الأحزاب قد تمثل اتجاهات دينية، مثل حزب شاس، وحزب شينوي. كما أنها قد تمثل مصالح المهاجرين الجدد، مثل حزب إسرائيل بعليا، و"إسرائيل بيتنا" Yisrael Beitenu، اللذان يمثلان مصالح المهاجرين الروس؛ أو قد تمثل، مصالح بعض المجموعات مثل حزب المفدال، الذي يمثل المستوطنين المتدينين.

باختصار فإن الأحزب الإسرائيلية لا تتبع أسلوب الحزب الواحد أو التعددية القطبية، وعوضاً عن ذلك، فإن الأحزاب السياسية في "إسرائيل"، تقع ضمن تصنيفات مختلفة اعتماداً على القضايا التي تعرّفها هذه التصنيفات. ويمكن تلخيص الأمر بما يلي:

الأمر الأول متعلق بالوجود الفلسطيني في كل فلسطين التاريخية. فالموقف التقليدي للصهيونية العمالية، التي يمثلها حزب العمل، يدعو إلى فصل الفلسطينيين عن اليهود، ومن ثم تهجير الفلسطينيين من خلال الضغط عليهم ومنعهم من العمل. ولهذا السبب لجأ بن جوريون خلال حرب 1948 إلى العمل العسكري لتهجير عدد كبير من الفلسطينيين، في إطار ما يسميه المؤرخون الإسرائيليون الجدد الخطة د (دال)، أو الخطة دالت.

وفي المقابل فإن الصهيونية التنقيحية، التي يمثلها الليكود، لها موقف مغايرٌ تجاه السكان الإسرائيليين، حيث يرى مؤسس الصهيونية التنقيحية، فلاديمير جابوتنسكي Vladimir Jabotinsky، بأن تياره يسمح للفلسطينيين بالبقاء في أرضهم، ولكنه يستخدم قوته من أجل جعلهم يعيشون فيما يعرف "بالستار الحديدي". وهذه المقاربة كانت بتأثير من أيديولوجية حزب العمل المتعلقة بالترانسفير، على الأوساط الدينية.

وقد تجدد الصراع بين الأيديولوجيتين بعد حرب الأيام الستة سنة 1967 حينما تفاقمت هواجس التهديد الديموغرافي الذي يشكله الفلسطينيون بعد احتلال الضفة الغربية وقطاع غزة. وقد عبرت الأيديولوجيتان عن نفسيهما من خلال موقفين سياسيين سيطرا على الجدل الإسرائيلي حول مستقبل الفلسطينيين داخل الضفة الغربية وقطاع غزة. ففي حين نادى حزب العمل بحق الفلسطينيين بتقرير مصيرهم وإنشاء دولة فلسطينية منفصلة، فإنه لم يستطع القيام بعمليات طرد جماعية واسعة في ظلّ المناخ العالمي المتغير. أما حزب الليكود، فقد رفض الاعتراف بأي حقوق سياسية جماعية للفلسطينيين في الضفة والقطاع على الرغم من أن "الصقور المتطرفين" كانوا مستعدين للسماح بإعطاء حقوق سياسية للفلسطينيين العرب كأفراد بعد احتلال الأرض، فيما دعا الآخرون إلى عملية ترانسفير للشعب الفلسطيني. غير أنهم ظلوا عاجزين عن تنفيذ حلّ "الستار الحديدي" خوفاً من اتهامهم بإقامة دولة تفريق عنصري. وقد أدت الصعوبات التي واجهت تنفيذ أحد الخيارين إلى تبني مساومة اتخذت شكل "الاحتلال الزاحف" للضفة الغربية وقطاع غزة، والذي أملت منه "إسرائيل" أن يظل بشكل واسع غير ملحوظ في الغرب.

ومؤخراً برز اتجاه ثالث، يتوافق مع رؤية ثيودور هرتزل Theodore Herzl الأصلية، التي تدعو إلى فصل الفلسطينيين ومن ثم تهجيرهم. وهي رؤية تبناها أيضاً بعض أعضاء الليكود الذين تأثروا بالتحول الذي قام به شارون الذي انشق عن الليكود، ليشكل حزب كاديما، ليضم الحزب الجديد أعضاء من حزبي العمل والليكود، مما شكل إشارة في حينها إلى انبثاق فكرة الفصل الأحادي الجانب، كأيديولوجية بديلة تلقى قبولاً واسعاً[38].

أما الأمر الثاني فيتعلق بمستقبل الضفة والقطاع. فالصقور المتطرفون يؤيدون احتلال كل الأراضي، فيما يؤيد "الحمائم المتطرفون" انسحاباً كاملاً منها. وبين قطبي المعادلة، مساحة واسعة لموقفين آخرين، أحدهما قريب من رؤية الحمائم المتطرفين، وغالباً ما يرتبط بحزب العمل، حيث يستخدم هؤلاء معادلة "المساومة على الأراضي"، ويتصورون انسحاباً جزئياً من الأراضي المحتلة سنة 1967 يتسع مداه أو يضيق، وفقاً لعمق انتماء المُنظِّر لهذا الرأي إلى معسكر "الحمائم". أما الموقف الآخر، فهو قريب من مدرسة الصقور المتطرفين، حيث يرى بأنه على "إسرائيل" أن ترفض الانسحاب من الأراضي المحتلة سنة 1967 من حيث المبدأ، ولكن يجب أن تبقي سيطرتها العسكرية عليها مع السماح للعرب الذين يعيشون هناك بإدارة شؤونهم بأنفسهم. ويختلف مدى الحكم الذاتي الذي يجب أن يعطى للفلسطينيين، بحسب عمق انتماء المُنظِّر لهذا الموقف إلى معسكر "الصقور".

ويتعلق البعد الثالث ببناء المستعمرات في الأراضي المحتلة سنة 1967. ومن الطبيعي أن تكون الآراء حول هذا الموضوع مرتبطة بالموقف من مستقبل هذه الأراضي. فمدرسة المساومة على الأرض تأخذ بعين الاعتبار موقع المستعمرات، فتؤيد بناءها فقط في المناطق الأمنية التي ستحتفظ بها "إسرائيل" في أي عملية تسوية مقبلة مع الفلسطينيين. وفي المقابل فإن معسكر الصقور المتطرفين لا يعير أهمية لموقع المستعمرات القائمة من حيث المبدأ، إلا أنهم أكثر انتقائية لموضوع الموقع والتوقيت، عندما يتعلق الأمر ببناء مستعمرات جديدة لأسباب أمنية أو براجماتية صرفة.

أما البعد الأخير والأكثر أهمية، فهو تقييم مستوى الأخطار المحدقة بـ"إسرائيل". وهذا البعد هو المقياس الأصعب في عملية تصنيف الأحزاب السياسية الإسرائيلية. يرفع

38 Jonathan Cook, Israel's Dead End, *Al-Ahram Weekly* newspaper, Cairo, no. 903, 26/6/2008, http://weekly.ahram.org.eg/2008/903/op1.htm (Accessed: 29/6/2008).

الصقور من مستوى الأخطار المحدقة بـ"إسرائيل"، ويتهمون العرب بأنهم يسعون إلى تدميرها. وعلى عكسهم، فإن الحمائم مقتنعون بأن العرب تقبلوا فكرة وجود "إسرائيل". أما الذين يتخذون موقفاً وسطاً بين الاثنين، فيفرقون بين مستويات مختلفة من العدائية ضدّ "إسرائيل" عند الأطراف العربية المتعددة[39].

ومع انبثاق التحالف بين الليكود والأحزاب الدينية برز تصنيف عام جديد قسّم الأحزاب السياسية إلى معسكرين سياسيين أساسيين. المعسكر الأول هو "معسكر إسرائيل أ"، ويمثل الأحزاب اليسارية ويضم نسبة كبيرة من الأشكناز العلمانيين المثقفين المنتمين إلى الطبقات الراقية، ممن يصوتون عادة لحزبي العمل وميرتس. أما المعسكر الثاني فهو "معسكر إسرائيل ب"، ويمثل الأحزاب اليمينية والأحزاب الدينية، ويضم اليهود السفارديم الأقل تعليماً، والعمال المنتمين إلى طبقات أدنى، الذين يصوتون عادة لليكود والأحزاب الدينية[40].

ويمكن اختبار دقة هذا التصنيف بعدة طرق. ولكن ربما يكون من أبرز نقاط ضعفه أنه يستند بشكل زائد عن الحد إلى النموذج ثنائي القطبية. والمراد من هذا التصنيف القول بأن الأحزاب الدينية والأحزاب اليمينية بلورت شكلاً من أشكال التحالف ميزها عن اليسار. فعلى سبيل المثال، يتفق اليمين الإسرائيلي والأحزاب الدينية على فكرة أن "الدم اليهودي" هو الذي يميز اليهود عن غيرهم. وقليلاً ما يعطون أهمية لدم غير اليهود (فبالنسبة للمتدينين فإن دم غير اليهود ليس له قيمة تذكر، فيما يرى الليكود أنه له قيمة محدودة). بالإضافة إلى ذلك، فإن كلاً من اليمين والأحزاب الدينية ينظرون بعين التقدير إلى الماضي اليهودي ويحترمون طبيعته الدينية، ويصرون على أن اليهود يمتلكون الحق التاريخي في التوسع بـ"إسرائيل" إلى خارج حدودها الحالية. وكثيراً ما يطالب قادة الأحزاب الدينية المتدينين في حزب الليكود (وحتى حزب العمل أيضاً) بالقيام بهذا الأمر[41].

---

[39] Efraim Inbar and Giora Goldberg, "Is Israel's Political Elite Becoming More Hawkish?," *International Journal*, no. 45, Summer 1990.

[40] Arian, *Politics in Israel*, p. 261, 269.

[41] Israel Shahak and Norton Metzvinskly, Jewish Fundamentalism in Israel, 2nd edition (London: Pluto Press, 2004).

ويميل كل من اليمين والأحزاب الدينية إلى تقييم الأخطار المحدقة بـ"دولة إسرائيل"، في ضوء القمع الذي تعرضت له التجمعات اليهودية الضعيفة خلال التاريخ. ولكن المفارقة أن الأشخاص الذين ينسجون مثل هذه التصورات هم أنفسهم الذين يتحدثون بثقة تامة عن قوة "إسرائيل" وقدرتها على فرض إرادتها على الشرق الأوسط. وهذا المزيج من الخوف والمبالغة في الثقة بالنفس سمة شائعة في "معسكر إسرائيل ب".

ومن الأسباب الأخرى لهذا الانسجام بين اليمين العلماني واليهود المتدينين قدرة هؤلاء على سوق "الحجج المقنعة" التي تبرر حكم اليهود للأراضي المحتلة، وحرمان الفلسطينيين من حقوقهم الأساسية، فعدم دراية العلمانيين بالدين وبالتاريخ اليهودي، يجعلهم غير قادرين على سوق مثل هذه الحجج. وحدهم المتدينون قادرون على توفير مثل هذه التبريرات المبنية على تاريخ العلاقة الطويل بين الله وشعبه المختار.[42] ومن الجدير ذكره بأن "معسكر إسرائيل ب" فاز بأكثر من ستين مقعداً في كل انتخابات أجريت منذ سنة 1997 باستثناء سنة 1992.[43]

بالإضافة إلى ذلك، فإن اليسار الذي يتوق إلى التطبيع، ويريد أن يصبح اليهود أمة كغيرهم من الأمم، مختلف جداً عن "معسكر إسرائيل ب"، المتحد في رفضه لفكرة التطبيع، والمتمسك باعتقاده بأن اليهود مختلفون بشكل استثنائي عن بقية الأمم والشعوب.

وتعدّ الانتخابات العامة التي أجريت سنة 1996 المثال الأبرز على فعالية التحالف بين الليكود والحريديم، إذ يُعزى الفضل في فوز نتنياهو إلى هذا التحالف. فقد وقف حاخامات الحريديم وناخبوهم بقوة خلف نتنياهو على الرغم من محاولات شمعون بيريز Shimon Perez استمالة الحاخام عوفاديا يوسف Ovadia Yoseph. وعلى سبيل المثال، صوت 89% من ناخبي مدينة بني براك (مدينة مأهولة بالحريديم تقع شرق أبيب) لصالح نتنياهو.[44] وكان من الطبيعي أن يشكل نتنياهو بعد الانتخابات حكومة ائتلافية ضمت أحزاب الحريديم الثلاثة.[45]

---

[42] *Ibid.*, pp. 10-14.

[43] Arian, *Politics in Israel*, p. 254.

[44] Asher Arian, "The Israeli Election for Prime Minister and the Knesset, 1996," *Electoral Studies*, vol. 15, no. 4, November 1996, pp. 570-575.

[45] الكنيست 16 انتخب في كانون الثاني/ يناير 2003، والـ 17 انتخب في آذار/ مارس 2006. انظر:
Israel - Encyclopaedic Dictionary website, Israeli Political System and Parties Zionism and Definition, http://www.zionism-israel.com/dic/politicalsystem.htm (Accessed: 25/10/2006).

ومن أجل التدليل على الفروق بين الأحزاب، أرفقنا بهذه الدراسة جدولاً يتضمن تعريفاً موجزاً بالأحزاب السياسية الممثلة في الكنيست، والائتلافات الأساسية التي شكلت بعد انتخابات الكنيست 16 سنة 2003 والكنيست 17 سنة 2006. وأضفنا إليها ملخصاً عن برامج هذه الأحزاب السياسية ومبادئها، وموقف أهم الأحزاب السياسية من أهم القضايا التي شغلت الناس في انتخابات سنة 2006[46].

جدول رقم 1: الاتجاهات السياسية للأحزاب الإسرائيلية وعدد أعضائها في الكنيست 16 والكنيست 17

الاسم العبري	الترجمة العربية (إن وجدت)	الاتجاه السياسي	أهم الشخصيات الحزبية	عدد النواب: الكنيست 16	عدد النواب: الكنيست 17
ميرتس – ياحد Meretz -Yahad		يساري، صهيوني، علماني	يوسي بيلين Yossi Beilin، حاييم أورون، ران كوهين، زيهافا غالون	6	5
هعفوداه HaAvoda	العمل	يسار الوسط، صهيوني، علماني	عمير بيرتس، بنيامين بن أليعازر Benjamin Ben Eliezer. عامي أيالون	21	19
شينوي		وسطي، صهيوني، رأسمالي، يعارض علناً نفوذ الأحزاب الدينية، ودعم الدولة للمؤسسات الدينية	تومي لابيد، ابراهام بوراز، أليعازر زاندبرغ	15	0
جيل	حزب المتقاعدين	غير معلن، متقاعدين من اليمين	رفائيل إيتان Rafael Eitan	0	7
نوي Noy		وسط اليمين	ديفيد تال	1	0
كاديما		وسط اليمين، صهيوني، شعبي	إيهود أولمرت Ehud Olmert، تسيبي ليفني Tzippi Livni	–	29
الليكود		يميني، صهيوني، علماني، رأسمالي	بنيامين نتنياهو، شاؤول موفاز، سيلفان شالوم	40	12
هئيحود هليئومي HaIchud Haleumi	الاتحاد الوطني	يميني متطرف، صهيوني	بيني أيالون	7	9

[46] Israel Votes 2006, Political Parties & Platforms, http://www.israelvotes.com/2006/platforms.php (Accessed: 8/8/2007).

الاسم العبري	الترجمة العربية (إن وجدت)	الاتجاه السياسي	أهم الشخصيات الحزبية	عدد النواب: الكنيست 16	عدد النواب: الكنيست 17
يسرائيل بيتنا	"إسرائيل بيتنا"	يميني متطرف، صهيوني	أفيجدور ليبرمان Avigdor Liberman	انضم إلى الاتحاد الوطني	11
المفدال	الحزب القومي الديني	يميني متطرف، صهيوني ديني، أرثوذكس عصريون	زيفولون أورليف، نيسان سلوميانسكي، شاؤول يحالوم	6	تحالف مع الاتحاد الوطني في ائتلاف الحزب القومي الديني والاتحاد الوطني
أجودات يسرائيل* Agudat Yisrael		أشكناز، أرثوذكس، صقور	ياكوف ليتزمان، ماثير بوروش	3	6
ديجيل هتوراة Degel HaTorah		أشكناز، أرثوذكس، حمائم	موشيه غافني، أبراهام رافيتز	2	تحالف مع أجودات يسرائيل
شاس		سفارديم، أرثوذكس	نيسيم داهان، يائير بيريز، شلومو بن عزرا	11	12
Balad بلد	الحزب الوطني الديموقراطي	حزب عربي مناهض للصهيونية، تقدمي، يسعى لتحويل "إسرائيل" من دولة لليهود إلى دولة ديموقراطية يتساوى فيها جميع المواطنين	عزمي بشاره، واصل طه، جمال زحالقة	3	3
راعام تعال Ra'am-Ta'al	اللائحة العربية الموحدة	أكبر الأحزاب العربية في الكنيست، مناهض للصهيونية، فيه إسلاميون	إبراهيم صرصور، طالب الصانع، أحمد الطيبي	2	4
Hadash حداش	الحزب الشيوعي الإسرائيلي	حزب مناهض للصهيونية، يضم عرباً ويهوداً	محمد بركة، هنا سويد، دوف كيهنين	3	3

* عادة ما يتحالف حزبا أجودات يسرائيل وديجيل هتوراة في يهدوت هتوراة Yahadut HaTorah HaMeukhedet.

جدول رقم 2: برامج الأحزاب الأساسية السياسية الإسرائيلية التي خاضت على أساسها انتخابات سنة 2006

	الدولة الفلسطينية	العملية السلمية	القدس	المستعمرات "المستوطنات"	الاقتصاد والعمالة	الدين والدولة
كاديما	ملتزم بخطة خريطة الطريق والتوصل إلى إنشاء دولة فلسطينية	ملتزم بخطة خريطة الطريق، مع الاستمرار بالمسار الأحادي إذا ما تعثرت مفاوضات السلام أو فشلت	القدس سوف تكون العاصمة الأبدية لـ"إسرائيل"	إزالة المستوطنات من مناطق معينة، والإبقاء على الكتل الاستيطانية المبنية على أساس متطلبات الأمن الإسرائيلي	تعزيز الشفافية في الميزانية والإنفاق، إعادة النظر في توزيع الإنفاق من الميزانية. زيادة محفزات التوظيف، وتحسين وضعية الوظائف المرتبطة بالتعليم، وتوظيف الأقليات.	إصدار تشريعات تسمح بالزواج المدني، وبمراسم الدفن المدنية
العمل	ملتزم بالتفاوض حول الحلّ القائم على إنشاء دولتين، والذي يشمل إقامة دولة فلسطينية.	ملتزم بتجديد المفاوضات للتوصل إلى حلّ قائم على إنشاء دولتين، مع الاستمرار في محاربة "الإرهاب".	تبقى القدس مع كل المناطق اليهودية المجاورة لها العاصمة الأبدية لـ" إسرائيل"، مع الاستعداد للتنازل عن أجزاء من المدينة للفلسطينيين، بناء على اتفاق بين الطرفين.	وقف كل أشكال تمويل الاستيطان والانسحاب من معظم الأراضي (باستثناء الكتل الاستيطانية)	رفع الحد الأدنى للأجور وزيادة المساعدات الاجتماعية، وإصدار تشريعات تجرم الوكالات والمؤسسات التي تستغل اليد العاملة، تحسين التعليم.	الحفاظ على الوضع الديني القائم، مع فصل الدين عن السياسة.
الليكود	يعترف بأن قيام الدولة الفلسطينية أمر لا مفر منه، ولكنه يعارض من الناحية الأيديولوجية إنشاءها.	مستعد للتفاوض مع منظمة قيادة السلطة الفلسطينية التي لا تتهاون مع "الإرهاب"	القدس الموحدة عاصمة أبدية لـ"إسرائيل"	على "إسرائيل" أن توسع من نسبة الأراضي التي ستحتفظ بها في أي حلّ نهائي مع الاحتفاظ بسيطرتها على كل الكتل الاستيطانية ووادي الأردن	الحد من البطالة والضرائب. زيادة المحفزات، تحسين بدلات النقل، تحسين خدمات رعاية أطفال النساء العاملات	الحفاظ على الوضع الديني القائم
ميرتس – ياحد	يدافع عن فكرة إقامة الدولة الفلسطينية كمفتاح لحلّ الصراع.	التوصل إلى تسوية عبر المفاوضات توافق عليها كل الأطراف، وتكون مبنية على اتفاقات جنيف التي توصل إليها رئيس الحزب يوسي بيلين.	تقسيم القدس لتكون عاصمة مشتركة لـ"إسرائيل" وللدولة الفلسطينية المستقبلية	الانسحاب الكامل من الأراضي التي تمّ احتلالها سنة 1967	التأهيل المهني المستمر. فرض قيود على العمالة الخارجية من أجل توفير المزيد من فرص العمل للإسرائيليين.	يدعم اعتراف الدولة بيهودية غير الأرثوذوكس والمتحدرين من أب يهودي.

	الدولة الفلسطينية	العملية السلمية	القدس	المستعمرات "المستوطنات"	الاقتصاد والعمالة	الدين والدولة
الاتحاد الوطني – الحزب القومي الديني	يعارض إنشاء دولة فلسطينية لأسباب أمنية وأيديولوجية.	يرى أن السلطة الفلسطينية غير عملية، وأن الأردن هو الدولة الفلسطينية. ويعتقد بأن العرب المقيمين في الضفة الغربية يمكن أن يكونوا جزءاً من فلسطين – الأردن دون أن يكونوا مضطرين إلى الانتقال إلى هناك.	تبقى القدس الموحدة عاصمة أبدية لـ"إسرائيل".	يدعم الاستمرار في بناء المجتمعات (المستوطنات) على كل "أرض إسرائيل" ويرفض الانسحاب الأحادي الجانب أو القائم على التفاوض من المستوطنات القائمة.	تقليص الفوارق الاجتماعية، تقوية الأطراف، وتطوير المدن، الاستمرار في سياسات تعزيز النمو الاقتصادي. زيادة الحد الأدنى للأجور، والضرائب، والمحفزات للأمهات العاملات.	يجب أن تُحكم "إسرائيل" بالقيم والقوانين اليهودية، مع احترام النظام العلماني.
شاس	فلسفياً يعارض قيام الدولة الفلسطينية، ولكنه مستعد للتفكير بالموضوع في ظروف محددة	دعم في الماضي المفاوضات القائمة على مبدأ الأرض مقابل السلام، ولكنه تراجع عن هذا الموقف كردة فعل على "الإرهاب"	يجب أن تبقى القدس الموحدة عاصمة لـ"إسرائيل"	يدعم الإبقاء على الكتل الاستيطانية، ولكنه مستعد للتنازل عن الأراضي اذا كان هذا الأمر يحفظ أرواح الإسرائيليين.	زيادة الدعم الحكومي للفقراء والطبقات الدنيا في المجتمع. زيادة الدعم الحكومي لبرامج التدريب.	يجب أن تُحكم "إسرائيل" بالقيم والقوانين اليهودية.
شينوي	يدعم إقامة دولة فلسطينية	يؤيد المفاوضات والمساومات حول الأراضي مقابل السلام، ولكنه يتمسك بموقف أمني قوي.	يجب أن تكون القدس عاصمة لـ"إسرائيل" وللدولة الفلسطينية المستقبلية.	يجب الإبقاء على كبرى الكتل الاستيطانية في مفاوضات الوضع النهائي مع الفلسطينيين.	الاستمرار في المسار الحالي باتجاه إيجاد اقتصاد سوق حقيقي. تحسين الدعم الحكومي للعمالة.	يدعم الفصل التام بين الدين والدولة
"إسرائيل بيتنا"	يدعم إنشاء حدود من أجل تقليل عدد الفلسطينيين داخل "إسرائيل"، حتى تتمكن "إسرائيل" من أن تكون ديموقراطية يهودية	يفضل الخطوات الإسرائيلية الأحادية الجانب من أجل ضمان الأمن.	يجب أن تبقى القدس عاصمة لـ"إسرائيل".	زيادة عدد المستوطنات من أجل أن يتم ضمها إلى الحدود النهائية لـ"إسرائيل"، بما في ذلك تبادل الأراضي من خلال إعادة رسم الحدود.	الاستمرار في المسار الحالي باتجاه إيجاد اقتصاد سوق تام، وخصخصة الصناعات التي تمولها الحكومة. زيادة الدعم للفقراء العاملين والنساء.	يدعم الحفاظ على الوضع الحالي مع إتاحة فرصة لمعالجة بعض الاحتياجات الضرورية.

ومن خلال هذه الصورة العامة عن المشهد السياسي في "إسرائيل"، يمكننا ملاحظة الاختلاف في مواقف الأحزاب الأساسية في قضايا العملية السلمية والدولة الفلسطينية، ومستقبل القدس، والمستعمرات، والعلاقة بين الدين والدولة. ويمكن إعادة هذه الخلافات، للخلفية الأيديولوجية التي تحكم كل حزب.

ويشكل الخلاف على طبيعة الصراع أحد أبرز الأمثلة على الفروق الأيديولوجية بين حزبي العمل والليكود. فمنذ عقود طويلة ما زال الجدل قائماً في الفضاء السياسي لمدرستين في التفكير، المدرسة الأولى، وهي المدرسة التي يتبناها الليكود، وهي مدرسة ترى أن مصدر الخلاف العربي الإسرائيلي، هو رفض الدول العربية الاعتراف بوجود "إسرائيل"، وأن السلام لن يأتي إلا عندما يغير العرب سياستهم. كما تذهب هذه المدرسة إلى القول بأن المشكلة الفلسطينية ستحل في إطار اتفاقية سلام مع الأردن.

المدرسة الثانية هي المدرسة التي يتبناها حزب العمل، وهي مدرسة ترى أن الصراع الفلسطيني الإسرائيلي هو قلب الصراع الأوسع مع الدول العربية، وأنه من أجل التوصل إلى علاقات طبيعية مع الدول العربية، لا بدّ أن تحلّ المشكلة الفلسطينية. وقد سيطرت هذه الرؤية بعد الانتفاضة الأولى، خاصة وأن القيادة العسكرية تبنتها، مما ساعد على تهيئة الأجواء من أجل أخذ قرار ببدء العملية السياسية التي تهدف إلى حلّ الصراع مع الفلسطينيين[47].

ومن خلال رصد هذه الطبيعة الأيديولوجية القوية للأحزاب السياسية يمكن فهم الصعوبات التي تواجه رؤساء الوزراء في تكوين ائتلاف حكومي مكون من أحزاب مختلفة. فمن أجل التوصل إلى ائتلاف ناجح يجب تنسيق المواقف الأيديولوجية، حيث إن الائتلاف غير المتين يجعل رئيس الوزراء مكتوف اليدين، أو قد يؤدي في النهاية إلى انفراط عقد الحكومة.

تلعب الأيديولوجيات دوراً مهما في النقاشات حول سياسات الحكومة، إذ غالباً ما تدار النقاشات بنفس أيديولوجي، يضخم الأمور ويعطيها أبعاداً أكبر من حجمها. فعلى سبيل المثال، غالباً ما تدور النقاشات حول قضايا الأمن القومي بطريقة تظهر أن الموضوع له أبعاد مصيرية، مع أن الأمر لا يكون بهذه الخطورة في معظم الحالات. ناهيك عن أن الاتفاق على سياسة ما حول القضايا المختلف عليها أيديولوجياً، مثل العملية السلمية ومستقبل المستعمرات، يكاد يكون مستحيلاً[48].

---

[47] Peri, *Generals in the Cabinet Room*, p. 34.

[48] Freilich, *op. cit.*

ولكن من ناحية أخرى، هناك بعض القضايا المتفق عليها بين مختلف ألوان الطيف السياسي الإسرائيلي، وهي أمور ربما تكون أكثر تأثيراً من القضايا الخلافية. هذه القضايا دائماً ما تكون حاضرة خلال أي عملية صناعة قرار، بسبب الإجماع عليها حزبياً وشعبياً.

ومن أهم هذه القضايا المجمع عليها بين يهود "إسرائيل" جميعاً يهودية وديموقراطية "دولة إسرائيل". فكل الأحزاب الإسرائيلية الصهيونية، بما فيها اليسار و"معسكر السلام"، تتفق على وحدة شعب "إسرائيل"، فيما يعمل اليمين واليسار على المحافظة على نقاء الشعب وبقاء العنصر اليهودي هو العنصر الغالب فيه؛ وذلك من خلال عدة آليات منها التشجيع على الهجرة. ويؤثر هذا المبدأ بقوة على القرارات المتعلقة بالجانب الديموغرافي من الصراع الإسرائيلي الفلسطيني، بما في ذلك، رفض كل الأحزاب الصهيونية، لحق عودة الفلسطينيين إلى بلادهم وأراضيهم.

ويمكن النظر إلى قضية المستعمرات على ضوء هذا النوع من الإجماع. ففي الوقت الذي يعارض فيه حزب العمل التوسع في بناء المستعمرات، يجب النظر إلى هذا الأمر من زاوية هواجسه المتعلقة بيهودية "إسرائيل" كدولة يهودية. فمعارضة حزب العمل تنطلق من قناعاته بأن المستعمرات تخل بالتوازن الديموغرافي بزيادة عدد الفلسطينيين في "الأراضي" التي تبنى عليها. ولذلك ضحى حزب العمل تكتيكياً بمفهوم وحدة الأرض [49] التي يشدد عليها الليكود وذلك حماية لمفهوم آخر هو شعب "إسرائيل" [50].

ومن المبادئ الأخرى المجمع عليها، الخطر الوجودي الذي يهدد "إسرائيل" والحاجة إلى الردع، مع ما يعنيه ذلك من وضع حدّ لأي شكل من أشكال المقاومة. وهذا المبدأ الذي يكون حاضراً في كل قرار إسرائيلي تقريباً، يفرض نفسه على أي مفاوضات متعلقة بطبيعة الدولة الفلسطينية المجاورة. فكل الأحزاب التي تؤيد تشكيل "كيان" فلسطيني تتفق على أنه يجب أن يكون دولة منزوعة السلاح حتى لا تشكل أي تهديد على أمن "إسرائيل".

---

[49] تغير مفهوم "وحدة أرض إسرائيل" Shlemot Ha'aretz في معناه بسبب تغيرات أيديولوجية في الصهيونية التنقيحية بين الخمسينيات والسبعينيات، في حين أنها في الأساس كانت تعني ضفتي نهر الأردن خلال السبعينيات، غير أنها تعني الآن كل "أرض إسرائيل"، والأرض الواقعة بين النهر والبحر. انظر:
Nadav G. Shelef, "From "Both Banks of the Jordan" to the "Whole Land of Israel:" Ideological Change in Revisionist Zionism," *Israel Studies* journal, vol. 9, no. 1, Spring 2004, pp. 125-148.

[50] جورج كرزم، ماذا يعني تطبيق حق العودة بالنسبة لإسرائيل؟، المشهد الإسرائيلي، 2007/10/5.

ومن الأمور التي تحظى بشبه إجماع بين جميع الإسرائيليين أيضاً، وضع القدس. فعلى الرغم من موقف حزبي العمل وميرتس – ياحد من تقسيم القدس، فقد مرر الكنيست سنة 2000 قانوناً يجعل أي تغيير في الأوضاع القائمة في القدس أمراً مستحيلاً، دون استصدار قانون آخر من الكنيست. وفي كانون الأول/ ديسمبر 2007، نوقش مشروع قانون يجعل إجراء أي تغيير في الوضع القائم في القدس بحاجة إلى موافقة أغلبية الثلثين في الكنيست [51].

وحتى فيما يتعلق بعملية السلام والحل النهائي مع الفلسطينيين، والخلاف بين الليكود والعمل حولها، فقد توصل الطرفان عقب اغتيال إسحاق رابين Yitzhak Rabin سنة 1997، إلى ما يسمى باتفاق إيتان – بيلين Beilin-Eitan Agreement، الذي صاغه كل من يوسي بيلين عن حزب العمل، وميخائيل إيتان Michael Eitan عن حزب الليكود، فحددا به نقاط اللقاء والافتراق في وجهات النظر حول موضوع عملية التسوية. وقد شكل هذا الاتفاق إطاراً مرجعياً للمفاوض الإسرائيلي في أي مفاوضات حلّ نهائي مع الفلسطينيين [52].

وقد وضعت الاتفاقية ثلاثة أسس تحظى بإجماع كل الإسرائيليين:

يفيد المبدأ الأول أن على الإسرائيليين استثمار وجودهم في الضفة الغربية وقطاع غزة والقدس في الحصول على أكبر قدر من المكاسب والدفع باتجاه إيجاد كيان فلسطيني غير محدد المعالم. فسواء كان هذا الكيان "دولة فلسطينية" كما كان بيلين يحب أن يطلق عليها، أو "حكماً ذاتياً موسعاً" كما كان إيتان يسميها، فإن القيود المكثفة على السيادة الفلسطينية تبقى هي نفسها.

والمبدأ الثاني هو المطالبة باستمرار السيطرة الاستراتيجية لـ"إسرائيل" على الأراضي التي ستعطى للفلسطينيين، وهذا المبدأ لا يقف عندما نوقش في المفاوضات

---

[51] Ezra Halevi, Knesset Advances Jerusalem Protection Law, Arutz Sheva (Israeli National News), 16/12/2007, http://www.israelnationalnews.com/News/News.aspx/124255 (Accessed: 22/12/2007).

[52] Jewish Virtual Library, The Beilin-Eitan Agreement: National Agreement Regarding the Negotiations on the Permanent Settlement with the Palestinians, http://www.jewishvirtuallibrary.org/jsource/Peace/beilin_eitan.html (Accessed: 8/8/2007).

الأخيرة حول حقّ "إسرائيل" بـ"المتابعة الساخنة" للفلسطينيين، بل يتخطاه إلى أبعد من ذلك، إذ يعطي فكرة حول إلى أي مدى ترى "إسرائيل" في تقاربها مع الفلسطينيين وسيلة للحفاظ على مصالحها الأمنية في الأراضي المحتلة سنة 1967، عوض أن يكون هذا التقارب وسيلة لإعادة تقييم هذه المصالح.

أما المبدأ الثالث فيتعلق بمستقبل المستعمرات في أي مكان من القسم الغربي من "أرض إسرائيل"، أي فلسطين التاريخية كلها، وهو مبدأ متعلق بالذي سبقه. فقد اتفق الطرفان على أن الإبقاء على المستعمرات يجب أن يكون جزءاً من أي اتفاقية مع الفلسطينيين. إذ يجب أن يحافظ أي اتفاق مع الفلسطينيين على حقّ المستوطنين بالاحتفاظ بمواطنيتهم الإسرائيلية، مع الإبقاء على علاقاتهم الشخصية والاجتماعية مع "إسرائيل"[53]. وبالتالي، أصبح حقّ المستوطنين الإسرائيليين بالإبقاء على صلاتهم الشخصية والقانونية والمناطقية مع "إسرائيل"، جزءاً من الأمن القومي الإسرائيلي يجب الحفاظ عليه.

ويضع الاتفاق أيضاً مبادئ تفصيلية من المفترض أن تشكل أسساً للمفاوضات حول الحدود والأمن ووضع "الكيان" الفلسطيني وحدود سيادته، والقدس، واللاجئين، والمياه والاقتصاد. ويتضح مما ورد سابقاً، أن تعريف اليمين واليسار أصبح متعلقاً بالمواقف السياسية أقل من علاقته بالقضايا الاجتماعية – الاقتصادية. وكثيراً ما يقال إن "إسرائيل" لم يعد فيها يسار، وأن كل ما بقي من اليسار الإسرائيلي مواقف سياسية في مواجهة اليمين، في غياب أي سياسات اقتصادية أو اجتماعية يسارية الاتجاه. ومع هذا التعريف المحدود، فإن المركز السياسي الإسرائيلي يميل تدريجياً نحو اليمين كانعكاس للتغيرات الحاصلة في المجتمع الإسرائيلي. هذه التغيرات تعني أن المواقف التي كانت تعد في السابق يمينية متطرفة أصبحت ترى اليوم على أنها يسارية معتدلة. وقد كشف استطلاع أجرته مؤسسة الأبحاث الجغرافية الخرائطية Geo Cartographia Research Institute في 2008/4/2 أن 55% من الإسرائيليين يرون أن اليسار لم يعد له وجود، وأنه لا يمكن بعد الآن أن يعدّ حزب العمل حزباً يسارياً.[54]

---

[53] Foundation for Middle East Peace (FMEP), The Beilin-Eitan Agreement on Permanent Status and its True Antecedents, http://www.fmep.org/reports/vol07/no2/02-the_beilin_eitan_agreement_on_permanent_status_and_its_true_antecedents.html (Accessed: 9/6/2007).

[54] 55% من الجمهور الإسرائيلي يعتقدون أن اليسار لم يعد قائماً....، موقع عرب 48، 2008/4/3،
http://www.arabs48.com/display.x?cid=6&sid=6&id=53165

3. سياسات الأحزاب الداخلية:

تجدر الإشارة أيضاً إلى أنه لا يجب النظر إلى الأحزاب السياسية نفسها على أنها كتلة واحدة، خاصة في حالة الأحزاب الكبرى مثل العمل والليكود. فكل الأحزاب الإسرائيلية تعمل مثل الأحزاب السياسية الغربية، ما عدا شاس وأجودات إسرائيل وديجيل هتوراة، والأحزاب اليمينية المتطرفة.

فهذه الأحزاب تتكون عامة من مؤتمر الحزب، ويضم من ألف إلى ثلاثة آلاف عضو، حسب حجم كل حزب، ويعد المؤتمر السلطة العليا في الحزب، وهناك الهيئة المركزية، وتكون أصغر من المؤتمر، وتجتمع بشكل دائم، بالإضافة إلى دوائر أو لجان حزبية أصغر مثل اللجنة التنفيذية وهي التي تدير أنشطة الحزب اليومية. صحيح أن هذه البنى الحزبية تضمن الكثير من الشفافية، لكن الحقيقة أن عملية صناعة القرار تسيطر عليها بشكل كبير مجموعة صغيرة من القيادات السياسية داخل الحزب، إذ يتحكم هؤلاء القادة بالقرارات حول السياسات المتبعة، تماماً كما يتحكمون باختيار المرشحين لتولي مناصب سياسية أو عامة.

وحتى في صفوف هذه المجموعات الصغيرة من القيادات الحزبية، تظهر الخلافات، حيث تتشكل مراكز قوة في داخل الأحزاب نفسها. تتنافس هذه المعسكرات المتخاصمة، وبعضها هو من بقايا الأحزاب الصغيرة، على القيادة السياسية للحزب، وتعمل على الترويج لمفاهيمها حول المبادئ الأساسية التي قام عليها الحزب ودفعها قدماً. فعلى سبيل المثال، يضم حزب العمل حالياً (سنة 2009) معسكر عمير بيريتس، (الذي يضم كتلة من حزب عام إيهاد Am Ehad المنحل، واتحاد الهستدروت العمالي Histadrut)، ومعسكر بنيامين بن أليعازر، ومعسكر العرب.

4. البرامج السياسية:

إذا ما تركنا الأيديولوجيات جانباً، تتأثر برامج الأحزاب السياسية ببراجماتية صناع القرار فيها. ويمكن لهذه البرامج أن تتغير لأسباب تتعلق بالسياسات الداخلية أو لأسباب تكتيكية، أو استجابة لتغير في اتجاهات الرأي العام الإسرائيلي. وتؤخذ أيديولوجيات الأحزاب، وبرامجها السياسية والاجتماعية والاقتصادية بعين الاعتبار عند تشكيل أي ائتلاف حكومي.

وفيما يتعلق بعملية صناعة القرار، فإن هناك أمثلة كثيرة على براجماتية الأحزاب فيما يتعلق بالسياسة العامة. فانسحاب باراك الأحادي الجانب من جنوب لبنان، واستعداده للتخلي عن معظم المواقف الإسرائيلية السابقة في كامب ديفيد سنة 2000، وانسحاب شارون الأحادي الجانب من غزة، وإعلان أولمرت عن نيته تنفيذ انسحاب أحادي الجانب من الضفة الغربية، ليست إلا أمثلة قليلة على هذه البراجماتية[55].

ومن الأمثلة الأخرى على البراجماتية، تغيير معظم الأحزاب مواقفها المتعلقة بالصراع الأوسع مع البلدان المجاورة. فعلى سبيل المثال لم يعد حزب العمل يتبع سياسة الأطراف، التي يسعى من خلالها إلى بناء أحلاف وروابط مع دول مثل تركيا وأثيوبيا، وشاه إيران وبعض الحكومات المختلفة، ومع بعض الأقليات العرقية، مثل الموارنة في لبنان والأكراد في العراق. فقد وضع بن جوريون وإلياهو ساسون سياسة الأطراف من أجل خدمة أمن "إسرائيل"، في مواجهة حالة العداء الداخلية في الدول العربية، وقد طبقت هذه السياسة من قبل العمل والليكود على حدٍّ سواء. ولكن هذه السياسة لم تشكل يوماً بديلاً عن السعي للتوصل إلى سلام مع جيران "إسرائيل" العرب. ولذلك، عندما تغير الميزان الجيو-استراتيجي في المنطقة بعد توقيع اتفاقيات السلام مع مصر والأردن، وإطلاق العملية السلمية، والتغيرات التي حصلت في بلدان الأطراف (أثيوبيا وإيران)، احتاج الأمر إلى سياسة معكوسة. فكان رابين وبيريز أول من تبنيا هذه السياسة المعكوسة في بداية التسعينيات، وهي السياسة التي اعتبرت إيران ما بعد الثورة، أحد أعداء "إسرائيل" الأساسيين[56].

ولكن عندما تولى الليكود السلطة بقيادة بنيامين نتنياهو سنة 1996، حاول أن يعكس هذا الاتجاه. فلم يكتف بالانقلاب على عملية أوسلو Oslo Peace Process، بل ذهب إلى أبعد من ذلك، حين حاول أن يستعيد سياسة الأطراف، وقدم برنامجاً مفصلاً حول كيفية بناء قنوات اتصال بالجمهورية الإسلامية في إيران، مخالفاً بذلك نصيحة التقييم الاستخباراتي القومي[57]. وعلى الرغم من ذلك، فإن محاولة التقرب من إيران

---

[55] Freilich, *op. cit.*

[56] Leon T. Hadar, "Orienting Jerusalem toward Ankara or Cairo? Israel's New Geostrategic Debate," *Mediterranean Quarterly* journal, vol. 12, no. 3, 2001, pp. 8-30.

[57] Trita Parsi, "Iran, the Inflatable Bogey," Rootless Cosmopolitan website, 9/10/2007, http://tonykaron.com/2007/10/09/iran-the-inflatable-bogey/ (Accessed: 16/12/2007).

هذه لم تعد بأي نتيجة مثمرة، بسبب عدم اهتمام الإيرانيين بالموضوع، وبسبب عودة سياسة حزب العمل. هذا الحدث يظهر لنا كيف أن الاختلاف في القناعات الأيديولوجية فيما يتعلق بالصراع دائماً ما يكون لها انعكاس واضح على السياسة.

وفيما يتعلق بالسياسات الداخلية للأحزاب، يشكل قرار الزعيم العمالي المخضرم شمعون بيريز الانضمام إلى أريل شارون في حزب كاديما، وموقف بنيامين نتنياهو في دعم قرار شارون فكّ الارتباط مع غزة ثم معارضته، مثالين واضحين على مثل هذه البراجماتية.

ومثلها مثل الكثير من الأنظمة السياسية في العالم، فإن السياسة في "إسرائيل" هي مهنة أو وظيفة، بالمقارنة مع النموذج السوفياتي للسياسيين، أي الأباراتشيك "apparatchik"، أو نظام العميل في الجهاز. ونتيجة لهذا التوصيف، يسيطر السياسيون الموظفون على البيروقراطية السياسية التي يمضون معظم حياتهم فيها. وبما أن هذا الصنف من السياسيين، أقل قابلية للتغير من السياسيين الذين يدخلون إلى عالم السياسة حاملين أفكاراً جديدة، فقد سيطرت المحافظية السياسية، وطغى رفض إجراء تغييرات في النظام السياسي[58]. وهذا ما فتح الباب للبراجماتية السياسية. فمن المستغرب في السياسة الإسرائيلية، أن نرى أحزاباً سياسية تتخذ أو تدعم قرارات لا تخدم مصالح أحزابها[59]. ومن أجل تفادي خسارة الناخبين نظراً لهذه المقاربة البراجماتية، فإنه يتم تبرير هذه القرارات باستخدام المنطق الأيديولوجي. ومن الجدير ذكره، أن معظم الاستقالات السياسية تكون لأسباب سياسية، وأنه من النادر أن يستقيل وزير من الحكومة لأسباب مبدئية[60].

Arian, *Politics in Israel*, p. 101. [58]

Ibid., p. 266. [59]

Ibid., p. 269. [60]

ثالثاً: دور رئيس الوزراء والقيادات العليا، وشخصنة السلطة:

1. دور رئيس الوزراء:

يعد رئيس الوزراء الشخصية السياسية الأكثر نفوذاً في "إسرائيل"، فهو أو هي، وفقاً للقانون الإسرائيلي، على رأس السلطة التنفيذية، وهو يمسك بزمامها، كما أنه يكون في الموقع السياسي الأعلى في البلد، ويمثل قمة هرم صناعة القرار في "إسرائيل".

يعرّف القانون الإسرائيلي موقع رئيس الوزراء في الحكومة، بأنه الأول بين متساوين Primus inter Pares. وهو مسؤول عن أفعال حكومته، ولديه سلطة تعيين وإقالة الوزراء، وتحديد مسؤولياتهم القضائية، وإعادة ترتيب وظائفهم وبنى وزاراتهم. كما أن له صلاحية تعيين الرؤساء غير المنتخبين للمؤسسات التي تشارك في السلطة مثل حاكم المصرف المركزي، والمدعي العام، ومدير الموساد. ولرئيس الحكومة، على الأقل من الناحية النظرية، مطلق الصلاحية في اتخاذ القرارات النهائية في السياسة، وهو صانع القرار النهائي. ويضع رئيس الحكومة أجندتها، ويتحكم بوتيرة الأحداث، وهو يتمتع بالحصانة القضائية، ولا يمكن إقالته في حال اتهم أمام القضاء، ففي هذه الحالة لا يستقيل رئيس الحكومة إلا عندما تدينه المحكمة بالتهمة الموجهة إليه ويصدر حكم بحقه[61]. ويشار إلى رئيس الحكومة ومعه واحد أو اثنين من الوزراء الأساسيين مثل وزير الدفاع ووزير الخارجية، على أنهم القيادة العليا للبلاد.

ما بين سنتي 1948 و2008، تولى 11 رجلاً وامرأة واحدة منصب رئيس الوزراء. سبعة منهم ولدوا في أوروبا الشرقية. وخمسة آخرون (رابين ونتنياهو وباراك وشارون وأولمرت) ولدوا في فلسطين في زمن الانتداب، ما عدا نتنياهو الذي ولد سنة 1949[62]. ومعظمهم تولوا رئاسة الوزراء في مرحلة متقدمة من عمرهم، بعد تاريخ سياسي طويل في الحزب الذي ينتمون إليه. ومعظمهم أيضاً ترأسوا الأحزاب السياسية التي ينتمون إليها[63].

---

[61] Arian, *Politics in Israel*, p. 265.

[62] نتنياهو ولد في تل أبيب سنة 1949.

[63] Arian, Nachmias and Amir, *op. cit.*, pp. 35-36.

وبالنظر للهواجس الأمنية التي تحكم "إسرائيل"، فإن الخلفية العسكرية للزعيم السياسي، هي أحد أهم الخصائص التي تجعله مناسباً للقيادة. فمعظم الحكومات التي توالت على "إسرائيل" حتى اليوم، ضمت شخصيات لها خبرة عسكرية أو أمنية مميزة، حتى في الأوقات التي لم يكن أحد الجنرالات السابقين على رأس الحكومة[64]. فعلى سبيل المثال، منذ سنة 1974، تعاقب على رئاسة الوزراء ستّ شخصيات لها تاريخ مميز في المؤسسة العسكرية أو الأمنية[65]. بالإضافة إلى ذلك، فإنه باستثناء عمير بيريتس، فإن وزراء الدفاع إما جنرالات سابقون مثل موشيه دايان Moshe Dayan، وأريل شارون، وشاؤول موفاز Shaul Mofaz، وإسحاق مردخاي Yitzhak Mordechai وعزرا وايزمان Ezer Weizman، أو أفراد لهم خلفية سياسية أمنية عريقة، مثل شمعون بيريز وموشيه ارينز Moshe Arenz، وبنيامين بن أليعازر، وإسحاق شامير Yitzhak Shamir. وحتى القادة الذين كانت تنقصهم مثل هذه الخبرة، مثل مناحيم بيجن، عوضوا عن ذلك النقص بإحاطة أنفسهم بأشخاص ذوي خبرة في هذا المجال، مثل دايان ووايزمان[66].

ومؤخراً، ظهرت خاصية جديدة للقادة الإسرائيليين، هي سعيهم للحصول على مصداقية من الخارج. فوفقاً للمؤرخ الإسرائيلي توم سيجيف Tom Segev، فإن كل النخب الإسرائيلية الحالية، لديها "فصل أمريكي في سيرتها الشخصية". ويؤكد أن النخب الاقتصادية والأكاديمية والعلمية ورجال الأعمال، ونخب الجيش والسياسية والإعلام، هم أناس درسوا في الولايات المتحدة الأمريكية[67].

---

[64] منذ سنة 1992كان ثلاثة رؤساء وزراء (إسحاق رابين، إيهود باراك، وأرييل شارون)، وزعيمان لحزب العمل (بنيامين بن أليعازر، وعمرام ميتناز)، وزعيم لحزب المفدال (إيفي إيتام Effie Eitam)، جنرالات سابقون في الجيش.

انظر: كميل منصور، وفوز عبد الهادي (محرران)، **إسرائيل: دليل عام 2004** (بيروت: مؤسسة الدراسات الفلسطينية، 2004)، ص 136.

[65] رؤساء الوزراء منذ سنة 1974 وأعلى المناصب العسكرية والأمنية التي تولوها: إسحاق رابين وإيهود باراك كانا قائدي أركان؛ أرييل شارون كان جنرالا، وقائد الجبهة الجنوبية: شمعون بيريز كان الأمين العام لوزارة الدفاع؛ أما إسحق شامير فعمل في الموساد لمدة عشر سنوات، في حين خدم بنيامين نتنياهو في وحدة النخبة سايريت ماتكال Sayeret Matkal (الوحدات الخاصة في هيئة الأركان).

[66] Arian, *Politics in Israel*, p. 333.

[67] Conversation with Tom Segev, "Israeli National Identity," Institute of International Studies, University of California Berkeley, Conversations with History series, 8/4/2004, http://globetrotter.berkeley.edu/people4/Segev/segev-con0.html (Accessed: 12/5/2007).

2. حدود سلطة رئيس الوزراء:

لم يخول القانون رئيس الوزراء بأن يكون صانع القرار النهائي فقط، بل طلب منه أيضاً أن يكون قائداً لعملية صناعة القرار، وأن يكون حاسماً في قيادته. ولكن هناك الكثير من العوامل التي تحد من سلطة رئيس الوزراء، ومنها أنها محدودة بالائتلاف الذي يشكله، وباتفاق الائتلاف بين الأحزاب المشاركة فيه. وهو يعتمد على دعم الوزراء المشاركين معه في الحكومة، وعلى ثقة الكنيست. فرئيس الوزراء قوي فقط بقدر ما يستطيع أن يجبر حلفاءه على أن يَدَعوه يكون قوياً.

كما أن رئيس الوزراء مقيد بالموارد المحدودة التي يمكنه الاستفادة منها في مكتبه، بما في ذلك، الميزانية المحدودة، والوسائل التنظيمية المحدودة، مما يقلص من قدرته على التأثير بشكل فردي على السياسة العامة على الرغم من عظم السلطات الموكلة إليه. كما أن دوره محدود بالمسؤولية الجماعية للوزراء، وبالقيود التي فرضها القانون على سلطته[68].

ومن ناحية أخرى، فإن لرئيس الوزراء الكلمة الفصل في القضايا التي تصل إليه وحسب. ففي "إسرائيل" وحدها قضايا السياسة الخارجية والأمن هي التي تحتاج بشكل دائم إلى قرار من القيادة العليا للبلاد. أما القضايا الأخرى الداخلية مثل السياسة الاقتصادية فيتولاها الوزير المعني بها، أو كبار المسؤولين في وزارته. في حين أن القيادة العليا تكون بمثابة محكمة استئناف في القضايا الاقتصادية الداخلية في حال عجز الوزير أو الوزراء أو الأطراف المعنية عن الوصول إلى قرار نهائي فيها[69].

3. شخصنة القيادة العليا:

في السنوات الأخيرة ازدادت سلطة القيادة العليا بشكل كبير، خصوصاً وأن الوزن السياسي أخذ ينتقل بشكل تدريجي، من البرامج السياسية للأحزاب، إلى شخصيات قادتها المتنافسين على منصب رئاسة الوزراء. فالانتخابات الإسرائيلية، أخذت تتمحور بشكل أكبر حول الخبرة والمهارات، والصلابة، والجرأة في أخذ قرارات الحرب والسلام، وإدارة علاقة "إسرائيل" مع حلفائها[70]. وأصبح لزاماً على رؤساء

---

[68] Arian, *Politics in Israel*, p. 36, 49.

[69] *Ibid.*, p. 85.

[70] Singh, *op. cit.*, p. 85.

الوزراء أن يركزوا كثيراً على القرارات الجماعية، فيما بدأت سهام الانتقاد تتوجه إلى عمليات صناعة القرار التي تأخذ وقتاً طويلاً لتوصف بأنها غير حاسمة، ومترددة، وضبابية[71]. وهذا يعود جزئياً إلى اعتقاد قسم كبير من الإسرائيليين أن المطلوب هو رئيس قوي. ويعزو الباحثون هذا الأمر إلى ضعف الطبيعة الديموقراطية لـ"إسرائيل"، وإلى القرارات والمواقف غير الديموقراطية التي تتخذ في أوقات الأزمات، الأمر الذي يجعل الإسرائيليين يشعرون بالحاجة إلى رئيس وزراء قوي يحلّ هذه المشاكل. وتشير استطلاعات الرأي إلى أن ثلثي الإسرائيليين يرون أن رئيس وزراء قوي خير من النقاشات والمداولات والقوانين[72]، وهي نسبة عالية مقارنة بنتائج استطلاعات مماثلة أجريت في ديموقراطيات غربية، حيث لم تتعد نسبة المؤمنين بهذا الرأي عتبة الثلث. ويشكل فوز رابين سنة 1992، وصعود نتنياهو سنة 1996 دليلين بارزين على أن شخصية القائد وقوته المتصورة، يلعبان دوراً لا يقل أهمية عن الأيديولوجيا والخبرة السياسية[73]. وفي سنة 1992 قاد رابين حملته مؤيداً لأهمية وجود قيادة قوية في منصب رئاسة الوزراء، وأهمية هذا الأمر في إدارة شؤون البلاد. وقد سمى لائحته حينها "لائحة حزب العمل بقيادة رابين"[74]. هذه التوقعات، التي يتطلع إليها الإعلام والرأي العام والسياسيون المحيطون برئيس الوزراء، لعبت دوراً كبيراً في تحويل رئيس الوزراء من "أول بين متساوِيْن"، إلى "سوبر وزير".

وقد شهد منصب رئيس الوزراء تغيراً في نوعية القيادات السياسية التي تولته، خصوصاً مع ازدياد الأهمية المعطاة لهذا المنصب؛ إذ تغير المتعاقبون عليه من شخصيات تاريخية تتمتع بخبرة واسعة وشعبية عالية، إلى شخصيات هي نتاج بيروقراطية الأحزاب السياسية، وهي شخصيات لا تتمتع بشعبية كبيرة ولا بسلطة قوية داخل أحزابها. ثم حدث التحول الثالث، حين تعاقب على منصب رئيس الوزراء شخصيات قصيرة الباع في العمل السياسي المحترف، لكن لها تاريخ عسكري طويل ومهم، وكاريزما شعبية بين قواعدها الحزبية. ومن هؤلاء باراك ونتنياهو[75].

---

[71] Arian, Nachmias and Amir, *op. cit.*

[72] Dowty, *op. cit.*

[73] Hassan Barari, *Israeli Politics and the Middle East Peace Process: 1988-2002* (London: Routledge Curzon, 2004), pp. 77-99.

[74] Arian, Nachmias and Amir, *op. cit.*, p. 57.

[75] منصور، وعبد الهادي، **مرجع سابق**، ص 35-37.

وقد تعززت مسألة شخصنة السلطة مع تمرير قانون "الإصلاح الانتخابي" سنة 1992، الذي دعا إلى انتخاب مباشر لرئيس الوزراء من قبل الشعب. وطبق هذا القانون سنة 1996، بعد الصعوبات في تشكيل الحكومة في السنوات 1984 و1988 و1990. وإلى جانب السعي لتعزيز السلطة التنفيذية، كان الهدف من هذا القانون إيجاد نظام إسرائيلي فريد من نوعه يجمع بين النظامين البرلماني والرئاسي. إلا أن هذا القانون سلب الكنيست العديد من وجوه سلطته على الحكومة، وعلى عملية صناعة القرار، وركز المزيد من الصلاحيات في يد السلطة التنفيذية.

ومن ناحية أخرى، فإن هذا القانون الذي كان يهدف إلى تعزيز السلطة التنفيذية لرئيس الوزراء، لم يساعد في تثبيت الائتلافات، وبدلاً من ذلك، زادت سلطات رئيس الوزراء، فيما تراجعت قدرته على التأثير على الأغلبية في الكنيست، خاصة في مواجهة الأحزاب الصغيرة. فإجراء نوعين من الانتخابات أعطى الأحزاب الصغيرة المزيد من القدرة على ممارسة الضغط على الأحزاب الأكبر لتعديل سياساتها، بما يتوافق مع اتجاهات الأحزاب الصغيرة، ليس فقط من خلال تشكيل الائتلاف الحكومي، ولكن أيضاً من خلال انتخابات رئاسة الوزراء. كما أنه قتل حافز التصويت للأحزاب الكبيرة في بعض القطاعات التي أخذت تصوت للأحزاب التي تمثلها في الكنيست، فيما تصوت لمرشحي الأحزاب الكبرى في انتخابات رئاسة الوزراء. وهذا ما نتج عنه المزيد من التشظي في الكنيست وأدى إلى إلغاء الانتخاب المباشر لرئيس الوزراء عقب الانتخابات التي أجريت سنة 2001[76].

ولكن هذه العودة إلى الوراء، لم تنجح في تغيير الاتجاهات العامة نحو الشخصانية. فامتدت العدوى إلى الانتخابات المحلية، حيث أصبح عمدة المدينة ينتخب مباشرة من الشعب، بدل عملية التمثيل النسبي التي كانت متبناة في السابق[77]. كما تعزز منصب رئيس الوزراء مع التوسع التدريجي في مكتبه على مرّ السنين، وهو ما زاد من تركز المزيد من السلطات في يده[78].

---

[76] Arian, Nachmias and Amir, *op. cit.*, pp. 35-39.

[77] Giora Goldberg, "The Growing Militarization of the Israeli Political System," *Israeli Affairs*, vol. 12, no. 3, July 2006, pp. 277-394.

[78] Arian, Nachmias and Amir, *op. cit.*, pp. 53-59.

ومن أبرز الأمثلة على مركزية رئيس الوزراء في صناعة القرار: موافقة بيجن على الشروع في محادثات سلام مع مصر سنة 1977؛ وقرار بيريز الانسحاب من لبنان سنة 1984؛ وخطة الاستقرار الاقتصادي التي انتهجها وقت التضخم؛ وقرار رابين فيما يخص اتفاق أوسلو مع منظمة التحرير الفلسطينية سنة 1992. ففي الحالات الثلاث، كان القرار متمركزاً في يد رؤساء الوزراء، الذين أخذوا القرارات وحدهم تقريباً، مبقين مجلس الوزراء بعيداً عما يجري، باستثناء الوزراء الذين كانوا يثقون بهم. وقد وثق بيجن بدايان، فيما وثق بيريز بموداي Modai، في حين وثق رابين ببيريز. وفي الحالات الثلاث، استفاد كل رئيس وزراء إلى أقصى حدود من المستشارين المحيطين به، حيث استفاد بيجن من خبرة أهارون باراك Aharon Barak، واستفاد بيريز من خبرة مجموعة من الاقتصاديين، في حين استفاد رابين من خبرة سينجر Singer[79].

وهناك علامة أخرى من علامة ازدياد الشخصانية في السياسة، وهي ازدياد اهتمام الرأي العام بالسياسة. فازداد تركيز رؤساء الوزراء على موقف الرأي العام من سياساتهم، وهم في سعي دائم، للحصول على أعلى تأييد من الرأي العام. وعندما لا تتحقق الآمال التي كان الرأي العام يعلقها على رئيس الوزراء، سرعان ما يفقد الثقة فيه، خصوصاً وأن الإسرائيليين ليس لديهم ثقة كبيرة بقيادتهم السياسية بشكل عام، مقارنة بثقتهم بالمؤسسة العسكرية على سبيل المثال[80]. وقد كان هذا الأمر واضحاً في حالة إيهود باراك الذي كان يعرف عنه أنه يتجاهل مستشاريه ويأخذ القرارات منفرداً، وهذا ما أدى إلى فقدان الثقة بينه وبين حزبه، الذي رأى في تصرفاته نوعاً من العجرفة، وانعكس ذلك سلباً على الرأي العام أيضاً. ويعتقد أن هذا الأمر، مضافاً إلى عدم حسمه لكثير من الأمور أسهما في فشله في آذار/ مارس 2001.

وكان نموذج أولمرت مشابهاً لما ورد سابقاً، ففشله السياسي، وعدم تمتعه بكاريزما شعبية، والتحقيقات التي أجريت معه في قضايا الفساد في حكومته، أدت إلى تراجع شعبيته بشكل سريع. ففي استطلاع أجرته صحيفة هآرتس Haaretz سنة 2007، قال 78% من الإسرائيليين إنهم غير مرتاحين لقيادة أولمرت، فيما وصفه 32% منهم بأنه فاسد، ورأى 10% من الإسرائيليين أنه أناني.

---

[79] *Ibid.*, pp. 106-125.

[80] Peri, *Generals in the Cabinet Room.*

ويرى بعض الأكاديميين في شخصنة القيادة السياسية أمراً مُهدِّداً للنظام السياسي الإسرائيلي، الذي يصفونه بأنه أصبح مبنياً على التسويات السياسية، بدل أن يكون مبنياً على الحسم. ويرون أن النظام السياسي شبيه بهرم مقسم إلى أربع درجات، يحتل الرأي العام قاعدته داعماً الأحزاب السياسية، التي تدعم بدورها التحالفات في الكنيست، وعلى رأس الهرم السلطة التنفيذية، وفي قمته رئيس الوزراء. ولذلك، يذهبون إلى القول بأن تقوية السلطة التنفيذية في ظلّ عدم تجذر القيم الديموقراطية في النظام السياسي الإسرائيلي، يمكن أن يؤدي إلى تهميش المعارضة مما قد ينعكس سلباً على المجتمع الإسرائيلي الهش والغارق في الاستقطاب[81].

4. صناعة القرار في ظلّ تسييس مجلس الوزراء، وسياسة الارتجال:

وبالإضافة إلى شخصنة السياسة، يعاني رؤساء الوزراء من مشاكل أخرى، فتفاقم عملية تسييس مجلس الوزراء، ومجلس الوزراء المصغر، وعدم قدرة رؤساء الوزراء على طلب النصيحة أو الإسرار لوزراء الائتلاف، مثل وزير الدفاع ووزير الخارجية (لأنهم غالباً ما يكونون من حزب آخر في الائتلاف، أو أقطاب قوة في الحزب الذي ينتمي إليه رئيس الوزراء)[82]، أوجد ثقافة سياسية قائمة على الحفاظ على "الضبابية البناءة" داخل الحكومة، وتجنب تقديم أهداف سياسية واضحة خوفاً من التداعيات المحلية السلبية. وهذا ما أدى بدوره إلى إيجاد ثقافة بين القادة السياسيين قائمة على تجنب تشكيل فريق عمل داعم. ويذهب بعض الأكاديميين مثل تشارلز فريليش Charles Freilich إلى القول بأن هناك قراراً صارماً، وواعياً اتخذه معظم رؤساء الوزراء بالامتناع عن تشكيل فريق عمل منهجي، خاصة عندما يتعلق الأمر بالأعمال غير المذكورة في أجندة رئيس الوزراء[83].

[81] لا للنظام الرئاسي في إسرائيل: مقاطع من وثيقة صادرة عن المعهد الإسرائيلي للديموقراطية، المشهد الإسرائيلي، 2006/12/12.

[82] هذه النقاط اقترحها رئيس المجلس الأمن القومي الأسبق جيورا أيلاند في ورشة عمل عقدت مؤخراً حول تقرير فينوجراد في مركز دراسات الأمن القومي التابع لجامعة تل أبيب، في 2007/5/24. وقد أشار أيلاند في ملاحظاته إلى المواجهة التي حصلت بين وزير الدفاع في حكومة إيهود أولمرت، عمير بيريتس، ووزيرة الخارجية تسيبي ليفني.
انظر: وقائع يوم دراسي حول تقرير فينوجراد: انعكاسات وأبعاد: إخفاقات حرب لبنان الثانية أكثر بكثير من إنجازاتها، المشهد الإسرائيلي، 2007/7/10.

[83] Freilich, *op. cit.*

يقلل القادة من شأن وأهمية الاستشارات وفرق العمل التحضيرية، ويعتمدون بشكل أساسي على حكمهم الشخصي على الأمور، ليصبح الموظفون الكبار والمستشارون بمثابة مساعدين لهم لا أكثر[84]. ويصف يوسي بيلين في مقابلة صحفية أجراها عندما تولى أمانة سرّ حكومة بيريز ما بين عامي 1984 و1986، كيف أنه "دُهش لغياب أي إجراءات تحضيرية لاجتماعات الحكومة. فالتحضيرات غائبة أكثر مما يمكن لأحد من الخارج أن يتصوره. فالوزراء لا يزودون بالمعلومات اللازمة التي تمكنهم من التصويت بعد الأخذ بعين الاعتبار أبعاد هذه القرارات"[85]. تترافق مثل هذه الثقافة التي تستبعد فرق العمل المساعدة، مع افتقاد مكتب رئيس الوزراء إلى القدارت التنظيمية وفريق العمل الضروري للقيام بالأعمال المكتبية، مثل تنسيق الأمور الوزارية الداخلية، وتقديم تقييم للسياسات المقترحة، وتطبيق ما اتفق عليه ومتابعة الأمور. بالإضافة إلى ذلك، فإن معظم القادة الإسرائيليين لديهم خبرة سياسية طويلة، وهم على دراية بالقضايا ذات الأولوية فيما يتعلق بالأمن القومي، وغالباً ما يكون لديهم مواقف قوية حول كيفية التعامل مع مختلف القضايا التي تواجههم. كما أن القادة السياسيين الإسرائيليين يتأثرون بقوة بقناعاتهم، ومفاهيمهم الشخصية عن العالم. ويرى مايكل بريشر أن صناع القرار في مجال السياسة الخارجية يتصرفون بناء على ميولهم النفسية، وميراثهم التاريخي، بالإضافة إلى عوامل متحكمة بشخصياتهم[86]. بالإضافة إلى ذلك، يتأثر القادة السياسيون بشكل واضح بثقافة "يمكن القيام بذلك"، وهي ثقافة مبجلة في "إسرائيل"، في ظلّ غياب الضوابط والموازين خلال صياغة السياسات. وهذا ما أدى إلى ازدياد الاعتماد على الحكم الشخصي على الأمور، وهو ما أوجد حالة من الارتجال وإدارة الأزمات كبديل عن التفكير المنهجي والتخطيط والوقاية.

وفي العديد من المجالات تحكم عملية صناعة القرار مفاهيم، التجربة والخطأ، ورد النيران، لدرجة غير مألوفة في بلدان أخرى. فالسياسات تجرب ثم يتم التخلي عنها عندما تتطور الأحداث، دون أن يكون هناك تفكير بمآلات الأمور، وبغياب تحليل منهجي وإطار عمل استراتيجي أساسي. وحتى يومنا هذا يبقى الارتجال سيد الموقف في عملية

---

[84] *Ibid.*

[85] Ben Meir, *op. cit.*, p. 69.

[86] Michael Brecher, *Decisions in Crisis: Israel, 1967 and 1973* (Berkeley: University of California Press, 1980), p. 229.

صناعة القرار الإسرائيلي. وعلى الرغم من الادعاء بأن الارتجال قد حقق إنجازات فاقت التوقعات، إلا أن عواقبه من الممكن أن تكون كارثية على "إسرائيل". ولكن ربما يكون للارتجال حسنة واحدة في مقابل كل مساوئه، وهي أنه يسمح لصانع القرار بالتصرف من دون تحديد الأهداف ووجود فرصة للاختيار من بين عدة خيارات سياسية متاحة. ولكن حتى هذه الحسنة، قد يمكن النظر إليها على أنها سيئة، لأن عدم وجود خيارات لا يترك لرئيس الوزراء مساحة للمناورة.

ولكن في الفترة الأخيرة، تراجعت قدرة "إسرائيل" على الارتجال، وذلك بعد أن تعقدت القضايا المطروحة وأصبحت تتطلب تخطيطاً وتنفيذاً منهجيين وطويلي الأمد؛ وأيضاً بعد أن ارتفعت كلفة الأخطاء المرتكبة وأصبحت غير مقبولة[87]. ولكن صناع القرار ظلوا متأثرين إلى حدّ كبير بما يفضله رئيس الوزراء شخصياً. فعلى سبيل المثال، قرر أريل شارون، الذي كان يشغل منصب وزير الدفاع سنة 1982 خوض حرب لبنان، على الرغم من المعارضة الواسعة التي واجهها من قبل الحكومة ودوائر الأمن القومي. تماماً كما فعل باراك حين قرر أن ينفذ انسحاباً أحادي الجانب من لبنان بعد 18 عاماً. ومن المفهوم أيضاً أن رؤساء الوزراء: بيجن، ورابين، وباراك، وشارون، وأولمرت، تبنوا جميعاً، وبشكل راديكالي، مواقف جديدة حول عملية السلام، مبنية على فهمهم الخاص وحدسهم[88].

هذه العوامل الثلاثة، أي القيادة الشخصانية، وتسييس مجلس الوزراء، وسيادة سياسة الارتجال، أدت إلى فشل مجلس الوزراء في لعب دوره كمنتدى لصناعة القرار. فرؤساء الوزراء كانوا مُجبَرين على صياغة السياسات بأنفسهم، من خلال مجموعات أو منتديات صغيرة ومرتبطة ببعضها، وبحضور دائرة ضيقة من الأشخاص الموثوق بهم. فعلى سبيل المثال، كان لدى جولدا مائير Golda Meir ما سمي بـ"المطبخ الوزاري"، فيما كان رابين وبيريز يميلان إلى حلّ الأمور فيما بينهما. وخلال حكومة الوحدة الوطنية، عقد شامير ما سمي بـ"منتدى رؤساء الوزراء" الذي كان يضم بيريز ورابين وشامير نفسه. أما أولمرت فكان يستشير سبعة وزراء فيما عرف بـ"مجموعة السبعة"[89].

---

[87] Freilich, *op. cit.*

[88] *Ibid.*

[89] *Ibid.*

ونتيجة لذلك، لم تصبح عملية صناعة القرار شخصانية فقط، ولكن مائعة أيضاً وغير رسمية، وغير مبنية على العمل المؤسسي. فعلى سبيل المثال، يسعى رؤساء الوزراء الإسرائيليون إلى بناء علاقات مباشرة مع سفير "إسرائيل" في الولايات المتحدة الأمريكية. وعلى الرغم أنه من المفترض أن تكون علاقة السفير مع وزارة الخارجية، فإن هذه العلاقة المباشرة مع رئيس الوزراء سمحت له أن يصبح شريكاً في عملية صناعة القرار في قضايا الأمن والسياسة. وهذا ما كان عليه الأمر بين السفير إسحاق رابين ورئيسة الوزراء جولدا مائير، وبين السفير موشيه أرينز Moshe Arens ورئيس الوزراء إسحاق رابين، وبين السفير إيتمار رابينوفيتش Itamar Rabinovich ورئيس الوزراء إسحاق رابين[90].

اتخذت العديد من القرارات الأساسية دون استشارة مجلس الوزراء. فعلى سبيل المثال، قرر شارون خطة فكّ الارتباط دون استشارة دوائر الأمن القومي حول الخيارات المفتوحة أمامه، ولم يعد إلى هذه الدوائر إلا لطلب المعلومات حول الطرق الأفضل لتنفيذ الخطة التي وضعها. ومثل شارون، ذهب بيجن إلى كامب ديفيد سنة 1978 دون أن يستفيد من خدمات أي فريق عمل كان يمكن أن يحضر له الأوراق الضرورية للمحادثات، رافضاً أحد أهم الدراسات التي أجراها الجيش الإسرائيلي قبل القمة. وقبل الاجتياح الإسرائيلي للبنان سنة 1982، قام فريق عمل من الموظفين بتحضير دراسات مكثفة للوضع، ولكن بيجن وشارون أبقيا هذه الدراسات بعيدة عن أعين الوزراء. أما باراك فاتخذ قرارات مهمة على الجبهات اللبنانية والسورية والفلسطينية، بناء على تقديراته وتفضيلاته الشخصية.

ولكن يجب الإشارة إلى أنه خلال الأزمات، فإن معظم القرارات التي اتخذت (69% خلال حرب 1967، 55% خلال حرب 1973)، صيغت من خلال اجتماعات مؤسسية كبرى، فإما أنها اتخذت في مجلس الوزراء، أو في اللجنة الوزارية للدفاع، بحضور الجنرالات. وتكلف لجنة الدفاع بصناعة القرارات عندما لا تكون الأمور خطيرة، كما حدث خلال حرب الأيام الستة سنة 1967، حين كان نصر "إسرائيل" في الحرب واضحاً[91].

[90] Singh, *op. cit.*, p. 86.

[91] Brecher, *Decisions in Crisis*, p. 354.

الفصل الثالث

تأثير الجيش والمؤسسات الأمنية على عملية صناعة القرار

تأثير الجيش والمؤسسات الأمنية على عملية صناعة القرار

أولاً: الهواجس الأمنية والعقيدة العسكرية:

من المسلم به أن الهاجس الأمني هو أحد أهم العوامل المؤثرة على القرارات الاستراتيجية، كما أنه الهاجس الأساسي لصُنَّاع القرار ولعامة الناس على حدّ سواء.

تقليدياً، يرى المحللون بأن الهاجس الأمني ينبع من عدة عوامل، أهمها الفكرة الصهيونية الأساسية التي تقول بأن "إسرائيل" هي الملاذ الآمن، الذي يمكن للإسرائيليين أن يكونوا فيه بمأمن عن المخاطر التي كانت تهدد حياتهم في "الشتات". العامل الثاني هو موقع "إسرائيل" الجيو–استراتيجي الفريد، وهامش الخطأ المحدود الذي ولده هذا العامل، وهما نتيجة عدد السكان الصغير، مقارنة بالتعداد السكاني للدول المجاورة، وصغر مساحتها الجغرافية وافتقادها إلى العمق الاستراتيجي. بالإضافة إلى ذلك، فإنه نظراً لطبيعة "إسرائيل" الاستيطانية في مواجهة السكان الأصليين من الفلسطينيين، وتاريخهم المعزول عن محيطهم الإقليمي، والذي خاضوا من أجله ست حروب حتى الآن؛ فإن الإسرائيليين مسكونون بما يرونه "تهديداً قائماً" من محيطهم، الذي يرونه عدائياً، وغير مطمئن، ولا يمكن مقارنته مع أي بلد آخر. ولذلك فإن هذا التهديد يقتضي وجود تدابير أمنية خاصة[1]. ومن المتعارف عليه أن هذه العوامل تضافرت لتنتج مجتمعاً يرى نفسه مستضعفاً في مواجهة ما يسميه "تهديدات وجودية".

ولكن وفقاً لهذه التفسيرات، فإن المحلل يتوقع بأن تتقلص الهواجس الأمنية الإسرائيلية، بفعل التغيرات التي حدثت في موقع "إسرائيل" الجيو-استراتيجي، وبالتحديد، تعاظم القوة العسكرية الإسرائيلية، ونجاحها في تحقيق التفوق العسكري على جيرانها، وتوقيع معاهدات سلام مع بعضهم، ونجاح "إسرائيل" في الحصول على دعم الولايات المتحدة الأمريكية العسكري. إلا أن الواقع مغاير لهذه الافتراضات تماماً، فما زال الأمن هاجس عامة الإسرائيليين الأول. ويعزو بعضهم الأمر إلى أسباب نفسية،

[1] Freilich, *op. cit.*

مردها إلى الشعور الداخلي الدائم بعدم الاستقرار، فيما وصف رئيس الوزراء الأسبق ليفي أشكول Levi Eshkol "إسرائيل" في الستينيات "بشمشون المسكين"، أي الرجل الذي يمتلك قوة كبيرة ولكنه مسكون بشعور من عدم الاستقرار، يجعله يتوقع وجود شيء خطير عند كل زاوية[2].

1. المبادئ العملياتية للعقيدة العسكرية الإسرائيلية:

منذ بداية الخمسينيات، بُني مفهوم الأمن القومي الإسرائيلي على أسس عسكرية عملياتية يمكن تلخيصها بما يلي:

أ. عدم التناسب بين الموارد الإسرائيلية والموارد العربية، مما يمنع "إسرائيل" من إنهاء الصراع بالوسائل العسكرية، فيما يسمح للعرب بذلك. وبالتالي، فإن هدف الجيش الإسرائيلي[3] الوحيد هو الدفاع عن البلد في مواجهة اعتداءات الدول العربية.

ب. أهم خطر يتهدد وجود "إسرائيل"، هو هجوم عربي شامل ومنسق ومفاجئ. ولذلك يجب على "إسرائيل" أن تدافع عن نفسها في مثل هذه الظروف التي تعتبر السيناريو الأسوأ؛ فيما يعرف بالحالة الكلية the all-out case.

ج. من أجل مواجهة الخلل الكمي بين "إسرائيل" وجيرانها، فإن عقيدة "إسرائيل" العسكرية مبنية على ثلاثة أعمدة، الردع (من خلال التهديد بالرد الشامل على أي هجوم)، التحذير الاستراتيجي (من أي تطور قد يهدد وجودها القومي)، والحسم (القدرة العسكرية على تحقيق نصر حاسم إذا ما فشل الردع).

انبثق عن هذه العقيدة العسكرية عدد من المضامين العملياتية. أولها، بناء القدرة اللازمة لتوفير نظام تحذير استراتيجي رفيع المستوى، واستجابة سريعة للأخطار الخارجية، وهذا ما يفسر السبب الكامن وراء كون الاستخبارات العسكرية، وسلاح الجو وسلاح البحرية، قوات عادية، فيما القوات البرية مبنية على الاحتياط. ثانيها، بناء القدرة العسكرية ضروري من أجل المحافظة على القدرة على المبادرة العملياتية في حقل

---

[2] Ian Black, Not David but Samson, *The Guardian* newspaper, London, book review, 11/2/2006, http://books.guardian.co.uk/review/story/0,,1706250,00.html (Accessed: 15/2/2008).

[3] معروف بالعبرية بـ Tzva Haganah Le'yisrael ويشار إليه باختصار بعبارة T'sahal.

المعارك، وهذا ما يمكّن الجيش الإسرائيلي من تحقيق نصر حاسم في فترة قصيرة[4]. وثالثها، تبني "إسرائيل" لمبدأ نقل الحرب إلى أراضي العدو، وتفضيل الحروب القصيرة، نظراً للحاجة إلى تقليص الكلفة الاقتصادية والبشرية إلى الحد الأدنى، وتضييق السبل أمام تدخل دولي عسكري ودبلوماسي. وهذا ما أدى إلى تبني أعمال الحرب القائمة على المناورة العدائية كاستراتيجية عسكرية، وهو ما أعطى "إسرائيل" أيضاً نقطة أخرى لصالحها، خاصة مع تفوق "إسرائيل" العسكري، سواء من ناحية حسن تدريب جنودها، أو من ناحية امتلاكها لتكنولوجيا عسكرية أكثر تطوراً مقابل جيوش تعتمد فقط على الأعداد الكبيرة من الجنود[5]. ورابعها، تعويض "إسرائيل" عن ضعفها المتأصل، بإقامة تحالفات مع قوى كبرى، وذلك وفق مبدأ ديفيد بن جوريون David Ben Gurion القائل بأن "إسرائيل" يجب أن يكون لديها دائماً قوة كبرى راعية على الأقل. ولهذا السبب سعت "إسرائيل" إلى الحفاظ على علاقاتها الدولية، فتمتعت الحركة الصهيونية بالدعم والرعاية البريطانية قبل إنشاء "الدولة"، كما تمتعت "إسرائيل" خصوصاً بالرعاية الأمريكية بعد إنشاء "الدولة"[6].

وآخرها أن "إسرائيل" كانت بحاجة إلى التأسيس لنظام الردع من خلال بناء قدرات عسكرية غير متكافئة مع قدرات جيرانها من الناحية الكمية والنوعية. وفي حالة "إسرائيل"، كان هذا يعني بناء "مجتمع مسلح"، يقوم فيها كل رجل وامرأة قادرين بواجبات عسكرية، إلى جانب بناء قوة عسكرية دائمة، ذات حرفية عالية، وتسليح جيد. ووفقاً لما ذكره إيجال آلون Yogal Allon (نائب وزير الدفاع الإسرائيلي في الفترة 1967-1974)، تبنت "إسرائيل" مفهوم "الدولة – الحامية" "Garrison State" كما وضعه عالم السياسة الأمريكي هارولد لاسويل Harold Lasswell، نتيجة لعقيدتها الأمنية، وقد ساعد ذلك "إسرائيل" على تحقيق هدفها الاستراتيجي في أن تصبح أقوى قوة إقليمية.

---

[4] Uri Bar-Joseph, "Towards a Paradigm Shift in Israel's National Security Conception," in Efraim Karsh (ed.), *Israel: The First Hundred Years, Vol. II: From War to Peace?* (London: Frank Cass, 2000), p. 100.

[5] David Rodman, "Israel's National Security Doctrine: An Appraisal of the Past and a Vision of the Future," *Israel Affairs* journal, vol. 9, no. 4, June 2003, pp. 115-140.

[6] *Ibid.*

وربما يكون فرض الخدمة العسكرية الإلزامية أحد أبرز نتائج هذا الخيار. فكل الرجال اليهود والدروز، وكل النساء اليهوديات، الذين يتخطون 18 عاماً، يُدعون إلى الخدمة العسكرية، مع وجود استثناءات مبنية على أسس دينية أو جسدية أو نفسية. وقد يختار الرجال في مجتمع الحريديم أيضاً أن يُعفَوا من الخدمة العسكرية خلال متابعتهم للدراسة في المدارس الدينية المسماة يشيفوت Yeshivot (المفرد يشيفا Yeshiva)، كما تعفى كل نساء الحريديم المتدينات، والنساء المتزوجات والأمهات نهائياً من الخدمة العسكرية. وهناك تقديرات بأن 50% من النساء معفيات من الخدمة العسكرية الإلزامية في الجيش الإسرائيلي. يخدم المجندون برتبة ضابط لمدة 48 شهراً، فيما يخدم المجندون العاديون لمدة 36 شهراً، فيما تخدم النساء لمدة 21 شهراً فقط، يقضين معظمها في القيام بأدوار غير قتالية. وبالإضافة إلى الخدمة العسكرية الإلزامية، فإن معظم الإسرائيليين يؤدون خدمة احتياط سنوية. ويبقى الجنود المسرحون من الخدمة الإلزامية جنود احتياط حتى يبلغوا 54 عاماً، حيث يخدمون في الجيش شهراً من كل سنة، في مجالي التدريب والأنشطة العسكرية. ويشكل الاحتياط العمود الفقري لحاجة الجيش من الناحية البشرية، بالإضافة إلى الجنود النظاميين. وبالفعل فإنه ليس غريباً أن ترى جيلين من العائلة نفسها يخدمون في الجيش في الوقت عينه، حيث يؤدي الولد الخدمة العسكرية الإلزامية، فيما يخدم الأب في الاحتياط. وقد أسهمت خدمة الاحتياط في تعزيز الروابط بين جنود الاحتياط، الذين يخدمون في الوحدة نفسها كل سنة، في معظم الأحيان. كما أنها أوجدت لحمة بين مختلف وحدات المجتمع، فكانت النقطة التي تنصهر فيها كل هذه الوحدات. وإن خضوع جنود الاحتياط للقضاء العسكري، حتى عندما لا يكونون في الخدمة الفعلية[7]، لا يشكل فقط تطبيقاً لمقولة أن "الإسرائيليين هم جنود في إجازة لمدة أحد عشر شهراً"، ولكنه يسهم أيضاً في تعزيز فكرة الدولة الحامية.

وبالإضافة إلى ذلك، تبدو الخدمة العسكرية الطريقة الوحيدة للحصول على المكاسب، فبعض المهن مفتوحة فقط لمخضرمي الجيش، وبعض الخدمات الاجتماعية متوفرة فقط للمخضرمين وعائلاتهم. كما كانت الخدمة العسكرية توفر قدراً من الهيبة، حيث استخدم البعض مناصبهم العسكرية من أجل تحسين أوضاعهم المهنية والشخصية[8].

[7] Jonathan Kaplan, The Role of the Military in Israel, Jewish Agency for Israel website, Jewish Zionist Education, http://www.jewishagency.org/JewishAgency/English/.../Society/9)The+Role+of+the+Military+in+Israel.htm (Accessed: 2/6/2008).

[8] Ibid.

2. المبادئ النفسية للعقيدة العسكرية:

بالإضافة إلى المبادئ العملياتية، فإن أمن "إسرائيل" مبني تقليدياً على ثلاثة مبادئ نفسية أساسية:

أ. أولوية الأمن:

هناك اعتقاد سائد في "إسرائيل" بأن كل مشكلة قومية هي مشكلة أمنية، أو على الأقل لها أوجه أمنية. ونتيجة لذلك، فإن كل أزمة أساسية مرت بها "إسرائيل" في تاريخها المبكر، كانت ترى على أنها تهديد للأمن القومي وعلى البقاء الشخصي للإسرائيليين[9]. فكان ربط كل هذه الأوجه الجمعية والشخصية من حياة الإسرائيليين بمتطلبات الأمن سمة أساسية من سمات جيل "العاليه" (الهجرة) الثاني، وكان ديفيد بن جوريون أهم مناصري هذا الاتجاه. فبالنسبة لبن جوريون، كانت الهجرة والاستيعاب، وبناء المستوطنات كلها قضايا أمنية. ويشكل تعريفه للأمن الوارد أدناه مثالاً فاقعاً على هذه القناعة التي كانت سائدة؛ حيث يقول:

> الأمن يعني استيطان وإسكان المناطق غير المأهولة في الشمال والجنوب، ونشر السكان، وبناء الصناعات في طول البلاد وعرضها، وتطوير الزراعة في كل الأراضي المناسبة، وبناء وتوسيع اقتصاد يعتمد على الاكتفاء الذاتي... الأمن يعني غزو البر والبحر، وتحويل إسرائيل إلى قوة بحرية مهمة. الأمن يعني الاستقلال الاقتصادي. وتبني المهارات العلمية والبحثية، على أعلى المستويات في كل فروع العلوم والتكنولوجيا، الأمن يعني التدريب المهني الرفيع المستوى لشبابنا، وأخيراً الأمن يعني الجهد الطوعي للشباب، وللناس بشكل عام، للقيام بمهام خطيرة في مجالات الاستيطان، والأمن وإدماج المهاجرين[10].

وبعقلية مشابهة لعقلية بن جوريون، قال موشيه دايان يوماً بأن "الأمم الصغيرة ليس لها سياسة خارجية، وإنما سياسة دفاعية فقط"[11].

---

[9] Dowty, *op. cit.*

[10] David Ben-Gurion, "Israel's Security and Her International Position before and after the Sinai Campaign," in *Israel Government Year Book 5720 (1959/1960)* (Jerusalem: 1960), pp. 22-24, quoted in Brecher, *The Foreign Policy System of Israel*, p. 267.

[11] Yoram Peri, *Between Battles and Ballots* (Cambridge: Cambridge University Press, 1983), p. 20.

ب. اللجوء إلى القوة لحل المشاكل الأمنية:

ففي الوقت الذي كانت فيه أطراف في الحركة الصهيونية على دراية دائمة بالحلول العسكرية وبحدود قدراتهم، مال تيار أيديولوجي آخر لاستخدام القوة على اعتبارها الوسيلة الوحيدة تقريباً لحل المشكلات الأمنية.

ج. الاعتماد على الذات:

يطغى على فكر الأمن القومي الإسرائيلي بشكل كبير مبدأ الاعتماد على الذات، الذي تعتمد فيه الدول على قوتها العسكرية في ضمان بقائها، بدل اعتمادها على الضمانات الخارجية، مثل اتفاقيات السلام ومعاهدات الدفاع، أو أنظمة الحد من التسلح. ويعزى هذا الأمر عادة لتاريخ اليهود المأزوم فيما يُسمى "الشتات"، بما في ذلك، المحرقة النازية، التي ولدت، وفقاً لهذا الفهم، عقلية حصارية، وحالة متأصلة من عدم الثقة بغير اليهود. وبالإضافة إلى ذلك، فإن حروب "إسرائيل" ضدّ جيرانها، فاقمت الإحساس بعدم الأمن. وقد أشار هنري كيسنجر مرة إلى هذا المبدأ قائلاً: "إن هامش البقاء عند إسرائيل ضيق لدرجة أن زعماءها لا يثقون بالمبادرات العظيمة، ولا بالمنطلقات الدبلوماسية المذهلة"[12]. وبالتعبير العسكري، فإن الاعتماد على الذات يتمظهر في ثلاثة مكونات بعينها: الاعتماد على الذات في مجال القوة البشرية، الاعتماد على الذات في مجال التدريب والعقيدة العسكرية، والاعتماد على الذات في مجال التسلح[13].

3. التغيرات التي طرأت على العقيدة العسكرية الإسرائيلية:

بدأ المفهوم التقليدي للأمن القومي يتغير بعد مبادرة السلام التي تقدم بها الرئيس المصري الأسبق أنور السادات، وإطلاق عملية السلام مع الفلسطينيين والأردنيين. إذ أصبح ينظر إلى البيئة الاستراتيجية الآنية لـ"إسرائيل" على أنها غدت أكثر تعقيداً، وتحديداً؛ خاصة مع التغييرات المعقدة التي طرأت على البيئة الخارجية المحيطة بـ"إسرائيل". ومن أبرز الأمثلة على هذه التغييرات المعقدة، ما حصل بين سنتي 1995 و2005. فالأحداث التي وقعت خلال تلك الفترة، تضمنت إطلاق عملية السلام مع الفلسطينيين والسوريين، واندلاع الانتفاضة الثانية، والهجمات غير المسبوقة التي

---

[12] Bar-Joseph, *op. cit.*, pp. 104-108.

[13] Rodman, *op. cit.*

وقعت داخل "إسرائيل"، وتعاظم التهديدات التي شكلها اقتناء العراق وإيران لأسلحة الدمار الشامل، وتطور المنظومة الصاورخية التي يملكها حزب الله في لبنان، ثم فكّ الارتباط مع غزة، بالإضافة إلى مجموعة من التطورات الداخلية، منها اغتيال رابين سنة 1995، وسرعة سقوط الحكومات، ونمو حجم وقوة الحركة الاستيطانية، والتطورات الاقتصادية السريعة.

بالإضافة إلى ذلك، حصلت تغييرات أخرى في البيئة الجيو-استراتيجية الإسرائيلية منذ حرب 1973. فقد شهد ميزان التهديدات تغيرات، تحول معها التهديد الحربي التقليدي، إلى تهديد غير تقليدي، فلعبت الأعمال الحربية المنخفضة الوتيرة، وأسلحة الدمار الشامل، دوراً أساسياً في إحداث تغيير في مجال تركيز المخططين العسكريين، من حيث إيجاد حدود دفاعية من خلال السيطرة على الأراضي، وإيجاد حدود دفاعية من خلال اتفاقيات السلام التي اشتملت على ضمانات أمنية قوية[14].

وبالإضافة إلى ذلك، أصبحت بيئة الأمن القومي في التسعينيات، أكثر تعقيداً عندما بدأت مصالح "إسرائيل"، وبيئتها الأمنية تتوسع وتتخطى حدودها، وحدود مصالحها "الطبيعية" في الشرق الأوسط لتشمل العالم بأكمله. وكان هذا نتيجة لعدد من التغيرات في موقع "إسرائيل" الجيو-استراتيجي في العالم، مثل:

- التهديدات التي فرضتها أسلحة الدمار الشامل من قبل ما يسمى بالطبقة الثانية من دول المواجهة (إيران والعراق وليبيا)، والتي كان ينظر إليها في "إسرائيل" على أنها تهديد أساسي للأمن القومي.
- تعقد علاقات "إسرائيل" مع شركائها، مثل الولايات المتحدة والصين والهند.
- تعقد علاقة "إسرائيل" مع الاتحاد الأوروبي.
- انهيار الاتحاد السوفياتي وهجرة اليهود الروس.
- التطورات التكنولوجية التي طرأت على الصناعات العسكرية الإسرائيلية، والتي أوجدت اهتماماً بالاقتصاديات العالمية، مثل منظمة التجارة العالمية، ومنظمة التنمية والتعاون الاقتصادي[15].

أدت هذه التغيرات التي طرأت على بيئة "إسرائيل" إلى تغير في عقيدتها العسكرية في محاولة للاستجابة للطبيعة المعقدة والمحيط الذي يتجه بشكل متصاعد نحو التفجر،

---

[14] *Ibid.*

[15] Freilich, *op. cit.*

ومن أجل الحفاظ على قوتها الإقليمية. كما أنها أدت أيضاً إلى حصول تغيرات في فلسفة المجتمع الإسرائيلي الأمنية التي تشكل أسس العقيدة العسكرية. وكانت إحدى التغيرات التي حصلت في الفلسفة الأمنية هي الاعتراف بأن قوة "إسرائيل" لها حدود. وقد ترسخت هذه القناعة بجهد من جزء من الطبقة السياسية[16]. إلا أن الهواجس الأمنية، والمفاهيم الأساسية حول عدائية العرب، ظلت قائمة. ونتيجة لذلك، استمر جزء كبير من الطيف السياسي في اليمين والأحزاب الدينية على قناعته، بأن هناك نطاقات محدودة جداً من الخيارات الدبلوماسية والعسكرية في التعامل مع جيران "إسرائيل"[17].

4. التغيرات التي طرأت على الخدمة العسكرية:

على الرغم من الطبيعة الإلزامية للجيش، وما تقدمه من مكاسب، لم يَخلُ إبقاء "إسرائيل" باعتبارها "مجتمعاً مسلحاً" من التحديات، وهذا الأمر يعود بشكل أساسي إلى متغيرين، متغير ديموغرافي، ومتغير اجتماعي – اقتصادي.

المتغير الأول حدث مع الزيادة السكانية الإسرائيلية التي تخطت عتبة الخمسة ملايين نسمة، وخاصة بين منتصف الثمانينيات ومنتصف التسعينيات، نتيجة لزيادة سكانية قدرت بـ 800 ألف نسمة، مع وصول المهاجرين الجدد من الاتحاد السوفياتي الأسبق، مما جعل الجيش الإسرائيلي أمام زيادة في عدد المجندين تفوق ما يحتاجه[18].

ففي الفترة المذكورة، ازداد عدد الذكور الذين تتراوح أعمارهم ما بين 18-21 عاماً بنسبة تتجاوز 25%. فيما زاد عدد جنود الاحتياط المحتملين (الذين تتراوح أعمارهم ما بين 22 و51 عاماً) بنسبة 59%. واستمر عدد المجندين المحتملين في الارتفاع بنسبة 20% تقريباً حتى سنة 2000؛ مما دفع الجيش الإسرائيلي إلى التفكير في مختلف الخيارات المتاحة لتغيير سياسة التجنيد. ولكن على الرغم من وجود عدة بدائل، اقترح ما سمي بـ"التقليص الانتقائي"، حيث ساومت معظمة البدائل المطروحة على مبدأ "الأمة المسلحة"، مما عنى تراجعاً عن فكرة جيش المدنيين، والاتجاه نحو تحويل الجيش الإسرائيلي إلى جيش مهني.

---

[16] Yoram Peri, "Civil Military Relations in Israel in Crisis," in Daniel Maman, Eyal Ben-Ari and Zeev Rosenhek (eds.), *Military, State, and Society in Israel* (New Brunswick, NJ: Transaction Publishers, 2001), p.109.

[17] Freilich, *op. cit.*

[18] Rodman, *op. cit.*

وفي معالجة هذا الموضوع، اختار الجيش الإسرائيلي عدداً من الحلول، بدل أن يأخذ قراراً حاسماً فيه. ففي منتصف التسعينيات، زاد عدد المجندات اللواتي كان "يعيرهن" إلى أجسام مدنية أخرى، مثل الدفاع المدني، والإسعاف، وجمعية حماية البيئة، إلى عشرات الآلاف.

وبالإضافة إلى ذلك، قرر الجيش الإسرائيلي تبني عناصر من سياسة التجنيد الانتقائي والخدمة التفاضلية، من أجل معالجة مشكلة فائض القوة البشرية. كما قرر الجيش الإسرائيلي جعل الخدمة الإلزامية أكثر مرونة، من خلال تقليص عدد المجندين، وتوسيع مجالات الخدمة التفاضلية، وزيادة عدد المجندين الذي يحصلون على تسريح مبكر. فعلى سبيل المثال، استجاب الجيش الإسرائيلي لطلبات الأحزاب الدينية زيادة عدد طلاب المدارس الدينية المعفيين من الخدمة العسكرية، حيث زاد عدد المعفيين من بضعة آلاف بعد سنة 1971، إلى أكثر من 20 ألفاً في التسعينيات. (أي من 2% إلى 7% من المجندين المحتملين سنوياً). وبشكل مشابه، حصل المهاجرون الجدد على إعفاءات مختلفة، تراوحت بين الإعفاء التام، للمهاجرين الذين وصلوا بعد بلوغهم 29 عاماً، إلى تقليص كبير، أو إلغاء تام لفترة الستة أشهر من الخدمة العسكرية للمؤهلين للقرعة العسكرية، بالإضافة إلى إعفاءات من الخدمة في الاحتياط. ومن ناحية أخرى، زاد الجيش الإسرائيلي من المتطلبات الأساسية للتجنيد، وأخذ الجيش يتساهل في صرف أولئك الذين يعانون من مشاكل نفسية (المعروفة بـ"بند 21")، أو الذين يجدون صعوبة في التكيف مع الحياة العسكرية[19].

التغير الثاني، طرأ على الدوافع المشجعة على الخدمة العسكرية في صفوف المطلوبين للخدمة العسكرية والاحتياط. فبداية تراجع الوازع الذي كان يحرك المطلوبين للخدمة العسكرية، ويدفعهم إلى الانخراط والخدمة في الوحدات المقاتلة، وبالتحديد في الوحدات العسكرية المحدودة. ووفقاً لتقرير مقدم من رئيس قطاع القوة البشرية سنة 1996، رأى 44% أنه بالنسبة للشبان الإسرائيليين فإن "الخدمة في الوحدات العسكرية المقاتلة تعدّ واجباً"، مقابل 64% سنة 1989 أعطوا الإجابة نفسها[20]. وهذا التراجع في استعداد الأفراد للتطوع في الوحدات العسكرية الجبهوية،

[19] Peri, "Civil Military Relations in Israel in Crisis," pp. 122-128.

[20] *Ibid.*, p. 126, reported in *Yediot Achronot*, 23/10/1996.

ترافق مع تغير في مصادر الدوافع إلى الخدمة في وحدات النخبة، حيث لم تعد "المشاعر الوطنية" هي الدافع الأساسي بل حلّت محلها الرغبة في تحقيق الذات[21].

بالإضافة إلى ذلك، فإنه على الرغم من أن الخدمة العسكرية كانت وسيلة لتأمين منصب عسكري، وصعود السلم الطبقي للأشخاص المنحدرين من طبقات اجتماعية دنيا نسبياً، فإن التغيرات الاجتماعية التي حصلت أوجدت فلسفات مختلفة أفقدت الخدمة العسكرية أهميتها عند اليهود الأشكناز[22]. ففي حين أن الجندي ما زال يشكل مثالاً يحتذى للشبان الإسرائيليين، ظهرت مهن جديدة ينظر إلى أصحابها على أنهم مثال أعلى، مثل صناع التكنولوجيا، والمحامين والشخصيات الإعلامية الشهيرة. ومن ناحية أخرى، فإن وصمة العار الاجتماعي التي كانت تلتصق بالمعفيين من الخدمة العسكرية في الماضي لم تعد موجودة اليوم. ويشكل قرار لجنة الخدمات المدنية وقف تفحص سجلات الجيش الإسرائيلي بحثاً عن مرشحين للخدمة العسكرية إشارة واضحة إلى ما ذكرناه[23].

ولكن من الجدير ذكره بأن الاعتراف بالحاجة إلى الخدمة في الجيش الإسرائيلي ما زالت عالية في صفوف الشبان الصغار، المؤهلين لدخول القرعة. ففي دراسة أجرتها دائرة العلوم السلوكية في الجيش الإسرائيلي سنة 1994، أفاد 50% من المستطلعين أنهم "سيتطوعون لمدة الثلاث سنوات من الخدمة الإلزامية إن أصبحت الخدمة في الجيش طوعية"، بينما قال 44% أنهم قد يتطوعون لو كانت الفترة أقصر، فيما قال 6% أنهم لن يتطوعوا مطلقاً، وظلّ هذا المستوى مستقراً طوال فترة منتصف الثمانينيات[24].

أما أزمة غياب الدوافع فهي شديدة في معسكر الاحتياط. فعلى الرغم من أن أعداد المجندين تزداد عاماً بعد عام، فإن هناك هبوطاً كبيراً في أعداد الاحتياط بسبب خروج العديد من جنود الاحتياط من الخدمة قبل بلوغهم سن الإعفاء (45 عاماً في الوحدات المقاتلة، و51 عاماً في الوحدات غير المقاتلة). ويعود هذا الأمر لأسباب صحية، ونفسية، وأحياناً لمجرد تهرب جنود الاحتياط من الخدمة. وفي دراسة أجراها الجيش الإسرائيلي،

---

[21] Bar-Joseph, *op. cit.*, p. 111.

[22] Peri, "Civil Military Relations in Israel in Crisis," p. 128.

[23] *Ibid.*, pp. 109-125.

[24] *Ibid.*, pp. 125-126.

قال 50% من جنود الاحتياط الذين شملتهم الدراسة، ومنهم ضباط برتبة نقيب (كابتن)، إنهم لم يكونوا ليخدموا في الاحتياط لو كانوا يمتلكون الخيار[25]. وقد سجلت هذه الدراسة تغيراً كبيراً في الموقف مقارنة مع دراسة مماثلة أجريت سنة 1974، أجاب فيها فقط 20% من المستطلعين بالطريقة نفسها[26]. وأهمية هذا الاتجاه الجديد لا يمكن توضيحها دون الإشارة إلى أهمية جيش الاحتياط بالنسبة للمؤسسة العسكرية، وبالأخص بالنسبة للجيش الذي يعتمد بشكل كبير على القوة البشرية للاحتياط.

وقد فضل الجيش الإسرائيلي حلّ هذه المعضلة عبر تدابير غير رسمية. حيث أخذت قيادة وحدات الاحتياط تستدعي أعداداً من الجنود تفوق العدد المحدَّد من أجل الوصول إلى العدد الذي يغطي الاحتياجات بنسب عالية تزيد عن 150%، وتصل في بعض الوحدات إلى 500%. بالإضافة إلى ذلك قام رئيس الأركان في أيار/ مايو 1995 بتنازلات كبيرة في مجال خدمة الاحتياط. فقد تمّ تقصير فترة خدمة الاحتياط الفعلية للجنود الذين يخدمون في الوحدات القتالية، وتمّ تخفيض سن التسريح، وتقصير أيام خدمة الاحتياط، بنسبة 50% تقريباً مقارنة مع ما كان عليه الوضع في منتصف الثمانينيات[27].

ونتيجة لهذين المتغيرين، تحول الجيش الإسرائيلي الذي بدأ في الخمسينيات كجيش مواطنين، إلى مؤسسة عسكرية، تجري قرعة لاختيار ربع الرجال المؤهلين للخدمة العسكرية، حيث إن 5% من المؤهلين يعيشون خارج "إسرائيل"، و7% هم طلاب في المدارس الدينية، في حين يعفى 3% من الخدمة لأسباب صحية، والباقي يكون غير مؤهل للخدمة لأسباب مختلفة[28]. واستمر هذا الاتجاه قائماً في التسعينيات أيضاً. فقد بينت دراسة داخلية، أجراها الجيش الإسرائيلي أن 52% فقط من المراهقين الإسرائيليين خدموا في الجيش الإسرائيلي، سنة 2008، مقابل 59% خدموا سنة 2002[29].

---

25 *Ibid.*, pp. 126-127, reported in *Haaretz*, 12/9/1996.

26 *Ibid.*, pp. 126-127, reported in *Yediot Achronot,* 17/10/1997.

27 Peri, "Civil Military Relations in Israel in Crisis," pp. 125-128.

28 *Ibid.*, pp. 124-125.

29 تتضمن هذه الأرقام العرب والحريديم في "إسرائيل"، الذين يعفون عادة من الخدمة الإلزامية. انظر:
Moran Zelikovich, IDF: 50% of Israeli teens do not enlist, *Yediot Achronot*, 1/7/2008, http://www.ynetnews.com/Ext/Comp/ArticleLayout/CdaArticlePrintPreview/1,2506,L-3562596,00.html (Accessed: 3/7/2008).

وقد اختلفت التفسيرات حول هذه التغيرات التي طرأت على الجيش الإسرائيلي، فبعضهم رأى فيها عملية تطبيع، تحول فيها المجتمع الذي انخرط في حرب طويلة المدى إلى مجتمع مدني. وهناك من يفسر هذا التغيير بأنه يأتي في إطار عملية الدمقرطة، فيما يراه آخرون على أنه مزيج من عملية نزع السلاح وتكوين "مجتمع ما بعد الحرب"، الذي تحتل فيه الناحية العسكرية جانباً صغيراً فقط، ويقل استثمار المؤسسة العسكرية في المجتمع، ويتراجع وزن النفوذ العسكري في المجتمع المدني، ويتم إضعاف كل ما ذكرناه آنفاً من ثقافة عسكرية، ويترافق ذلك مع عملية تحرر من الاستعمار[30].

5. الهواجس الأمنية وعملية صناعة القرار:

قادت الهواجس الأمنية التي تعيشها "إسرائيل"، صناع القرار إلى تطوير آليات صناعة قرار غير متزنة، تعتمد على الأجهزة العملياتية في المؤسستين العسكرية والأمنية، بدل أن تعتمد على الأطراف المنخرطة في صياغة السياسات، مما أدى إلى مجموعة من الحلول المرتبطة ببعضها، لمشكلات آنية، وخيارات سياسية قصيرة المدى، لا تتناسب مع بعضها لتشكل سياسة طويلة المدى. وعلى الرغم من أنه يمكن إرجاع هذا الأمر بشكل جزئي لحقيقة أن العديد من المشاكل التي تواجهها "إسرائيل" تعطيها هامشاً محدوداً من الخيارات، وتتطلب قرارات واضحة وآنية وقصيرة المدى في أجواء مشحونة بشدة، إلا أن صناعة القرار في "إسرائيل" غدت تكتيكية أكثر منها استراتيجية نتيجة هذه المقاربة المبنية على ردات الفعل.

لكن ما ذكرناه لا يعني أنه لا يوجد استثناءات لهذه القاعدة. فبعض القرارات التي اتخذت في "إسرائيل" كانت بعيدة عن فلسفة ردّ الفعل على التغيرات الخارجية للبيئة الأمنية. ومن هذه الاستثناءات، قبول رابين الدخول في مفاوضات أوسلو؛ والتعبير عن استعداده للانسحاب من الجولان؛ وقرار باراك الانسحاب من جنوب لبنان، والعروض الدراماتيكية التي قدمها في قمة كامب ديفيد سنة 2000؛ وتنفيذ شارون فكّ ارتباط أحادي الجانب مع غزة، وخطة الاحتواء التي تبناها أولمرت في الضفة الغربية[31]. ولكن تجدر الإشارة إلى أن العقيدة العسكرية الإسرائيلية فيما يتعلق بالحرب الوقائية، لا تعتبر استثناء في هذه المقاربة، بسبب طبيعتها المبنية على ردّ الفعل، على الرغم من أنها تتبع قاعدة أن تبادر "إسرائيل" إلى الضرب.

---

[30] Peri, "Civil Military Relations in Israel in Crisis," p. 107.

[31] *Ibid.*

إلا أنه يمكن تفسير قبول رابين بعملية أوسلو، من خلال التغيرات التي طرأت في مجال الخدمة العسكرية. فبعض العلماء مثل يورام بيري Yoram Peri، يرى أن اعتراف رابين بتغير موقف الاحتياط الإسرائيلي تجاه الخدمة العسكرية هو الذي جعله يتبنى قراراً تاريخياً، ويخوض غمار التسوية السياسية، بدل أن يتبنى سياسات صارمة، تزيد احتمال اندلاع حرب في المستقبل، لا تحظى بإجماع وطني إسرائيلي [32]. كما يُنظر إلى الاعتراف بأن هناك حدوداً لقوة "إسرائيل" بأنه هو الذي دفع الحكومة إلى اختيار حلّ سياسي للصراع العربي – الإسرائيلي [33].

أما فيما يتعلق بالانعكاسات السياسية للهواجس الأمنية على الوضع الإسرائيلي الداخلي، فليس مفاجئاً أن يختار الإسرائيليون المسكونون بهاجس الأمن في معظم الأحيان، انتخاب قادة سياسيين لهم خلفيات أمنية. وليس من المفاجئ أيضاً أن تكون عبارتا الأمن والسلام العبارتان الأكثر استخداماً في الحملات الانتخابية في منتصف التسعينيات. فقد ربطت العبارتان ببعضهما لتستخدما استخدامات مختلفة الأشكال من قبل الأحزاب السياسية، التي وظفت هذين الموضوعين في محاولة من قبل كل حزب أن يظهر نفسه على أنه الوحيد القادر على التوصل إلى اتفاقية سلام دون المساومة على الأمن [34].

ثانياً: وضع المؤسسات العسكرية والأمنية داخل المجتمع الإسرائيلي:

تحظى المؤسسات الأمنية والعسكرية الإسرائيلية بالاحترام كونها رمزاً لـ"دولة إسرائيل". وهي أيضاً بالنسبة للإسرائيليين دليل على أن "إسرائيل" غنية عن تسول الخدمات من أجل الدفاع عن نفسها. وقد أصبحت المؤسسة العسكرية محوراً للأنشطة المدنية والدينية، وللطقوس والاحتفالات التي تمجدها، ويعطي من خلالها المواطنون شرعية للدولة، ويثبتون ولاءهم الوطني لها [35].

[32] Ibid., p. 128.

[33] Ibid., p. 109.

[34] Arian, *Politics in Israel*, p. 260.

[35] Raymond Cohen, "Israel's Starry-Eyed Foreign Policy," *Middle East Quarterly* journal, vol. 1, no. 2, June 1994.

بالإضافة إلى ذلك، تشكل عقلية الدولة - الحامية، أو "الأمة المسلحة"، كما يحلو للبعض تسميتها، جزءاً لا يتجزأ من النسيج الاجتماعي الإسرائيلي، كما أثبتت الدراسة التي قدمتها مجموعة آي دي بي IDB Group في مؤتمر هرتسليا Herzliya Conference لسنة 2007. فقد أظهرت الدارسة أن 92% من يهود "إسرائيل" هم على استعداد للقتال، وأن النسبة الأعلى التي أبدت جاهزية للقتال كانوا من الناشطين السياسيين والاجتماعيين، على اعتبار أن هذه الجاهزية هي الدليل الأكبر على ولائهم الوطني. وحسب الدراسة، كان الجيش هو المصدر الثالث لفخر الإسرائيليين، وقد جاء بعد الانجازات العلمية والتكنولوجية، والإنجازات الرياضية والفنية؛ وأتى من بعده الفخر بالميراث الأخلاقي، ثم العنصر اليهودي في الشخصية الإسرائيلية[36].

بالإضافة إلى ذلك، فإن الحروب عادة ما تقوي موقف المؤسسات العسكرية في مواجهة السلطات المدنية. ففي "إسرائيل"، رسمت الانتصارات العسكرية صورة شعبية للجيش تظهره على أنه حامي الدولة، ومنحته الثقة الشعبية الكبيرة التي يتمتع بها. كما أنها منحت مجموعة من الشخصيات العسكرية ذات التاريخ العسكري الناجح، كلمة مسموعة ومحترمة في مختلف المجالات الأمنية والعسكرية وحتى السياسية. بالإضافة إلى ذلك، فإن الحرب ساعدت، متضافرة مع عوامل أخرى، على إيجاد شراكة سياسية - عسكرية، أعطت الجنرالات دوراً غير عادي في إطار عملية صناعة القرار.

ومن ناحية أخرى، فإن سياسة الاستهداف بالاغتيال التي اعتمدت لمحاربة الانتفاضة في الضفة الغربية وقطاع غزة، والتي كانت جهداً مكثفاً لأجهزة الاستخبارات العسكرية: قدمت هذه الأجهزة، وبالأخص الشين بيت Shin Bet أو الشاباك Shabak، على أنهم حماة "إسرائيل" في مواجهة "الإرهاب" الفلسطيني.

ومن جهة أخرى فإن هذه النظرة للمؤسسة العسكرية، مرتبطة بعلاقة مطردة مع قدرة الجيش على حماية وتوفير الأمن الموعود. إذ أظهرت الدراسة نفسها التي قدمت في مؤتمر هرتسليا لسنة 2007، أن اعتزاز الإسرائيليين بالقوى العسكرية اهتز إلى حدّ

---

[36] ومن الأنشطة الأخرى التي شملها الاستطلاع: العيش في "إسرائيل"، التصويت في الانتخابات، رفع العلم الإسرائيلي، بناء قرية جديدة، احترام التقاليد اليهودية، المشاركة في المنظمات المجتمعية، التظاهر ضدّ الشرطة، شراء المنتجات الإسرائيلية. انظر:

IDB Group, Patriotism and National Strength in Israel after the Lebanon War, The Institute for Policy and Strategy, Working paper presented at The 7th Annual Herzliya Conference, http://www.herzliyaconference.org/Eng/_Uploads/1856patriotismeng(4).pdf (Accessed: 9/6/2007).

كبير، حيث انخفض من 88% سنة 2006، إلى 64% سنة 2007. وذلك لأن المؤسسة العسكرية خيبت آمال قطاع واسع من عامة الإسرائيليين بسبب أدائها في حرب صيف 2006 على لبنان، وبسبب طريقة إخلائها للمستوطنين بعد فكّ الارتباط مع غزة، حيث خاض الجيش مهمة مختلفة عن طبيعة مهامه كقوة دفاع في مواجهة "الأعداء"، حيث رأى البعض أن ما قام به الجيش غير ديموقراطي [37].

ثالثاً: التسلسل القيادي وبنية المؤسسات العسكرية:

1. القوى العسكرية:

وفقاً للقانون الأساسي الإسرائيلي: الجيش 1976، فإن الجيش يخضع لسلطة الحكومة. فوزير الدفاع هو المسؤول عن المؤسسة العسكرية بالنيابة عن الحكومة. وأعلى رتبة قيادية في الجيش هو رئيس الأركان، وهو قائد الجيش، وتعينه الحكومة المدنية ويكون خاضعاً لها. وهو خاضع لوزير الدفاع (وليس لوزارة الدفاع ككل). والهدف من هذا التسلسل هو ضمان سيطرة السلطة التنفيذية على قوى الجيش من خلال إبقائه جسماً وظيفياً، وكَبْت اندفاعه أو الحدُّ منه لخوض الحروب.

إلا أنه في السنوات التي تلت تأسيس "إسرائيل"، تمتعت المؤسسة العسكرية بقدر من الاستقلالية منحها إياه بن جوريون، وقد كان هذا واضحاً من خلال حضور قائد الأركان لاجتماعات مجلس الوزراء الأمنية، بصفته نداً للوزراء وليس كشخص من المفترض أنه خاضع لسلطة مجلس الوزراء. وحتى بعد التحقيق الذي أجري بعد حرب سنة 1973، وسمي بتحقيق أغرانات Agranat inquiry، وحدد بموجبه دور وصلاحيات كل من رئيس الوزراء، ووزير الدفاع، ووضعت معايير للرصد والمراقبة بين فضائي السلطة السياسية والسلطة العسكرية [38]، ظلّ الجيش يتمتع بوضعية متضخمة على حساب السلطة المدنية.

---

[37] Ibid.

[38] جيش الدولة أم دولة الجيش: حول مراقبة المستوى السياسي للمستوى العسكري، المشهد الإسرائيلي، 2007/5/15.

وتعدّ قيادة الأركان السلطة الأعلى في المؤسسة العسكرية، وعلى رأسها قائد الأركان. وهي مسؤولة عن التخطيط والتنظيم والتدريب والإشراف على العمليات العسكرية التي يقوم بها الجيش وسلاح البحرية وسلاح الجو (وهي القوات التي تسمى مجتمعة "جيش الدفاع الإسرائيلي").

تتألف قيادة الأركان من قائد الأركان، ونائبه وقائد سلاح الأرض وسلاح البحرية وسلاح الجو، وقيادات المناطق أو الجبهات (وبالتحديد المنطقة الشمالية، والمنطقة الوسطى والمنطقة الجنوبية، وقائد الجبهة القومية أو الوطنية)، وقائد دائرة العمليات، ودائرة الاستخبارات، ودائرة السياسات والتخطيط، ودائرة الكمبيوتر والمعلومات، ودائرة التكنولوجيا واللوجستيات. وتضم قيادة الأركان شخصيات عسكرية أخرى أيضاً، وهم: قائد الأكاديميات العسكرية، ومنسق الأنشطة الحكومية في الضفة والقطاع، والمتحدث باسم الجيش، والمدعي العام العسكري، وقائد محكمة الاستئناف العسكرية، والمستشار المالي لقائد الأركان، والسكرتير العسكري لرئيس الوزراء. وتضم قيادة الأركان أيضاً فريقاً مدنياً يتكون من الأمين العام لوزارة الدفاع، ومراقب النفقات في وزارة الدفاع، ورئيس إدارة تطوير السلاح والصناعات التكنولوجية.

ويبلغ عديد القوى الأساسية التي تشكل الجيش الإسرائيلي 177,500 عسكري، منهم 140 ألف عسكري في الاحتياط. وإذا ما أضفنا إليهم جميع قوى الاحتياط يصل عديد الجيش الإسرائيلي البالغ 492 ألف عسكري، يصل الرقم الإجمالي إلى 606,500 عسكري. ومن المميزات التي يتمتع بها الجيش الإسرائيلي، أن معظم ضباطه هم من النخب ومن القطاعات المثقفة. وتشكل النساء ما يقارب نصف تعداد العسكريين اللذين ما زالوا في الخدمة، حيث تقوم معظمهن بأعمال مكتبية[39].

2. القوى الأمنية:

وبالإضافة إلى القوى العسكرية، هناك القوى الأمنية التي تتكون من خدمات الاستخبارات، والشرطة الإسرائيلية، وشرطة الحدود، وخدمات السجون، وحراس الكنيست. وتضم خدمات الاستخبارات اثنين من ثلاثة من المنظمات الاستخباراتية التي أسسها ديفيد بن جوريون سنة 1951، وبالتحديد خدمات الأمن العام، أو الشاباك

---

[39] منصور، وعبد الهادي، مرجع سابق، ص 502.

أو الشين بيت، ومؤسسة الاستخبارات والمهام الخاصة أو الموساد. كما يمكن أن تضم أيضاً في بعض الحالات، قسم الاستخبارات في وزارة الخارجية الإسرائيلية.

والشاباك هو وحدة محاربة التجسس على "إسرائيل"، وهو الجسم الأمني المكلف بتقديم خدمات الأمن الداخلي العامة. ويعمل بشكل أساسي داخل الأراضي المحتلة سنة 1967. ويعتقد أنه يضم ثلاثة دوائر عملياتية، وخمس دوائر مساندة. والدوائر العملياتية هي:

- دائرة الشؤون العربية، وهي مسؤولة عن التصدي للعمليات "الإرهابية"، والثورات السياسية، والمحافظة على سجلات العرب "الإرهابيين". وقد عملت فرق الشاباك مع وحدات "أمان" Aman المتخفية من أجل قمع الانتفاضة. كما أن هذه الدائرة ناشطة أيضاً في محاربة الجناح العسكري لحركة حماس.
- دائرة شؤون غير العرب، وتعمل في دول أخرى، ومهمتها اختراق أجهزة الاستخبارات الأجنبية، والبعثات الدبلوماسية والتحقيق مع المهاجرين من أوروبا الشرقية والاتحاد السوفياتي السابق.
- دائرة الأمن الوقائي، وهي مسؤولة عن حماية المباني الحكومية والسفارات الإسرائيلية والصناعات العسكرية والمواقع العلمية، والزراعات العسكرية، وشركة الطيران الإسرائيلية، المعروفة باسم العال El-Al[40].

أما الموساد، (وهي المرادف العبري لكلمة مؤسسة) فهي وكالة الاستخبارات الإسرائيلية، وهي مسؤولة عن مجموعة الاستخبارات البشرية، ومحاربة "الإرهاب"، والعمليات السرية، بما في ذلك العمليات شبه العسكرية، وتسهيل أمور شركة العال في البلدان المحظورة فيها. ويركز الموساد على الشعوب والمنظمات العربية في كل أنحاء العالم. كما ينشط عملاء الموساد في الدول الشيوعية سابقاً، وفي الغرب وفي الأمم المتحدة. يتألف الموساد من ثماني دوائر، فيما تبقى التفاصيل الأخرى عن التنظيم الداخلي لهذه الوكالة غامضة. ومن هذه الدوائر:

- دائرة المجموعات، وهي الأكبر، وتتولى مسؤولية عمليات التجسس، ولها مكاتب خارج "إسرائيل"، منها ما يحظى بتغطية دبلوماسية ومنها ما هو غير رسمي.

---

[40] Federation of American Scientists (FAS) website, Intelligence Resource Program, Israel Security Service: Sherut ha-Bitachon ha-Klali (Shabak), http://www.fas.org/irp/world/israel/shin_bet/ (Accessed: 28/10/2006).

وتتكون الدائرة من عدد من المكاتب المسؤولة عن مناطق جغرافية محددة، وتدير شؤون الضباط المتمركزين في "محطات" حول العالم والعملاء الذين يعملون لديهم.

- دائرة الارتباط والعمل السياسي، وهي التي تقوم بالأنشطة السياسية، والارتباط مع استخبارات الدول الصديقة، ومع البلدان التي ليس بينها وبين "إسرائيل" علاقات دبلوماسية طبيعية. وفي المحطات الكبرى، مثل باريس، يُعيِّن الموساد ضابطين مشرفين، يحظيان بتغطية السفارة الإسرائيلية، يعمل أحدهما لصالح دائرة المجموعات، فيما يقوم الأخر بأنشطة دائرة الارتباط والعمل السياسي.
- قسم العمليات الخاصة المعروف أيضاً بالمتسادا Metsada، وهو قسم يجري عمليات الاغتيال شديدة الحساسية، ويقوم بإحباط العمليات المخططة ضدّ "إسرائيل"، كما ينفذ عمليات شبه عسكرية، ويشنّ الحروب النفسية.
- دائرة أعمال الحرب النفسية، وهو القسم المسؤول عن الدعاية والحرب النفسية وعمليات الخداع.
- دائرة الأبحاث، وهي الدائرة المسؤولة عن الإصدارات الاستخباراتية، مثل تقارير الأوضاع اليومية، والملخصات الأسبوعية والتقارير الشهرية المفصلة. وهذه الدائرة مقسمة إلى 15 فرعاً أو مكتباً متخصصاً بمناطق جغرافية محددة، تضم الولايات المتحدة وكندا، وأوروبا الغربية، وأمريكا اللاتينية، والاتحاد السوفياتي الأسبق، والصين وأفريقيا، والمغرب، والجزائر، وتونس، وليبيا، والعراق، والأردن، وسورية، والمملكة العربية السعودية، والإمارات العربية المتحدة، وإيران. كما يركز مكتب "النووي" على القضايا المتعلقة بالأسلحة النووية.
- دائرة التكنولوجيا، وهي مسؤولة عن تطوير التقنيات المتقدمة لدعم عمليات الموساد[41].

ومن المعروف أيضاً أنه بالإضافة إلى المنظمات المذكورة أعلاه، هناك منظمات استخبارتية أخرى تنسق بين كل أجهزة ووكالات الاستخبارات الإسرائيلية. كما يجب الأخذ بعين الاعتبار الصناعات العسكرية ومؤسسات الدراسات الاستراتيجية والضباط المتقاعدين والسياسيين المرتبطين بالمؤسسة العسكرية، على اعتبار أن كل هؤلاء هم جزء من المركّب الصناعي العسكري.

---

[41] FAS, Intelligence Resource Program, Mossad: The Institute for Intelligence and Special Tasks: ha-Mossad le-Modiin ule-Tafkidim Meyuhadim, http://www.fas.org/irp/world/israel/mossad/ (Accessed: 28/10/2006).

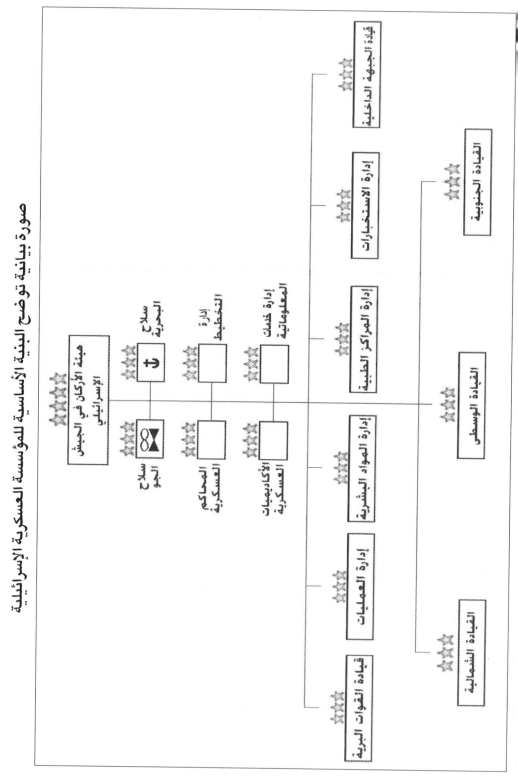

صورة بيانية توضح البنية الأساسية للمؤسسة العسكرية الإسرائيلية

رابعاً: حجم تأثير المؤسسة العسكرية على الاقتصاد والمجتمع:

لا تعدّ المؤسسة العسكرية الإسرائيلية المؤسسة الأقوى في المجتمع الإسرائيلي وحسب، بل هي أيضاً المؤسسة الأثرى. ويعود هذا الأمر بشكل جزئي إلى كون النفقات العسكرية الإسرائيلية مرتفعة نسبياً. فعلى سبيل المثال، صنفت الميزانية العسكرية الإسرائيلية لسنة 2004 من بين أضخم 12 ميزانية حول العالم. ولكن قبل الغوص في حجم النفقات العسكرية، لا بدّ من توضيح تعريف الأنواع المختلفة للإنفاق العسكري. ففي "إسرائيل" هناك ثلاثة أنواع للإنفاق العسكري[42]:

1. **ميزانية الدفاع:** وترمز إلى السيولة المخصصة لوزارة الدفاع من ميزانية الحكومة المركزية، ولا تشمل النفقات الدفاعية المخصصة للوزارات الأخرى والمؤسسات الحكومية والأجسام غير الحكومية. وفي الوقت نفسه، فإنها تشمل النفقات التي لا تمول بشكل مباشر منتجات الدفاع.
2. **الاستهلاك الدفاعي:** وهو عملية محاسبة قومية يقوم بها مكتب الإحصاء المركزي الإسرائيلي، حيث يقوم بحساب النفقات الدفاعية على أسس دقيقة، من خلال توزيع النفقات على الوزارات المختلفة بحسب وجهة إنفاقها، وليس على أساس الروابط الإدارية أو الوزارية. وبالإضافة إلى ميزانية الدفاع، فإن هذا التعريف يتضمن المكونات الأمنية داخل الوزرات المختلفة.
3. **مجمل التكلفة الدفاعية:** وهي عملية أوسع يجريها مكتب الإحصاء المركزي الإسرائيلي، بناءً على توصيات من لجنة حكومية مكلفة بتقدير الكلفة الكاملة للدفاع على الاقتصاد الإسرائيلي. وأهم ما تضيفه هذه العملية على الاستهلاك الدفاعي هي حساب الكلفة الكاملة لبناء الملاجئ للمدنيين. وغالباً ما يكون مجمل التكلفة الدفاعية أعلى بنسبة 25% من الاستهلاك الدفاعي، وهذه التكلفة لا تحسب في الدول الأخرى، وبالتالي لا يمكن إجراء مقارنة دولية في هذا المجال.

ومنذ عدة سنوات، يتم نشر كلفة الاستهلاك الدفاعي بعد احتسابها فقط من بين غيرها من حسابات النفقات العسكرية والدفاعية[43]. أما تفاصيل ميزانية الدفاع، فتحدده

---

[42] Zalman F. Shiffer, "The Debate Over the Defense Budget in Israel," *Israel Studies*, vol. 12, no. 1.

[43] *Ibid.*

المؤسسة العسكرية دون تدخل من الحكومة[44]. ولا تتم مناقشة تفاصيل الميزانية في الكنيست، كما لا يطلع عليها سوى خمسة أعضاء في الكنيست يتم تعيينهم من قبل لجنة الدفاع والعلاقات الخارجية. بعد ذلك، يوافق الكنيست ككل، على المجموع كجزء من ميزانية الدفاع[45]. وتفيد تقارير أخرى بأن ميزانية الاستخبارات التي تشمل كل وكالات الاستخبارات الإسرائيلية تبقى سرية أيضاً، ولا تدرج في الميزانية الأساسية[46].

وفي سنة 2007، بلغت ميزانية الدفاع حوالي 34.7 مليار شيكل (8.2 مليار دولار)، أي ما يشكل 11.7% تقريباً من الميزانية العامة المقدرة بـ 295.4 مليار شيكل (70 مليار دولار)[47]، فيما ارتفع الاستهلاك الدفاعي إلى 48 مليار شيكل (11.3 مليار دولار) أي ما يقدر بـ 16% من مجموع الميزانية[48]؛ وهي نسبة مرتفعة جداً مقارنة بالاستهلاك الدفاعي في الدول الغربية. وبالفعل، فإن هذه الأرقام، موزاية لمجموع الاستهلاك الدفاعي في كل من كندا، وأستراليا، وتركيا[49]، وجميع هذه الدول تعداد سكانها أكبر من من تعداد سكان "إسرائيل"، ولديها بنية تحتية أفضل، وموارد أكثر.

ويرى عدد من العلماء والمعلّقين بأن مجموع كلفة الدفاع، التي تشمل كلفة احتلال الضفة الغربية وقطاع غزة، ومرتفعات الجولان وصلت في الأوقات الطبيعية (أي عندما لا يكون هناك حرب) إلى ما يقارب ثلث الموازنة العامة[50].

كما أن الاستهلاك الدفاعي يوازي حالياً ما يقارب 8% من إجمالي الناتج القومي، وهي نسبة مرتفعة مقارنة بالدول الغربية التي لا يتجاوز الاستهلاك الدفاعي فيها الـ 3% من

---

[44] Ben Meir, *op. cit.*, p. 90.

[45] برهوم جرايسي، ميزانية إسرائيل للعام القادم 76 مليار دولار، المشهد الإسرائيلي، 2007/10/16.

[46] Arian, *Politics in Israel*, p. 335.

[47] Yakoov Katz, IDF: Prospect for Conflict up in 2007, *The Jerusalem Post* newspaper, 11/1/2007,
http://www.jpost.com/servlet/Satellite?pagename=JPost%2F/JPArticle%2FShowFull&c
id=1167467702702 (Accessed: 23/7/2007).

[48] تقلص الاستهلاك الدفاعي من 20% سنة 1987، انظر:
Peri, "Civil Military Relations in Israel in Crisis," p. 114.

[49] اتساع الجدل حول الميزانية العسكرية في إسرائيل، المشهد الإسرائيلي، 2007/6/26.

[50] المرجع نفسه؛ وانظر:
Ben Meir, *op. cit.*, p. 90; and Netanel Lorch, "The Israel Defense Forces," Israel Ministry of Foreign Affairs website, 31/5/1997,
http://www.mfa.gov.il/MFA/Facts%20About%20Israel/State/The%20Israel%20Defense%20Forces

إجمالي الناتج القومي. ويشمل الرقم المذكور الـ 2.4 مليار دولار التي تتلقاها "إسرائيل" من الولايات المتحدة الأمريكية سنوياً كمساعدات أمنية، وهي تشكل ما يقارب الـ 2% من إجمالي الناتج القومي الإسرائيلي. ويقدر إجمالي كلفة الدفاع في "إسرائيل" ما يقارب الـ 10% من إجمالي الناتج القومي.[51]

وللمقارنة فإن المملكة المتحدة، ذات الإنفاق الدفاعي المرتفع، أنفقت في سنة 2007 فقط 5.4% من إجمالي الميزانية العامة البالغ 1,174 مليار دولار على الدفاع[52]؛ في حين أنفقت في سنة 2005 فقط ما يوازي 2.5% من إجمالي الناتج القومي على الدفاع.[53]

وقد زادت النفقات الدفاعية الإسرائيلية بشكل دراماتيكي بين منتصف الستينيات ومنتصف السبعينيات، نتيجة لتضافر عوامل مختلفة. وهذه العوامل كانت حرب 1967، وانتشار الجيش الإسرائيلي في الأراضي المحتلة سنة 1967، ثم حرب الاستنزاف ما بين سنتي 1968 و1970، وسباق التسلح الذي تطور بينها وبين كل من مصر و"إسرائيل"، والاستثمارات الكبيرة في تقوية جبهة قناة السويس، وحرب 1973 وما تبعها من عملية بناء واسعة للجيش. ومع حلول سنة 1975، تضاعفت ميزانية الدفاع خمس مرات عما كانت عليه قبل عشر سنوات، وزادت حصتها من إجمالي الناتج القومي من 10% إلى 32%.[54]

وبالإضافة إلى حصتها في الميزانية، فإن المؤسسة العسكرية هي أكبر زبون في أي شيء وكل شيء في "إسرائيل". وبالتالي، فإنها تلعب دوراً مسيطراً في الاقتصاد الإسرائيلي. وتعد الصناعات العسكرية هي الأكبر في القطاع الصناعي الإسرائيلي، إذ تبلغ نسبتها 40% من مجمل الصناعات الإسرائيلية. كما تحتل "إسرائيل" حالياً المرتبة الثامنة في سلم التصدير العسكري[55]، إذ إن 75% من الصناعات العسكرية الإسرائيلية

[51] "Background Note: Israel," U.S. Department of State website, http://www.state.gov/r/pa/ei/bgn/3581.htm (Accessed: 23/7/2007).

[52] John Healey, UK budget report 2007, Her Majesty's Treasury, Her Majesty's Stationary Office, London, 2007.

[53] Central Intelligence Agency (CIA), *The World FactBook*, Country Comparison: Military Expenditures, https://www.cia.gov/library/publications/the-world-factbook/rankorder/2034rank.html (Accessed: 28/7/2007).

[54] Shiffer, *op. cit.*

[55] John J. Mearsheimer and Stephen M. Walt, *The Israel Lobby and U.S. Foreign Policy* (New York: Farrar, Straus and Giroux, 2007), p. 27.

يتم تصديرها[56]؛ حيث يعدّ تصدير السلاح ثالث مصدر للعملات في "إسرائيل"، بعد تجارة الألماس والسياحة. وفي "إسرائيل" هناك ما يقارب 150 شركة صناعات عسكرية وصلت عائداتها مجتمعة من مبيعات الأسلحة سنة 2006 إلى 4.5 مليار دولار[57]. ويمكن تقسيمها إلى ثلاثة أصناف، الصنف الأول هو شركات الصناعات العسكرية الكبرى التي تملكها الدولة، مثل الصناعات العسكرية التابعة للجيش الإسرائيلي، والتي تعد إحدى الجهات الصناعية التي توفر أكبر عدد من الوظائف، والصناعات الجوية الفضائية الإسرائيلية، وهيئة رفائيل لتطوير الأسلحة Rafael Arms Development Authority (التي أصبح اسمها أنظمة رفائيل الدفاعية المتقدمة المحدودة). وتنتج كل هذه المؤسسات مجموعة كبيرة من الأسلحة التقليدية، بالإضافة إلى الصناعات الالكترونية الدفاعية المتطورة[58]. ويشكل إنتاج المؤسسات الصناعية الحكومية ما يقارب 69% من عائدات "إسرائيل" العسكرية[59].

ويشمل الصنف الثاني من هذه المؤسسات الصناعات العسكرية المتوسطة الحجم التي يمتلكها القطاع الخاص، مثل نظام Elbit ELOP (أحد أكبر مصنعي الإلكترونيات والبصريات العسكرية الإسرائيلية)، وتاديران Tadiran (المتخصصة بصناعة أجهزة الاتصال العسكرية) ونظام إليسرا الإلكتروني Elisra Electronic systems وإي.سي.أي تيليكوم ECI Telecom. أما الصنف الثالث والأخير، فيشمل مصانع صغيرة يمتلكها القطاع الخاص، تصنع المنتجات العسكرية على نطاق ضيق[60]. ويشير بعض العلماء إلى أن عائدات الصناعة العسكرية لا تشكل جزءاً من الميزانية أو من حسابات وزارة المال، بل تضاف إلى الميزانية العسكرية من خلال ترتيبات خاصة يجريها رئيس الوزراء.

---

[56] Campaign Against Arms Trade (CAAT), *Arming the occupation: Israel and the arms trade* (London: CAAT, 2002), http://www.caat.org.uk/publications/countries/israel-1002.pdf (Accessed: 8/8/2007).

[57] Alon Ben-David, Israel's Arms Sales Soar to Hit Record in 2006, *Jane's Defense Weekly* (*JDW*), Bracknell, 10/1/2007, http://www.plasansasa.com/pdf/JDW-Jan-5.pdf (Accessed: 24/7/2007).

[58] Hanan Sher, "Facets of the Israeli Economy: The Defense Industry," Israel Ministry of Foreign Affairs, http://www.mfa.gov.il/MFA/MFAArchive/2000_2009/2002/6/Facets%20of%20the%20Israeli%20Economy-%20The%20Defense%20Industr (Accessed: 21/12/2006).

[59] CAAT, *op. cit.*

[60] Singh, *op. cit.*

ومن ناحية أخرى، تقوم فرق عمل من العسكريين والعسكريين السابقين بإدارة وتشغيل صناعات التكنولوجيا المدنية المتقدمة. كما ترتبط المؤسسة العسكرية والجامعات الإسرائيلية بمشاريع بحث مشتركة وتحصل على مجموعة واسعة من المنح[61].

ولا يقتصر دور الجيش الإسرائيلي على العمليات العسكرية فقط، فقد كان الجيش الإسرائيلي مسؤولاً عن المناطق المأهولة بالسكان العرب داخل الخط الأخضر، حيث خضعت للحكم العسكري حتى سنة 1966. كما أسندت إليه أيضاً إدارة الضفة الغربية وقطاع غزة بعد احتلالهما سنة 1967 وحتى فكّ الارتباط سنة 2005. ويعد وزير الدفاع الشخص المسؤول عن الضفة والقطاع[62]. كما ينخرط الجيش الإسرائيلي في العديد من الأنشطة الأخرى، بما في ذلك بناء المستعمرات من خلال وحدات ناحال وهي الاختصار العبري للرواد الشبان المقاتلين Noar Halutzi Lohem or Fighting Pioneering Youth[63]، حيث أنشأت هذه الوحدات المدنية العسكرية مستعمرات عسكرية في المناطق الحدودية مزجت بين الزراعة والدفاع المناطقي أو الإقليمي. بعد فترة تمّ تسليم هذه المستعمرات لمجموعات مدنية، حيث أصبحت بشكل عام تأخذ صفة الكيبوتزيم kibbutzim أو الموشافيم moshavim. ويذكر أن العديد من المستعمرات في وادي الأردن وجنوب صحراء النقب أنشأتها وحدات ناحال[64].

بالإضافة إلى ذلك، فقد أسهم الجيش بشكل فعال في تعليم المهاجرين الجدد، وبالأخص تعليمهم اللغة العبرية؛ حيث أرسل مرشدون من الجيش الإسرائيلي إلى مراكز استيعاب المهاجرين، والمدارس الميدانية، وغيرها من المؤسسات التعليمية. كما قدم الجيش برامج للمراهقين الذين يعيشون في بيئات اجتماعية دنيا، تجمع بين الإرشاد الصفي والعمل في أحد قواعد الجيش. ومن ناحية أخرى، فإن المؤسسة العسكرية توفر التعليم لجنودها، إلى جانب التدريب العسكري المتخصص المطلوب لتنفيذ المهمات بشكل فعال. فهناك دورات خاصة لتدريس اللغة العبرية للمهاجرين الجدد الذين يخدمون في الجيش، كما أن الإسرائيليين الأقل حظاً في تلقي العلم، يمكنهم خلال أدائهم للخدمة

---

[61] Yitzhak Laor, You are Terrorists, We are Virtuous, *London Review of Books* magazine, London, vol. 28, no. 16, 17/8/2006, http://www.lrb.co.uk/v28/n16/print/laor01_.html (Accessed: 1/9/2006).

[62] Shahak and Metzvinskly, *op. cit.*, p. 55.

[63] ناحال هو أيضاً اسم لأحد أفواج المشاة، إلى جانب لواء المظليين، ولواء جفعاتي، ولواء جولاني.

[64] Kaplan, op. cit.

العسكرية تعلم أساسيات اللغة مثل الكتابة والمحادثة، بالإضافة إلى دروس الرياضيات للمرحلة الابتدائية. كما أنهم يشاركون في دورات مدتها أسبوع واحد، تركز على التاريخ اليهودي والجغرافيا والطبيعة والاجتماع في "دولة إسرائيل". إضافة إلى أن للجيش وحدات تعليمية في متحف ياد فاشيم Yad Vashem (أهم متحف لما يعرف بـ"المحرقة" أو الهولوكوست في "إسرائيل")، ومتحف الشتات[65].

وينظم الجيش أيضاً الهجرات إلى "إسرائيل"، ويراقب الإعلام، ويدير الأبحاث والتطور، ويحافظ على علاقات وثيقة مع معظم المؤسسات والأجهزة الرسمية الأخرى؛ وهذا ما دعى بعض المعلقين إلى القول بأن كل الأنشطة الأخرى، هي لخدمة الجيش. ومن الناحية العملية، لا يسلم وجه من أوجه الحياة العامة في "إسرائيل" من تأثير الجيش الإسرائيلي عليه؛ إذ يمتد تأثير المؤسسة العسكرية من القرارات الاقتصادية، مثل القرارات حول البنية التحتية الصناعية، إلى تطوير الموارد الطبيعية، إلى التخطيط المدني والمسائل الثقافية مثل القوانين الدينية وتطوير اللغة العبرية، وتأثير النظام والمناهج التعليمية على النظام، وتنسيق خدمات الاحتياط[66].

وبناء على ذلك، فإن أهمية الجيش أدت إلى تقوية وزارة الدفاع بجعلها أحد أهم مراكز القوة في "إسرائيل". وهذا ما يفسر لماذا يفضل رؤساء الوزراء الاحتفاظ بدور وزير الدفاع لأنفسهم، بالإضافة إلى دورهم كرؤساء وزراء. فعلى سبيل المثال، تولى بن جوريون منصب وزير الدفاع طوال الـ 15 عاماً التي كان فيها رئيساً للوزراء. وبشكل عام فإن رؤساء الوزراء لا يتخلون عن منصب وزير الدفاع، لا لمنافس لهم داخل حزبهم، ولا لقائد أحد الأحزاب المشاركة في الائتلاف عندما لا يمتلكون ما يكفي من القوة السياسية داخل الائتلاف.

خامساً: تطور المركّب الصناعي العسكري:

يمكن فهم تأثير المؤسسات العسكرية والأمنية على صناعة القرار في "إسرائيل" بشكل أفضل من خلال تحليل المركّب الصناعي العسكري. ويضم المركّب الصناعي العسكري: الجيش، والأجهزة الأمنية والممثلين السياسيين للجيش. كما يضم منظمات

[65] Ibid.

[66] Arian, *Politics in Israel*, p. 324, 327.

مثل لجنة الطاقة الذرية (التي يرأسها رئيس الوزراء)، ومنظمات المخضرمين، ومنظمات الدفاع المدني، والمنظمات المتمركزة في الولايات المتحدة الأمريكية مثل الأيباك AIPAC، والتي تساعد في دفع أمريكا إلى تزويد "إسرائيل" بالمساعدات العسكرية.

وكما أن المؤسسة العسكرية الإسرائيلية تطورت بسبب الطبيعة الاستعمارية لـ"إسرائيل"، وأصبحت تشكل العمود الفقري للمشروع الصهيوني؛ فإن المركّب الصناعي العسكري، شكل العمود الفقري للتطور الصناعي. فمن خلال هذا المركّب، سيطر القادة السياسيون في "إسرائيل" على النمو الاقتصادي حيث دفعوا به باتجاه الرأسمالية، وليكون مشابهاً للمركّب الصناعي العسكري الأمريكي الأقدم والأعرق.

ولتوضيح كيفية تطور المركّب الصناعي العسكري، يجب أولاً شرح حركة القيادات العليا في الجيش بعد تقاعدهم. فبما أن معدل سنّ التقاعد من الجيش هو الأربعينات[67]، فإنه من النادر أن ترى ضباطاً كباراً في الجيش الإسرائيلي يعودون بعد التقاعد إلى حياتهم المدنية الطبيعية. ومن المألوف أن يحتل الضباط المتقاعدون، وأغلبهم من الأشكناز العلمانيين، مناصب رفيعة من المركّب الصناعي العسكري، مثل تولي مناصب في المؤسسات الأمنية، أو في وزارة الدفاع، أو في المصانع العسكرية، أو إدارة البنوك أو غيرها من المؤسسات الخاصة.

ويشكل الضباط المتقاعدون ما يقارب ثلاثة أرباع المدراء التنفيذيين في مختلف المجالات الاقتصادية في "إسرائيل". وهذا ما أوجد وضعاً أصبحت فيه بعض المناصب حكراً على أشخاص من داخل المركّب الصناعي العسكري، كما أدى إلى تضارب مصالح محتمل؛ بين وظيفة الضباط داخل المؤسسة العسكرية ووظائفهم المستقبلية المحتملة في مؤسسات الصناعات العسكرية[68].

---

[67] Evelyn Gordon, Where is all the money going?, *The Jerusalem Post*, 8/9/2006, http://www.jpost.com/servlet/Satellite?cid=1154526020810&pagename=JPost%2FJPArticle%2FShowFull (Accessed: 23/7/2007).

[68] رؤساء الموساد، وشرطة الحدود، والحرس المدني، والإدارة المدنية في الأراضي المحتلة سنة 1967، إدارات المرافئ، وغيرها من المناصب المشابهة، كلهم ضباط متقاعدون. وينطبق الأمر أيضاً على رؤساء المؤسسات الحكومية المرتبطة بشكل أساسي بالأمن مثل مؤسسات الماء والكهرباء ومصافي النفط، وشركة العال للطيران، بالإضافة إلى الصناعات العسكرية والصناعات التكنولوجية المتقدمة. انظر: منصور وعبد الهادي، **مرجع سابق**، ص 53-58.

ومن ناحية أخرى، تشهد كل الانتخابات الإسرائيلية العامة، دخول تنافس عدد معتبر من الضباط المتقاعدين من مختلف ألوان الطيف السياسي الإسرائيلي، وبشكل أساسي من اليسار، على مقاعد الكنيست. فمنذ سنة 1960 يشكل الضباط الكبار المتقاعدون ما يقارب 10% من أعضاء الكنيست. فعلى سبيل المثال، في انتخابات سنة 2006، انتخب 15 جنرالاً و6 عملاء في أجهزة الاستخبارات الإسرائيلية نواباً في الكنيست. بالإضافة إلى ذلك، فإن ما يقارب 20% من وزراء الحكومة هم ضباط كبار في الاحتياط. كما أن واحداً على الأقل (وعادة اثنين) من أهم المناصب الحكومية، أي رئيس الوزراء، ووزير الدفاع ووزير الداخلية، يتولاها ضباط كبار متقاعدون، كما كان عليه الحال في حكومتي إيهود باراك وأريل شارون[69].

وتشكل الخدمة العسكرية شرطاً مهماً مسبقاً لتولي المناصب، وحيازة السلطة والنفوذ في الحياة الإسرائيلية. وقد أظهر العديد من قيادات أركان المؤسسة العسكرية كفاءة مميزة في الحياة السياسية؛ ومن ضمن هؤلاء، إيجال يادين Yigael Yadin، وموشيه دايان، وإسحاق رابين، وحاييم بار-ليف Chaim Bar-Lev، وموتا جور Mota Gur، وإيهود باراك، وشاؤول موفاز. يذكر أن كلاً من رابين وباراك توليا فيما بعد رئاسة الوزراء[70]. بالإضافة إلى ذلك، فإن معظم الحكومات الإسرائيلية حتى يومنا هذا، تمتلك خبرة دفاعية وعسكرية حتى لو لم توكل المناصب الأساسية فيها إلى جنرالات سابقين. وفي سنة 2003، لم يتجاوز عدد أعضاء الكنيست الذين لم يخدموا في الجيش الإسرائيلي ربع مجموع الأعضاء، وكان معظمهم من العرب والحريديم المعفيين من الخدمة العسكرية[71]. ومن الجدير ذكره أنه منذ إنشاء "دولة إسرائيل"، كان الشعار السري للسياسيين الإسرائيليين "سوف نغزو الأجهزة الأمنية أولاً ثم الكنيست والحكومة"[72].

وقد تعاظم دور المركّب الصناعي العسكري أكثر منذ حرب 1967، حيث تنقل الكثير من الأشخاص بين المؤسسات العسكرية والسياسية والصناعية. وكان انتقال القيادات العسكرية إلى العمل السياسي أهم وجه من وجوه هذه التحرك أو التنقل، حيث زادت

---

[69] Peri, *Generals in the Cabinet Room.*

[70] Arian, *Politics in Israel*, p. 333.

[71] *Ibid.*, p. 326.

[72] Shahak and Metzvinskly, *op. cit.*, p. 93.

وتيرة هذه العملية في الفترات التي تلت الحروب في السنوات 1948، و1967، و1973. فقد انخرط معظم جنرالات قيادات الأركان في الحياة السياسية بعد التقاعد من الجيش، وتولى العديد منهم منصب وزير الدفاع. ففي الخمسينيات ضمت أول دفعة من القيادات العسكرية المتقاعدة التي تحولت إلى العمل السياسي كلا من موشيه دايان، وإيجال آلون، وإيجال يادين، وإسرائيل جاليلي Israel Galilee، وحاييم هرتزوج Chaim Herzog. وحتى سنة 1967، كانت غالبية ضباط الاحتياط والضباط المتقاعدين منضوية تحت لواء حزب العمل. بعد حرب 1967، زاد عدد الضباط الذين انضموا إلى الحياة السياسية بشكل كبير، إلا أن معظمهم انضم إلى يمين الوسط، مثل عزرا وايزمان، وأريل شارون؛ فيما انضم آخرون إلى يسار الوسط[73]. وفي واقع الأمر، سعت العديد من الأحزاب السياسية إلى استمالة القيادات العسكرية الكبيرة من أجل تعزيز مصداقيتها، ومن أجل تحسين وضعها السياسي، وفي سبيل الحصول على المزيد من الأصوات في الانتخابات. فعلى سبيل المثال، نجح بن جوريون في ضمّ موشيه دايان إلى حزب ماباي، كما نجحت جولدا مائير في إقناع حاييم بار–ليف، وإسحاق رابين بالانضمام إلى حزب العمل، ونجح مناحيم بيجن بضم عزرا وايزمان إلى حزب الليكود.

أدى هذا النسق من حركة الضباط الكبار إلى انسجام أكبر بين القيادات في الفضاءات الثلاثة، وإلى وجود نخبة اجتماعية يفكر أعضاؤها ويتصرفون بطرق متشابهة، وهم على علاقة وثيقة مع بعضهم، ويتبنون آراء متشابهة حول كيفية خدمة مصالح الدولة. ويتفق أعضاء المركّب الصناعي العسكري على مفهوم الأمن القومي الإسرائيلي، ويرون أن المؤسسة العسكرية هي أفضل من يخدم مصالح الأمن القومي. ونتيجة لمثل هذه الآراء، فإن أعضاء المركّب الصناعي العسكري يدفعون دائماً باتجاه زيادة الإنفاق العسكري، والمشتريات، والتجنيد وإنتاج السلاح، بالإضافة إلى زيادة الأنشطة الاستخباراتية، ومكافحة "الإرهاب"، وإعطاء المؤسسة العسكرية الحرية في وضع سياساتها الخاصة.

لم يؤد وجود مثل هذه المجموعة إلى زيادة تأثير المؤسسات العسكرية والأمنية على السياسة وصناعة القرار وحسب، وإنما حوّلها أيضاً من أداة مهنية متخصصة إلى لاعب سياسي أساسي، وأرخى ظلالاً من الضبابية على الحدود بين الفضاءات السياسية والفضاءات العسكرية.

[73] Singh, *op. cit.*, p. 124.

وبالتعبير السياسي، يشير مصطلح "الضباط المتقاعدون" إلى أولئك الذي وصلوا إلى أعلى ثلاثة مناصب عسكرية: عميد، ولواء، وفريق. وهناك 23 ضابطاً في الحياة السياسية الإسرائيلية ينطبق عليهم هذا الوصف، خمسة منهم هم من الفئة الأولى، أي عميد، وتسعة منهم في كلٍّ من الفئتين الثانية والثالثة، أي لواء وفريق[74].

وفي دراسة لجيورا جولدبرج Giora Goldberg، نشرت في مجلة شؤون إسرائيلية Israeli Affairs حول عسكرة النظام السياسي في "إسرائيل"، لخّص جولدبرج من خلال جدول زمني تدفق الوجوه العسكرية إلى الساحة السياسية وتولي مناصب رفيعة فيها مثل رئاسة الوزراء، ووزارة الدفاع، وقيادة الأحزاب، ورئاسة البلديات. كما يشمل الجدول أيضاً فهرساً عن عسكرة السياسة، قدمته الدراسة نفسها.

سادساً: علاقة المركّب الصناعي العسكري بالمؤسسة السياسية وعملية صناعة القرار:

وفقاً للقانون الأساسي الإسرائيلي وغيره من قوانين الكنيست، فإنه يتوجب على السلطات التنفيذية أن تراقب وتشرف على الجيش من خلال عدة أجسام أو جهات، أولها الحكومة ككل. فالحكومة يمكنها تعيين أو إقالة قيادات الأركان، ورؤساء القوى والأجهزة الأمنية. كما أنها مخولة أيضاً بمناقشة القضايا الأمنية. أما الجهة الثانية فهي اللجنة الوزارية للشؤون الأمنية. وهي جزء من الحكومة، وهي اللجنة المخولة بوضع السياسات الأمنية الأساسية والإشراف على تطبيقها. والجهتان الثالثة والرابعة هما وزارة الدفاع ومكتب رئيس الوزراء الذي يعمل كوزارة بحد ذاته. أما الجسم الخامس فهو مجلس الأمن القومي National Security Council (NSC)[75]. كما يتم الإشراف على الجيش أيضاً من خلال لجنة الدفاع والعلاقات الخارجية في الكنيست، ومن خلال لجنة الموازنة العسكرية التي أنشئت في الكنيست حديثاً.

---

[74] Goldberg, *op. cit.*

[75] Aviezer Yaari, *Civil Control of the IDF*, Memorandum No. 72, Jaffee Center for Strategic Studies (JCSS), October 2004, http://www.tau.ac.il/jcss/memoranda/memo72.pdf
Arabic Translation obtained from:
http://almash-had.madarcenter.org/almash-had/printtemp.asp?articalid=2436

ولكن على الرغم من وجود إطار الإشراف الرسمي المذكور أعلاه، تبقى المؤسسة العسكرية، وخصوصاً الجيش الإسرائيلي، اللاعب الأكبر في آلية صناعة القرار القومي، إذ يشكل شريكاً للقيادة السياسية المدنية في هذا المجال. ولطالما كانت هذه الشراكة السياسية العسكرية قائمة بين الفضاءات السياسية والعسكرية، حتى قبل سنة 1948، حيث كانت عصابات الهاجاناه هي التي تلعب دور الجيش. وعندما ألغى بن جوريون كل المنظمات العسكرية في سنة 1948 وأسس جيشاً موحداً تحت سلطة الحكومة والكنيست، ظلت هذه الشراكة قائمة من أجل مواجهة تحديين هما إنشاء قيادة سياسية لسلطة موحدة، وإيجاد نظرية شاملة وموحدة للأمن القومي تتناسب مع الهواجس الأمنية للدولة الجديدة[76]. ويذكر هنا بأن النظرية السياسية العسكرية السائدة في "إسرائيل" هي أقرب للنموذج السوفياتي منها للنموذج الأمريكي الذي يخضع فيه المستوى العسكري بشكل تام للمستوى السياسي[77].

ولكن بالإضافة إلى هذه الشراكة، فإن "إسرائيل" كدولة مسلحة، تفتقد إلى الحدود التكاملية بين المؤسسة العسكرية والمجتمع، وهذا ما أدى إلى عسكرة بعض الفضاءات الاجتماعية، وتسييس الجيش في فضاءات أخرى. وقد أدت عملية العسكرة إلى وجود أيديولوجية عسكرية داخل المؤسسة السياسية، بغياب أيديولوجية سياسية قوية يمكنها أن تواجه وتوازن الأيديولوجية العسكرية. ومن ناحية أخرى، فإن تسييس المؤسسة العسكرية أدى إلى تقليص سلطتها الذاتية، ويظهر ذلك جلياً من خلال تدخل القضاء في التحقيقات والعمليات العسكرية، وتدخلات أهالي الجنود[78].

وقد فسر البعض حالة التداخل بين الفضاءات العسكرية والاجتماعية في "إسرائيل" بعدم فصل العسكريين عن بقية المجتمع، فالعسكريون لا يعيشون في مخيمات عسكرية منفصلة، بل مع عائلاتهم، مما منع قيام "ثقافة الثكنات العسكرية". من ناحية أخرى،

---

[76] See Peri, *Generals in the Cabinet Room*; and Moshe Lissak, "The Civilian Components of Israel's Security Doctrine: The Evolution of Civil-Military Relations in the First Decade," in S. Ilan Troen and Noah Lucas (eds.), *Israel: The First Decade of Independence* (Albany, NY: State University of New York Press, 1995), pp. 575-591.

[77] Uri Raanan, "Contrasting Views of the Role of Strategic (Politico-Military) Doctrine: Soviet and Western Approaches," in Robert L. Pfaltzgraff, Jr. and Uri Raanan (eds.), *National Security Policy: The Decision-Making Process* (Hamden, CT: Archon Books, 1984).

[78] Peri, "Civil Military Relations in Israel in Crisis," pp. 114-115.

فإن العسكريين الإسرائيليين منخرطون بشكل كامل في المجتمع المدني، حيث يشاركون في كل أنشطة المجتمع اليومية، من التسوق إلى إرسال أولادهم إلى المدارس، وإرسال أزواجهم إلى وظائفهم، ومشاركة المجتمع بكل أفراحه وأتراحه[79]. كما أنهم يتفاعلون أيضاً مع "المدنيين" الذين يخدمون لفترات قصيرة[80]. ومن الممكن إرجاع الشراكة السياسية العسكرية إلى ثلاثة عوامل أساسية هي: توسع دائرة الحروب الإسرائيلية، احتلال الضفة الغربية وقطاع غزة وما نتج عنه من أزمات سياسية، واندلاع الانتفاضتين. ومن الجدير ذكره، أن بعض العلماء الإسرائيليين، مثل آشر أريان Asher Arian، لا يصفون العلاقة بين الفضاءات العسكرية والسياسية بأنها شراكة، بل يرون فيها أفضل مثال على نفوذ وتأثير الجيش كجماعة مصالح مُمأسسة[81].

ومن أجل إعطاء مثال حول كيفية تأثير الجيش على عملية صناعة القرار، يمكننا أن نقرأ الوصف الذي قدمه يورام بيري، وهو أحد الخبراء في العلاقات الإسرائيلية المدنية – العسكرية حول هذا الموضوع. إذ يرسم بيري صورة عن مقر قيادة الجيش الإسرائيلي في هاكيرياه Hakiryah في تل أبيب، فيتحدث عن عشرات المدنيين والعسكريين الذين يعملون معاً في دائرة التخطيط والسياسة من أجل خدمة صناع القرار. في حين يشارك الضباط الكبار في المنتديات السياسية حيث تتم صناعة القرار بشكل فعلي، حيث يعملون مع فريق رئيس الوزراء المصغر المؤلف من الثقات المقربين له، ومع الحكومة الأمنية. ويصف بيري أيضاً التفاعلات بين أعضاء هذه الفرق خلال الاجتماعات بأنها غير رسمية، حيث تلعب الشخصية دوراً كبيراً في النقاشات الدائرة. ومثل هذه العلاقة لا تناسب دائماً القيادة السياسية لأنها تضعف مواقفها. فعلى سبيل المثال، فإن الجيش لا يمثل فقط في الاجتماعات المدنية، بل يكون تمثيلها زائداً عن الحد المطلوب؛ إذ غالباً ما يرافق قائد الأركان، مجموعة من الضباط الكبار، مما يجعل كفة الميزان في الاجتماعات مائلة لصالح المواقف العسكرية[82].

ولطالما كان هذا التأثير ملحوظاً داخل دوائر صناعة القرار في "إسرائيل". فحتى القيادة العسكرية تعترف بأنها تلعب دوراً كبيراً في عملية صناعة القرار. فعلى سبيل

---

[79] Freilich, *op. cit.*

[80] Peri, *Generals in the Cabinet Room.*

[81] Arian, *Politics in Israel*, p. 324, 327.

[82] Peri, *Generals in the Cabinet Room.*

المثال، يرى شلومو جازيت، المدير الأسبق للاستخبارات العسكرية، والمنسق الأسبق للأنشطة في الضفة والقطاع، وعضو مؤسسة دراسات الأمن القومي The Institute for National Security Studies (INSS) - Tel Aviv University، بأن المشكلة الأساسية في عملية صناعة القرار في "إسرائيل" تكمن في "العلاقة بين المؤسسة العسكرية والحكومة". والمشكلة كما يقول: "أن المؤسسة العسكرية لديها أدوات للتخطيط السياسي، والتقييم السياسي، والتفكير المتماسك، وتقديم العروض بشكل منهجي، في حين أنه ليس هناك آلية بديلة، أو عامل يمكن أن يشكل خياراً آخر مبنياً على الدرجة نفسها من التحليل والتقييم المنهجيين". وبالتالي، في كل مرة تطرح فيها قضية أمن قومي، يتساءل المرء فوراً "ما الذي تقترحه قيادة الأركان، وماذا تقول الاستخبارات العسكرية؟"[83].

وفي محاضرة ألقيت في مركز جافي Jaffee Center for Strategic Studies (JCSS) (الذي أصبح يعرف بمؤسسة دراسات الأمن القومي)، حول موضوع العلاقات المدنية – العسكرية في أثناء الحرب، اعترف موشيه يعلون، قائد الأركان في الجيش الإسرائيلي، بأن المؤسسة العسكرية لعبت دوراً مسيطراً جداً على عملية صناعة القرار السياسي. ولكنه مع ذلك، رأى أن العلاقة المدنية – العسكرية هي علاقة متبادلة، يلعب فيها الجيش دور الشريك الفعال في المستوى السياسي. ومن وجهة نظره، فإن أفضل طريقة للتفاعل المدني العسكري الناجح، هي بأن يكون الجسم السياسي هو الجهة التي تصدر الأوامر، ثم يقوم الجيش بترجمة هذه الأوامر إلى خيارات عملياتية، ثم يتم تقديم هذه الخيارات إلى صناع القرار ليوافقوا عليها[84]. وفي سنة 1994، صرح قائد الأركان الإسرائيلي الأسبق إيهود باراك بكلام مماثل، حين حذر الجيش الإسرائيلي "من التلاعب باستخدام قضايا الأمن المركزية الحساسة بالنسبة لوجود إسرائيل" وعدم "إملاء طبيعة الترتيبات السياسية على الحكومة". غير أنه لا يبدو حتى الآن أن العلاقة المدنية – العسكرية تنحو نحو هذا الاتجاه "المعتدل".

---

[83] Ben Meir, *op. cit.*, p. 85.

[84] Jaffee Center for Strategic Studies (JCSS), "Israel's Civil-Military Relations in Wartime," JCSS bulletin, no. 31, September 2005, http://www.tau.ac.il/jcss/bulletin/bulletin31.pdf (Accessed: 2/9/2006).

وعلى ضوء ما ذكر تحاول هذه الدراسة تحديد الطرق التي تؤثر فيها القيادة العسكرية على عملية صناعة القرار؛ والأسباب الكامنة وراء قدرتها على ممارسة مثل هذا النفوذ على القيادة السياسية. وفيما يلي ملخص لهذه الأسباب والتأثيرات:

1. تمتلك المؤسسة الأمنية والعسكرية سيطرة تامة على المعلومات الاستخباراتية التي يتلقاها الجسم السياسي، مما يتيح للجنرالات في قيادة الاستخبارات العسكرية وغيرها من الوكالات الاستخباراتية مدخلاً حصرياً للاطلاع على الوضع الأمني الذي يحدد بشكل نهائي الطريقة التي تفهم فيها كل الطبقة السياسية الإسرائيلية العالم من حولها. ومن ناحية أخرى، فإن الاستخبارات العسكرية هي الجهة المسؤولة عن إصدار التقييم الاستخباراتي القومي السنوي، والجهة الاستخباراتية الوحيدة القادرة على إصدار مثل هذا التقييم السياسي – العسكري الشامل[85]. وفي العديد من المجالات، فإن الجيش الإسرائيلي هو الكيان الوحيد أو الكيان الأساسي القادر على توفير المعلومات والتحليلات، وتقديم المشورة لرئيس الوزراء وللحكومة. وغالباً ما يكون هذا في مجال يتخطى فضاء المنافسة العسكرية المقبولة. فليس هناك مؤسسة أخرى يمكنها أن تنافس قدرة فروع الاستخبارات والتخطيط والعمليات في المؤسسة العسكرية على تشكيل فرق عمل رفيعة المستوى تعمل على مدار الساعة. بالإضافة إلى ذلك، فإن قائد الجيش والضباط الكبار يلبون بسرعة دعوة مجلس الوزراء، حيث يتصرفون على أنهم مسؤولون كبار في قضايا الدفاع والعلاقات الخارجية. أما قائد الاستخبارات العسكرية، فليس مسؤولاً فقط عن الشؤون الاستخباراتية داخل أطر القيادة العسكرية، بل إنه أيضاً، مستشار لرئيس الوزراء، ووزير الدفاع وللحكومة كلها. أضف إلى ذلك، أن ثلاثة من القادة السابقين للاستخبارات العسكرية أصبحوا فيما بعد قادة للجيش (باراك، وشاحاك، ويعلون).

2. تسيطر القيادة العسكرية على عملية التخطيط الاستراتيجي من خلال دائرة التخطيط والسياسة التابعة لها، حيث تعدّ هذه الدائرة لاعباً أساسياً على مستوى الحكومة، ولا تكتفي بالتخطيط للقيادة العسكرية فقط، بل إنها أيضاً تسهم في التخطيط الاستراتيجي السياسي – العسكري؛ وخدماتها مجيّرة إلى حدٍّ كبير لحاجات رئيس

---

[85] Peri, *Generals in the Cabinet Room.*

الوزراء، ووزير الدفاع والحكومة[86]. ونتيجة لذلك، فلا شك أنها حولت العقيدة العسكرية إلى سياسات تؤثر بشكل مباشر على عملية صناعة القرار. ومن ناحية أخرى، فإن قائد الجيش يزود الحكومة بسياسات مفصلة تتخطى حدود التكتيك العسكري لتصل إلى الخطط السياسية.

وقد تكون "إسرائيل" فعلاً، الدولة الوحيدة التي تمتلك القيادة العسكرية فيها سيطرة كاملة على القضايا الاستراتيجية والتكتيكية. وكل هذا يحدث على الرغم من أن القيادة العسكرية تقدم للقيادة السياسية خياراً واحداً يمكن للحكومة أن تقبله أو أن ترفضه، ثم لا تفعل شيئاً حيال القضية المطروحة. ناهيك عن أن هذا الخيار الوحيد المبني على أسس عملية التخطيط العسكري التي توصف في بعض الأحيان بأنها مبنية على فرضية أسوأ الاحتمالات[87]. ووفقاً لكلام اللواء (الميجر جنرال) أهارون ياريف، فإن احتكار المؤسسة العسكرية للتخطيط هو "نقطة الضعف الأكثر وضوحاً في النظام الحكومي الإسرائيلي". ويصف اللواء يسرائيل طال Yisrael Tal إضعاف وضع الحكومة في مواجهة القيادة العسكرية، فيقول: "عندما تريد الحكومة تقييم وضع ما، أو تريد أن تضع سياسة ما، فإنها تعتمد على المصدر نفسه، أي قيادة الأركان في الجيش الإسرائيلي، التي من المفترض أصلاً أن تكون الحكومة هي المشرفة عليها، وأن تنتقد نقداً تحليلياً ما تقدمه من توصيات، وأن تكون هي دليلها وليس العكس"[88].

3. أدى عدم خضوع المؤسسة العسكرية الإسرائيلية للحكومة المدنية إلى تغير طبيعة العلاقة بين الجيش الإسرائيلي ووزارة الدفاع[89]. فبدل أن يكون الجيش الإسرائيلي خاضعاً لوزارة الدفاع، أصبح كل واحد منهما يكمل الطرف الآخر. فقد أعطى القرار الذي أصدره بن جوريون بفصل المؤسسة العسكرية عن وزارة الدفاع، سيطرة للجيش على كل شؤون التنظيم العسكري، وبنى القوى العسكرية، والتدريب، والعقيدة العسكرية، والاستخبارات، واللوجستيات، والمشتريات، وشؤون العسكريين، والتخطيط الاستراتيجي، والعمليات. أما وزير الدفاع، فيكون مسؤولاً عن ميزانية

[86] Ibid.

[87] Meir Stieglitz, Israel on the Brink, Information Clearing House, 10/1/2007, http://www.informationclearinghouse.info/article16131.htm

[88] Peri, *Generals in the Cabinet Room.*

[89] Arian, *Politics in Israel*, p. 329.

الدفاع، ومشتريات السلاح، والصادرات. والحقيقة أن دور الوزير محدود ومرتبط في معظمه بتطبيق السياسات التي يؤيدها الجيش الإسرائيلي[90]. ينبع هذا الضعف البنيوي في آليات التحكم والإشراف المدني على المؤسسة العسكرية من غياب الوضوح الدستوري والقانوني بخصوص هذا الموضوع. فعلى سبيل المثال، فإن الجيش الإسرائيلي، خاضع فقط لوزير الدفاع وليس للوزارة كلها. وبالتالي، فإن الوزير ليس لديه من الإمكانات ما يسمح له بالإشراف على الجيش الإسرائيلي.

4. ترافق عدم توافر آلية مدنية قوية للحكومة لتقييم السياسات وتقييم أداء الاستخبارات العسكرية، مع تقليص الكنيست من استقلالية لجنة الدفاع والعلاقات الخارجية. وزاد انشغال أعضاء لجنة الدفاع والعلاقات الخارجية بالأنشطة الحزبية الداخلية، من عجز لجنة الدفاع والخارجية عن القيام بالمهمة غير الشعبية، أي تحدي مؤسسة الأمن القومي. وهذا ما دفع عدداً من المسؤولين في الكنيست إلى الشكوى من أن اللجنة أصبحت أداة لشرعنة خيارات الحكومة السياسية في القضايا الخلافية. وبالإضافة إلى ذلك، فإن أعضاء اللجنة غالباً ما يشتكون من عدم تلقيهم المعلومات التفصيلية، عند تقديم الحكومة بيانات الإحاطة، وتتحجج الحكومة بأن كل ما ورد في البيانات، سرب إلى الإعلام[91]. بالإضافة إلى ذلك، فإن اللجنة غير مزودة بأي فرق عمل خاصة بها، مما يجعلها معتمدة بشكل كامل على مؤسسة الأمن القومي في الحصول على المعلومات، مما يحد أكثر من قدرتها على الإشراف على المؤسسة العسكرية[92].

وفي محاولة لحلّ مسألة ضعف التقييم المدني، أسست الحكومة مجلس أمن قومي خاص بها في سنة 1999، وأسندت إليه دوراً "تنسيقياً، تكاملياً، تداولياً، إشرافياً، فيما يتعلق بسياسات الأمن القومي". ويعمل المجلس كذراع في مكتب رئيس الوزراء المسؤول عنه مباشرة، حيث إن رئيس المجلس مستشار أمني لرئيس الوزراء. ومن الأدوار التي أسندت إلى المجلس، تقديم توصيات مستقلة لمجلس الوزراء، حول سياسات الأمن القومي[93]. ولكن هذا المجلس تمّ تهميشه منذ إطلاقه، ولم تؤخذ منجزاته بالاعتبار،

---

[90] Freilich, *op. cit.*

[91] Singh, *op. cit.*, p. 86.

[92] Freilich, *op. cit.*

[93] Jewish Virtual Library, Israel Establishes National Security Council, http://www.jewishvirtuallibrary.org/jsource/Politics/nsc.html (Accessed: 24/10/2006).

وقد تعاقب على رئاسة المجلس منذ تأسيسه ستة مدراء، اشتكى معظمهم من عدم إعطاء سلطة للمجلس، وعدم وجود شراكة في عملية صنع القرار[94]. كما شعر كل رؤساء المجلس، الذين امتدت خدمتهم لما يقارب السنة، أن خدماتهم انتهت دون أن يستطيعوا القيام بواجباتهم في ظلّ الظروف القائمة[95].

وقد انتقد عدد من الدراسات حول دور مجلس الأمن القومي قلة إسهاماته في عملية صناعة القرار، وتصف دراسة أصدرها معهد دراسات الأمن القومي تحت عنوان "من ينصح المجلس Whom Does the Council Adivce"، آلية صناعة القرار الحالية بأنها تتخذ على أربعة مستويات. المستوى الأول هو رئيس الوزراء، تليه اللجنة الأمنية الوزارية (التي يلعب وزير الدفاع دوراً أساسياً فيها)؛ ثم يأتي في المستوى الثالث مكتب رئيس الوزراء، وخصوصاً الأمانة العامة لمكتب رئيس الوزراء، وسكرتير رئيس الوزراء للشؤون السياسية والاقتصادية – الاجتماعية، والعسكرية (وهذا الأخير هو الرابط بينه وبين المؤسسة العسكرية والأمنية لكونه عضواً في هيئة الأركان). أما المستوى الرابع والأخير فهو مجلس الأمن القومي الذي يلعب دور المساعد في عملية صناعة القرار[96]. وتعتبر دراسة أخرى أن العدد القليل للعاملين في المجلس يشكل عاملاً في إضعاف موقع المجلس إلى حدٍّ كبير[97]. بالإضافة إلى ذلك، يقترح تقرير المراقب العام للدولة ميشا ليندنستراوس Micha Lindenstrauss حول مجلس الأمن القومي أن دور مجلس الأمن القومي، الذي يفترض أن يكون مبنياً على رؤية عالمية وشاملة وممنهجة، قد تمت مصادرته من قبل السكرتير العسكري لرئيس الوزراء، الذي يعدّ في الواقع ممثل رئيس هيئة الأركان في مكتب رئيس الوزراء[98].

---

[94] Shahar Ilan, Knesset approves expanding powers of national security chief, *Haaretz* newspaper, 29/7/2008, http://www.haaretz.com/news/knesset-approves-expanding-powers-of-national-security-chief-1.250729

[95] Ronny Sofer, Top NSC Officials Step Down, *Yediot Achronot* newspaper, 9/10/2007, http://www.ynetnews.com/articles/0,7340,L-3447868,00.html (Accessed: 10/6/2008).

[96] Aviezer Yaari, *Whom Does the Council Advice? A New Model for the National Security Council*, Memorandum No. 85, JCSS, September 2006, http://www.tau.ac.il/jcss/memoranda/memo85.pdf Arabic Excerpt obtained from Arab 48 site, http://www.arabs48.com/display.x?cid=19&sid=165&id=40841

[97] Freilich, *op. cit.*

[98] Aluf Benn, State Comptroller Recommends Upgrading National Security Council, *Haaretz*, 28/9/2006, http://www.haaretz.com/hasen/spages/768140.html (Accessed: 23/12/2006).

وفي سنة 2008، وعقب صدور تقرير فينوجراد Winograd Report حول الحرب على لبنان سنة 2006، أعيدت تسمية مجلس الأمن القومي ليصبح هيئة الأمن القومي National Security Staff (NSS)، كما تمّ توسيع صلاحيات رئيسه لتشمل تولي كل مسائل الأمن القومي والدفاع التي يحددها رئيس الوزراء. وبموجب هذا القرار أصبح رئيس هيئة الأمن القومي يتلقى المعلومات المستجدة من كل الأجسام الرسمية، كما تتم دعوته لكل اجتماعات مجلس الوزراء التي تعالج مسائل الدفاع والعلاقات الخارجية، وكل اجتماعات اللجان التي تضم رؤساء أجهزة الاستخبارات.

5. إن البنية الكبيرة الموحدة للمؤسسة العسكرية، جعلتها أكثر قوة ونفوذاً، وحولتها إلى جبهة موحدة في مواجهة جبهة الحكومة المنقسمة على نفسها. وقد توسعت المؤسسة الأمنية والعسكرية في العقود الأخيرة من حيث الحجم، والتعقيد التنظيمي، والتطور العملياتي. كما تمت زيادة بنى تنظيمية جديدة، مع توسيع البنى الموجودة. بالإضافة إلى ذلك، تحسن أداء فرق العمل بشكل ملفت، وترافق ذلك مع استعمال مكثف لتكنولوجيا المعلومات، وزيادة مستويات الاحتراف[99].

6. الأزمة السياسية، وفقدان الإجماع السياسي بعد حرب 1967. فقد دفع الانقسام الحاصل بين يمين ويسار، واستحالة حصول أي فريق منهما على أغلبية في البرلمان، المؤسسة العسكرية للتحرك لملء الفراغ في عدة مجالات. فعلى سبيل المثال، عندما عجزت الحكومات الإسرائيلية عن إيجاد سياسة عسكرية واضحة فيما يتعلق بحلّ الصراع الفلسطيني الإسرائيلي، وخصوصاً عند تجنب بحث مسألة الأراضي، ترك الأمر كله للجيش الإسرائيلي ليحله. فجهز الجيش الإسرائيلي خرائط تتناسب مع الاتفاق الذي يتطلع إليه، وبالتالي، أملى سياساته على القيادة المدنية. فلم تكن الحكومة هي التي تشرف على المؤسسة العسكرية، ولكن كانت المصالح العسكرية هي المهندسة لأي خطة سياسية.

ويوضح بعض المعلّقين أن عدم وجود سلطة مدنية قوية يُبيح للقادة العسكريين، سواءً أكان لديهم طموح سياسي أم لا، الفرصة للتدخل. هذا بالإضافة إلى أن عدم وجود سياسة واضحة للاستراتيجية السياسية يجعل السياسات المخصصة للحل الآتي هي البديل. وقد أشار الرئيس السابق لمجلس الأمن القومي الإسرائيلي جيورا أيلاند Giora Eiland، في ورشة عمل أقامها مركز جافي للدراسات الاستراتيجية لتقييم حرب

[99] *Ibid.*

لبنان سنة 2006، أن آلية اتخاذ القرار ينقصها الدراسة والتخطيط. كما لاحظ أيلاند أن انشغال آخر أربع حكومات عمل معها بالمسائل الأمنية، لم يُبْقِ أحداً يتناول المسائل الاستراتيجية أو يُقدم وجهات نظر سياسية أو عسكرية للحكومة[100].

7. تعزز التأثير العسكري، بانخراط العسكر بالعملية الدبلوماسية. فعلى مرّ السنين، قام الجيش الإسرائيلي بالعديد من العلاقات الدبلوماسية مع الدول العربية وغيرها من الدول. وبالتالي، لعب دوراً رائداً في السياسة الخارجية. فابتداء من اتفاقية الهدنة سنة 1949، لعب الجيش الإسرائيلي دوراً أساسياً في محادثات السلام، بما في ذلك اتفاقات كامب ديفيد سنة 1978، بالإضافة إلى المحادثات مع الفلسطينيين والسوريين والإسرائيليين والأردنيين في التسعينيات. كما كان التعاون العسكري مهماً في بلورة علاقات مختلفة مع دول أجنبية[101].

8. منحت السيطرة العسكرية على الضفة الغربية، وقطاع غزة سابقاً، ومسؤولية المؤسسة العسكرية عن الإدارة المدنية في تلك المناطق، نفوذاً كبيراً في مختلف القضايا المتعلقة بتلك الأراضي؛ بالرغم من أن الكثير من هذه القضايا، هي قضايا مدنية، ذات طبيعة حساسة للغاية[102].

9. أجبرت الانتفاضتان الفلسطينيتان، والصدامات الحربية التي اندلعت منذ سنة 2000، الجيش الإسرائيلي على مراجعة عقيدته الاستراتيجية، التي وضعت بالأساس للتعامل مع جيوش عسكرية تقليدية، بعد أن واجه تحديات من نوع جديد. حيث أصبح مطلوباً من الجيش القيام بمسؤوليات ذات طبيعة مدنية، مثل أعمال الشرطة، وأنشطة التهدئة، وهي أمور لم يكن الجيش مبنياً على أساس القيام بها، كما لم يكن مدرباً عليها. وتعرف الأعمال الحربية "المواجهة للأعمال الثورية" على أنها أعمال سياسية، أجبرت الجيش الإسرائيلي على تطوير عقيدة عسكرية تضم عناصر سياسية. وهذا ما جرّ المؤسسات العسكرية والأمنية إلى مجالات سياسية محلية أعمق، بحيث طرأ تغير على دورها، إذ تحول من وضع التكتيكات العملياتية،

---

[100] جولة أولى أمام إيران، موقع المشهد الإسرائيلي، 2006/11/14.

[101] Freilich, *op. cit.*

[102] *Ibid.*

إلى وضع السياسات الاستراتيجية والدفاعية[103]. وبالإضافة إلى ذلك، فإن المناوشات الحربية الخفيفة، استدعت عمليةَ صناعة قرارٍ مبنيةً بشكل كلي على خبرة ومعلومات فرق عمل منهجية، وهو ما يتوافر عند الجيش الإسرائيلي. وبالتالي، فإن السيطرة السياسية – المدنية على عملية صناعة القرار ضعفت وتراجعت أمام السيطرة العسكرية، التي حصلت على مكاسب مهمة من خلال نشر المعرفة المطلوبة لإدارة المواجهات العنيفة[104]. وبحسب رأي اللواء شلومو جازيت، فإنها أكملت عملية تحويل قيادة الأركان إلى قوة مسيطرة في الأراضي المحتلة سنة 1967، ومن هذا المنطلق، فإن القيادة الوسطى، أصبحت مسؤولة عملياً عن المستعمرات في تلك المناطق.

10. وجود دائرة سياسية – عسكرية في وزارة الدفاع، تعمل كوسيط رسمي بين المؤسسة العسكرية والمستويات السياسية.

11. تفرض عقيدة الجيش الإسرائيلي وسيطرته العملياتية قيوداً على القيادات السياسية، وهذا يشمل مبدأ مبادرة "إسرائيل" إلى الضربة الوقائية، ومساحة اتخاذ القرار الواسعة المعطاة للضباط. فحتى على المستويات المنخفضة نسبياً، يمنح القادة العسكريين مساحة للمناورة، مما قد يوجد أوضاعاً لا تفضلها القيادة المدنية[105].

12. حقيقة أن كل الوزراء خدموا في الجيش، كمجندين أو كجنود احتياط، وتولي العديد منهم مناصب كبيرة في المؤسسة العسكرية، يقوي وجهة النظر العسكرية، ويعزز من تأثير التقاطع بين المصالح العسكرية والصناعية، حتى داخل المؤسسة المدنية.

13. إن سيطرة المؤسسة العسكرية على وسائل الإعلام تسمح لها بأن تشكل عملية صناعة القرار من خلال تأثيرها على الرأي العام. كما أنها تستفيد أيضاً من الاحترام الشعبي الذي تحظى به، مقارنة مع ثقة الرأي العام المهزوزة بالسياسيين[106]. فالمؤسسة العسكرية تحتكر بشكل كامل تقريباً عملية تزويد وسائل الإعلام بالمعلومات المتعلقة بها، وبالتالي فإنها تمتلك القدرة على التلاعب بالصحفيين والإعلام، كما يسيطر الجيش

---

[103] Peri, *Generals in the Cabinet Room.*

[104] Kobi Michael, "Military Knowledge and Weak Civilian Control in the Reality of Low Intensity Conflict: The Israeli Case," *Israel Studies*, vol. 12, no. 1, Spring 2007, pp. 28-52.

[105] Freilich, *op. cit.*

[106] Peri, *Generals in the Cabinet Room.*

على عملية مراقبة الإعلام، من خلال مكتب الرقابة العسكرية. ووفق اتفاقية تمّ التوصل إليها بين الجيش الإسرائيلي وممثلي وسائل الإعلام، وافقت كل الوسائل الإعلامية التي تعمل من داخل "إسرائيل" على الالتزام بالشروط والأوامر التي يصدرها مكتب الرقابة العسكرية. ويفترض بالمراسلين، أن يمارسوا الرقابة على أنفسهم، وأن لا يبثوا أي معلومات ممنوع نشرها.

والرقابة العسكرية، هي وحدة في مديرية الاستخبارات العسكرية، مهمتها إبلاغ وسائل الإعلام بالقضايا التي يتطلب نشرها موافقتها. ومع أن لائحة هذه القضايا تشهد تغيراً دائماً، غير أنها تتضمن دائماً قضايا متعلقة بالأمن القومي والعسكري [107]. وتمتلك الرقابة العسكرية صلاحيات واسعة، تسمح لها بأن تمنع نشر مواد معينة، بل وأكثر من ذلك، فهي تمتلك صلاحيات إغلاق جريدة أو وسيلة إعلامية ما [108]. والجدير ذكره أن الأنظمة العسكرية المتعلقة بالرقابة مدعومة بقوانين أخرى سنّت لتعزيز السرية مثل قانون مراجعة العقوبات الإسرائيلي لسنة Israel Penal Revision 1957 Law، الذي اشتمل على تعريفات واسعة لأمور أوجب تصنيفها على أنها سرية؛ بل وفرض عقوبات على نشر مواد رسمية دون الاستحصال على إذن، حتى لو لم تكن هذه المعلومات سرية.

وبالإضافة إلى ذلك، فإن معظم المراسلين العسكريين يخدمون في الاحتياط في وحدة الارتباط الإعلامي في مكتب المتحدث باسم الجيش الإسرائيلي، إلى جانب كونهم أعضاء في مجلس تحرير الصحف التي يعملون بها. كما أنهم منظمون في وحدة منفصلة داخل نقابة الصحافة الإسرائيلية [109].

---

[107] Yehiel Limor, The Printed Media: Israel's Newspapers, Israel Ministry of Foreign Affairs website, http://www.mfa.gov.il/MFA/Facts%20About%20Israel/Culture/The%20Printed%20Media-%20Israel-s%20Newspapers (Accessed: 7/10/2007); and Censorship by Israel: How It's Carried Out, *The New York Times* newspaper, 29/6/1982, http://query.nytimes.com/gst/fullpage.html?res=9C0CE3DD123BF93AA15755C0A964948260 (Accessed: 7/10/2007).

[108] Brian Montopoli, News Out of Israel Filtered Through Military Censor, Public Eye, CBS News, 20/7/2006, http://www.cbsnews.com/blogs/2006/07/20/publiceye/entry1822256.shtml (Accessed: 31/10/2006).

[109] Lissak, *op. cit.*, pp. 585-586.

ومع ذلك تجدر الإشارة إلى أن الصحافة الإسرائيلية أصبحت في الآونة الأخيرة أكثر نشاطاً وانفتاحاً على وسائل الإعلام الأجنبية، مما أدى إلى تخفيف قيود الرقابة[110]. وبالإضافة إلى ذلك، اعتمد الصحفيون الإسرائيليون تكتيك تمرير المعلومات الحساسة إلى وسائل إعلام أجنبية ليتم نشرها في الخارج، وهي ممارسة قانونية تماماً[111].

وبالإضافة إلى الرقابة، فإن للجيش الإسرائيلي محطته الإذاعية الخاصة، التي يعمل بها مذيعون معروفون جيداً في "إسرائيل"، فضلاً عن جنود يؤدون خدمتهم العسكرية العادية. ولإذاعة الجيش الإسرائيلي Galei Zahal، جمهور واسع من المستمعين المدنيين. كما أن الجيش الإسرائيلي ينشر أيضاً مجلة أسبوعية شعبية، فضلاً عن مجلة شهرية أكثر تعمقاً. كما يوفر مكتب المتحدث باسم الجيش الإسرائيلي معلومات حول القضايا المتعلقة بالجيش والأمن[112].

وبناء على هذه العوامل والأسباب، يرى يورام بيري أن المؤسسة العسكرية أصبحت أمراً واقعاً في صناعة القرار[113]. وربما يكون التأثير العسكري مفهوماً ومتوقعاً خلال أوقات الحرب. فعلى سبيل المثال، من الأمور الموثقة خلال حربي 1967 و1973، أن نخبة المؤسسة العسكرية اجتمعت وحدها مع رئيس الوزراء ووزير الدفاع، أكثر مما اجتمعوا مع أي مجموعة أخرى. وأنه في سنة 1973، كانت وتيرة هذه الاجتماعات تساوي وتيرة اجتماع رئيس الوزراء مع كل المجموعات الإسرائيلية الأخرى مجتمعة[114]. ومن الأمثلة الأحدث من الناحية الزمنية، فإنه خلال الحرب على لبنان في صيف 2006، حين نوقش الخيار العسكري في مجلس الوزراء في أقل من ثلاث ساعات، وتقرر خوض حرب ضدّ لبنان، لم يواجه هذا القرار بأي بديل دبلوماسي عقلاني.

Kaplan, op. cit. [110]

Goldberg, *op. cit.* [111]

Kaplan, op. cit. [112]

Yoram Peri, Israel's Broken Process: Decision-Making on National Security Must Be Fixed, [113] *The Washington Post* newspaper, 25/8/2006, http://www.washingtonpost.com/wp-dyn/content/article/2006/08/24/AR2006082401330.html (Accessed: 1/9/2006).

Brecher, *Decisions in Crisis*, p. 353. [114]

وهناك مواقف شاركت فيها المؤسسة العسكرية في صناعة القرار في "زمن السلم"، من قبيل مشاركتها في الحادث الذي وقع سنة 1975، حين قام أعضاء من جماعة جوش أمونيم Gush Emunim، بإنشاء موقع استيطاني "غير قانوني" في الضفة الغربية[115]. وقد رأى إسحاق رابين، رئيس الحكومة حينها، في الأمر تحدياً للحكومة، وطلب من قائد الأركان مردخاي جور Mordechai Gur أن يفرق المستوطنين، ولكن جور عارض هذا القرار من منطلق أن القيام بهذا العمل، سوف يتطلب استخدام القوة مما سيؤدي على الأرجح إلى سفك دماء، أو قد ينتج عنه رفض الجنود الانصياع للأوامر. وقد سلّم رابين بآرائه، وبالتالي، قوي موقف المستوطنين. وقد عدّ هذا الحدث لحظة تاريخية، أسست لسابقة مهمة في مستقبل المستعمرات اليهودية في الضفة والقطاع. ومن ناحية أخرى، فإنها كشفت ضعف الحكومة وأثبتت للمستوطنين أنه بإمكانهم فرض إرادتهم على الحكومة من خلال استخدام القوة، حيث لعبت المؤسسة العسكرية دور الأداة الحيادية في خطوة لم يسبق لها مثيل[116].

ومن الجدير بالذكر أنه ليس بالضرورة أن تكون توصيات المؤسسة العسكرية، عسكرية دائماً، فهناك مناسبات لعبت فيها المؤسسة العسكرية دوراً معتدلاً، حيث دعت إلى مفاوضات سلام وانسحابات، في وقت كان فيه السياسيون يعارضون ذلك. ففي أواخر الثمانينيات، كان الجيش هو الذي قرر أنه من مصلحة "إسرائيل" أن تدخل في عملية سلمية. وقد أشرك إسحاق رابين المؤسسة العسكرية، ليس فقط بصفتها منفذاً للعملية السلمية، ولكن أيضاً كصانعة سياسات وشريك مفاوض.

ومن ناحية أخرى، لعبت المؤسسة العسكرية دوراً "معتدلاً" وكابحاً خلال رئاسة بنيامين نتنياهو لمجلس الوزراء، ويعود ذلك إلى حد كبير، للتعارض غير المباشر بين نظرتها البراجماتية للعالم، والمواقف الأيديولوجية لنتنياهو وحكومته. وخلال سنة 1997، رفضت القيادات العسكرية العليا، أكثر من اقتراح قدمه المستوى السياسي،

---

[115] المستعمرات غير الشرعية هي تلك المستعمرات الصغيرة غير الشرعية وفقاً للقانون الإسرائيلي. ووفقاً للقانون الدولي، فإن كل المستعمرات غير شرعية. وتصنف اتفاقيات جنيف (البروتوكول 1) 1977 المادة 85/4/أ قيام القوى المحتلة باستقدام شعبها وإسكانه في الأراضي المحتلة على أنه "انتهاك خطير" للقانون الدولي.

[116] Peri, *Generals in the Cabinet Room.*

وبالأخص رئيس الوزراء، بالقيام بأعمال عدائية ضدّ الفلسطينيين، وقد وصلت هذه المواجهة إلى ذورتها خلال انتخابات سنة 1999، حين انضم عشرات من الجنرالات المتقاعدين إلى أحزاب المعارضة، وشكلوا أحزاباً جديدة وذلك تحقيقاً لهدف واحد، إسقاط حكومة نتنياهو، وقد نجحوا في القيام في تحقيق هدفهم، كما نجحوا في إيصال قائد الجيش الأسبق إيهود باراك، إلى سدة رئاسة الوزراء[117].

ولكن نتيجة لفشل قمة كامب ديفيد سنة 2000، وكرد فعل على الانتفاضة الثانية، فإن الجيش الإسرائيلي وضع حداً للقيود التي فرضتها عليه عملية التسوية السلمية، وتبنى سياسة متشددة تجاه انتفاضة الفلسطينيين[118].

---

[117] Peri, "Civil Military Relations in Israel in Crisis," pp. 121-122.

[118] Peri, *Generals in the Cabinet Room.*

الفصل الرابع

دور المستشارين وخزانات التفكير وتأثيرها على عملية صناعة القرار

دور المستشارين وخزانات التفكير وتأثيرها على عملية صناعة القرار

أولاً: المستشارون الرسميون:

شرحنا في الفصل السابق الدور المتعاظم الذي تلعبه المؤسسة العسكرية الإسرائيلية من موقعها الاستشاري في عملية صناعة القرار، وخاصة بالنسبة للقيادات المدنية التي لا تمتلك خلفيات عسكرية. ولهذه الأهداف، فإن المؤسسة العسكرية تستخدم مراكز الأبحاث والتقييم التابعة لها، والتي تشكل جزءاً من جهازها الاستخباراتي، كهيئات استشارية. ومن أهم مراكز الأبحاث الرسمية:

1. دائرة الأبحاث في الموساد: وهي مسؤولة عن إصدار المواد الاستخباراتية، بما في ذلك التقارير اليومية، والملخصات الأسبوعية، والتقارير الشهرية المفصلة، وهي مقسمة إلى 15 قسماً منظماً، يختص كل قسم منها بمنطقة جغرافية معينة[1].

2. دائرة الأبحاث في شعبة الاستخبارات العسكرية: وهو قسم شديد الأهمية والتأثير، يقدم تقديرات حول قضايا الأمن القومي، ومن المناسب القول بأن مدير الاستخبارات العسكرية، ورئيس قسم الأبحاث يقدمان أحدث التقديرات الاستراتيجية لرئيس الوزراء ووزير الدفاع، وغيرهم من صناع القرار، في اجتماعات أسبوعية. ومن أهم المطبوعات التي تصدر عن هذه الدائرة، التقدير الاستخباراتي القومي السنوي The Annual National Intelligence Estimate (NIE). وبالإضافة إلى ذلك، فإن دائرة الأبحاث تصدر مجموعة من التقارير، والتقديرات اليومية، والملخصات الأسبوعية.

وغالباً ما تتخطى التقارير والتقديرات التي تقدمها دائرة الأبحاث في شعبة الاستخبارات العسكرية، مثل التقدير الاستخباراتي القومي السنوي، نطاقها لتقوم بتحديد وتقدير التهديدات التي تواجه "إسرائيل"، وتحذر من هجمات مفاجئة. كما أنها تقوم بتقديم توصيات بشأن السياسات لصانعي القرار[2]. وتحظى هذه التقديرات

[1] Mossad: The Institute for Intelligence and Special Tasks.

[2] Peri, *Generals in the Cabinet Room*, pp. 50-51.

باحترام واسع في "إسرائيل"، على الرغم من أنها تتعارض أحياناً مع تقديرات الموساد.[3] غير أن نفوذ قسم البحوث يؤشر إلى أن ما يرد في التقدير الاستخباراتي القومي يكون هو الرأي الراجح في ظلّ تضارب التقديرات.

ومن أفضل الأمثلة على درجة تأثير قسم الأبحاث في شعبة الاستخبارات العسكرية، النقاش العام الذي دار بين رئيس شعبة الاستخبارات العسكرية عاموس مالكا Amos Malka، ورئيس دائرة الأبحاث عاموس جلعاد Amos Gilad، والذي يُعدّ المسؤول الثاني في شعبة الاستخبارات العسكرية، حول تلاعب جلعاد بالتقدير الاستخباراتي خلال مفاوضات كامب ديفيد سنة 2000. وقد اتهم مالكا جلعاد بالتأثير على تقييم نوايا عرفات، من خلال إظهاره على أنه مناهض للسلام. ونتيجة لذلك التلاعب المزعوم، فإن التقييم الاستخباراتي الذي صدر قبل المفاوضات ذكر أن عرفات كان ينوي الدخول في المفاوضات، غير أن لائحة مطالبه كانت صارمة وتقريباً غير مرنة أبداً. كما اتهم جلعاد أيضاً بالترويج لفكرة غياب الشريك الفلسطيني، التي ظلت قائمة لفترة طويلة بعد مفاوضات كامب ديفيد.[4]

3. دائرة الأبحاث في وزارة الخارجية: وهي الدائرة الاستشارية الحكومية المؤثرة غير المرتبطة بالمؤسسة العسكرية. وعلى الرغم من أن هذه الدائرة أسست لتلعب دوراً موازياً للمؤسستين المذكورتين أعلاه إلا أن دورها ما زال محدوداً.

---

[3] خرج خلاف حصل مؤخراً بين الجسمين الاستخباريين إلى العلن بعد حرب تموز 2006، فقد قدما إلى رئيس الوزراء إيهود أولمرت تقديرات متناقضة فيما يتعلق بنوايا النظام السوري، وما إذا كانت إشارات السلام حقيقية. حيث رأت دائرة الأبحاث في شعبة الاستخبارات العسكرية أن الإشارات السورية كانت حقيقية، في حين رأى الموساد بأن هذه الانعطافات السورية لا يجب أن تؤخذ على محمل الجد، انظر:

Aluf Benn, Amos Harel and Gideon Alon, MI and Mossad disagree over Assad's intentions, *Haaretz*, 26/12/2006, http://www.haaretz.com/hasen/spages/805497.html (Accessed: 30/3/2008).

[4] Uri Avnery, "Israel's Intelligence Scandal: Irreversible Mental Damage," *Counter Punch* newsletter, Petrolia, 21/6/2004, http://www.counterpunch.org/avnery06212004.html (Accessed: 30/3/2008); and Dan Margalit, Unnecessary Excitement on the Left, UJA Federation of Greater Toronto, http://www.jewishtoronto.net/page.html?ArticleID=66748 (Accessed: 30/4/2008).

ثانياً: المستشارون والهيئات الاستشارية المستقلة:

إلى جانب المستشارين والهيئات الاستشارية الرسمية، فإن هذه الدراسة سوف تتطرق إلى دور المستشارين والمؤسسات الاستشارية المستقلة وشبه المستقلة، التي تسهم في تشكيل القرار الإسرائيلي، من خلال أبحاثها المتخصصة والنصائح التي توجهها للحكومة. وتنطلق هذه الدراسة من فرضية أنه لا رئيس الحكومة ولا الحكومة نفسها تمتلك الآليات المناسبة لعملية صناعة القرار، وبالتالي، فإنهم بحاجة إلى المستشارين. وتتركز مسؤولية مستشاري رئيس الحكومة الذين يضمون رئيس مكتبه ومستشاره للشؤون الخارجية ومستشاره الدبلوماسي، ومستشاره القانوني، ومستشاره الاقتصادي، والسكرتير العسكري، على تأمين المتطلبات اليومية لرئيس الوزراء، وبالطبع فإنهم يفتقرون إلى القدرة على التنسيق، والقدرة على إجراء عملية صياغة سياسات منهجية[5].

وقبل تأسيس مكتب مجلس الأمن القومي اختار رؤساء الوزراء الاعتماد على مستشاريهم ومساعديهم. وحتى بعد تأسيس المكتب، فإن رؤساء الوزراء الذين تولوا هذا المنصب منذ تأسيس المجلس، (باراك وشارون وأولمرت) اختاروا الاستمرار في الاعتماد على المستشارين التقليديين وطريقة العمل السابقة.

تضم الجهات الاستشارية من خارج آلية صناعة القرار الرسمية أفراداً وهيئات استشارية وخزانات تفكير. وتدعم هذه الجهات الاستشارية، عملية صناعة القرار من خلال تقديم خيارات سياسية، وتحديد نقاط الضعف والقوة فيها، والتداعيات المحتملة لاعتمادها، ويتنوع عملهم بين البحث الأكاديمي، ودعم سياسات معينة وتقديمها لصناع القرار.

المستشارون والمساعدون:

يعين مستشارو ومساعدو رؤساء الوزراء من أجل استشارتهم في قضايا السياسات التي تحظى باهتمام رؤساء الوزراء. وهم يعينون إما على قاعدة خبرتهم واختصاصهم أو لاعتبارات سياسية. والمستشارون الذين يعينون على أساس خبرتهم يخدمون لفترة أطول، حيث إنهم بقوا في الوزارة على الرغم من تغير رؤساء الوزراء

[5] Freilich, *op. cit.*

واختلاف الائتلافات الوزارية. يضم هؤلاء مستشارين في مجالات الأمن ومناهضة "الإرهاب"، والقضايا المتعلقة بالسكان العرب داخل الخط الأخضر. والمستشارون في المجالات الأخرى، وهم غالباً ما يكونون مقربين سياسياً من رئيس الوزراء، وهم يخدمون فترات أقل من المستشارين المختارين على أساس خبرتهم. فعلى سبيل المثال، حين تولى نتنياهو منصب رئيس الوزراء سنة 1996، فإنه عيّن عشرين مستشاراً مقارنة مع ثمانية مستشارين في الحكومات السابقة. وقد لعب الكثير من هؤلاء المستشارين دوراً سياسياً حيث إنهم كانوا شبه وزراء[6]. ومثله، فإن رئيس الوزراء الأسبق أريل شارون اعتمد على مستشاره دوف فايسجلاس Dov Weisglass الذي أصبح لاعباً رئيسياً ومستشار أمن قومي بحكم الأمر الواقع، تاركاً مستشاري العلاقات الخارجية والسكرتير العسكري ومستشار الأمن القومي، يتنافسون على النفوذ في ميادين جانبية. وخلال عملية فكّ الارتباط مع غزة وبناء الجدار العازل، اعتمد شارون في معظم الأحيان على فايسجلاس تماماً، كما اعتمد على أستاذ الجغرافيا البروفسور أرنون سوفر Arnon Soffer المعروف بأنه الأب الفكري لخطة فكّ الارتباط، ويعرف عن سوفر أنه "نبي الديموغرافيا"، حيث إنه يعدّ أرحام الفلسطينيات، "سلاحاً بيولوجياً"[7].

ومثلهم فإن مستشاري أولمرت الأساسيين: يورام توربوفيتش Yoram Turbovich، وشالوم تورجمان Shalom Turjeman، عُينوا في مهمات كبيرة على مستوى إجراء مفاوضات مع سورية. بالإضافة إلى ذلك، فإن كلاً من باراك ونتنياهو وشارون اعتمدوا على محاميهم الخاصين الذين تولوا لفترات طويلة قضايا حساسة، وعينوا في بعض الحالات في مناصب رسمية عليا.

يتم تعيين المستشارين الخاصين لأسباب سياسية محلية، فدراية القادة الإسرائيليين بتعاظم دور الشخصية في السياسة دفع بهم إلى استخدام مستشاري العلاقات العامة، من أجل مساعدتهم على اتخاذ القرارات التي تدعم مواقفهم السياسية على الصعيد المحلي. فعلى سبيل المثال، استخدم شارون روفين أدلر Reuven Adler خبير العلاقات

---

6 Arian, Nachmias and Amir, *op. cit.*, pp. 58-59.

7 أرنون سوفر: أستاذ الجغرافيا والديموجرافيا في جامعة حيفا. وبالإضافة إلى كونه مستشار رئيس الوزراء أريل شارون، فإنه أيضاً مستشار على أعلى المستويات في الجيش الإسرائيلي، ورئيس دائرة الأبحاث في كلية الدفاع الوطني التابعة للجيش الإسرائيلي، انظر:
Paul de Rooij, "The Voices of Sharon's Little Helpers," *Counter Punch*, 9/12/2004, http://www.counterpunch.org/rooij12092004.html (Accessed: 5/3/2008).

العامة المشهور والعضو الأسبق في مجلس حكام الوكالة اليهودية لأجل إسرائيل Jewish Agency for Israel (JAFI) قبل انتخابات 2001، وينسب إلى أدلر الفضل في مساعدة شارون على الفوز في الانتخابات، من خلال إظهاره على أنه مجرد مرشح قادر على تحقيق السلام. وبعد انتخابه رئيساً للوزراء، استمر شارون باتباع نصائح أدلر، حيث يقال إن شارون لم يكن يفعل شيئاً دون استشارة أدلر الذي أصبح فيما بعد، الذراع الأيمن لشارون[8].

وبعد غياب شارون، وخلافة أولمرت له في السلطة، أصبح لأدلر زبونان جديدان هما تسيبي ليفني وإيهود باراك؛ في حين أن إيهود أولمرت الذي لم يكن يتفق كثيراً مع أدلر، عين الخبير الاستراتيجي الأسبق لباراك، تال زيلبرشتاين Tal Zilberstein ككبير مستشارين. كما يمكن لرئيس الوزراء أن يستفيد من نصيحة أي شخص لا يشغل منصباً في مكتب عام أو وظيفة رسمية. فعلى سبيل المثال، خلال حرب 2006 على لبنان طلب أولمرت المشورة من أربعة مستشارين، واستشرف رأيهم في موضوع شنّ عملية برية في الأيام الأخيرة من الحرب، اثنان من هؤلاء كانا ضابطين كبيرين متقاعدين، فيما كان الثالث مستشاراً عسكرياً استراتيجياً والرابع كان مدير مركز استطلاعات، ولم يكن أي منهم يتولى وظيفة رسمية أو عامة في الوقت الذي أجريت فيه هذه الاستشارات[9].

المستشارون وخزانات التفكير:

بالإضافة إلى عدد من الخبراء والمستشارين، فإن "إسرائيل" تمتلك عدداً من خزانات التفكير المستقلة. ووفق دراسة نشرتها مؤسسة القدس للدراسات الإسرائيلية سنة 2004، فإن هناك أكثر من عشرين مركز دراسات في "إسرائيل" معترف بها على أنها خزانات تفكير حقيقية، وتلعب دوراً مهماً في المشهد السياسي الإسرائيلي، (وهذا العدد لا يشمل الهيئات الاستشارية، ومراكز الدراسات والمنظمات الدولية في الدول الحليفة، وبالأخص الولايات المتحدة)[10]. وعلى الرغم من أن بعض خزانات التفكير

---

[8] Matt Rees, The Man Who Turned Sharon into a Softie, *Time* magazine, 15/5/2005, http://www.time.com/time/printout/0,8816,1061523,00.html (Accessed: 31/5/2008).

[9] Aluf Benn, Final Lebanon Push Decided After PM Met Informal Team, *Haaretz*, 25/5/2007.

[10] Perla Izemkank-Kane, On Knowledge & Policy: The Role of Think-Tanks in Israel and Other Countries, The Jerusalem Institute for Israel Studies (JIIS), 2004, translation from Hebrew provided by the *Journal of Palestinian Studies*, vol. 64, Autumn 2005.

هذه يعود تأسيسها إلى سنة 1945، فإن "إسرائيل" شهدت بشكل عام زيادة في عدد هذه المراكز في السنوات الأخيرة منذ بدء عملية السلام، حيث إن الجامعات وبعض المتبرعين الأمريكيين لعبوا دوراً أساسياً في تأسيس وتمويل خزانات التفكير الجديدة هذه. وبما أن الدور الأساسي لخزانات التفكير هو دعم صناع القرار، فإن أهمية ونجاح أي خزان تفكير يعتمد بشكل أساسي على قدرته على التأثير على سياسات الحكومة أو غيرها من صناع القرار الذين يتولون مناصب حكومية. ومن أهم خزانات التفكير هذه مركز جافي للدراسات الاستراتيجية الذي أصبح يعرف بمؤسسة دراسات الأمن القومي ISSN، ومؤتمر هرتسليا السنوي للسياسات. وفي الوقت الذي تختلف فيه مراكز الدراسات الخاصة في نوع الأبحاث التي تجريها، فإن تركيزها الأساسي يبقى على القضايا الاستراتيجية مثل الأمن القومي، وقضايا التسوية السياسية، والقضايا المتعلقة بالسكان العرب في الخط الأخضر، والقضايا الاجتماعية والسكانية.

وفيما يلي لائحة بخزانات التفكير التي لها تأثير على عملية صناعة القرار[11]:

1. مؤسسة دراسات الأمن القومي – جامعة تل أبيب[12]:

ربما تكون مؤسسة دراسات الأمن القومي أهم خزانات التفكير في "إسرائيل"، وقد أنشئ المركز سنة 1977 باسم مركز جافي للدراسات الاستراتيجية، بمبادرة من جامعة تل أبيب. ومهمته، حسب ما يقول مؤسسوه، إجراء الأبحاث وفق أعلى المستويات الأكاديمية، حول قضايا تتعلق بالأمن القومي وقضايا الأمن في الشرق الأوسط والعالم. ويهدف المركز أيضاً إلى الإسهام في النقاشات الحكومية حول قضايا يجب أن تكون على رأس الأولويات في لائحة الأمن القومي الإسرائيلي. والموضوعات الأساسية للدراسات التي يصدرها المركز تتعلق بأمن "إسرائيل" القومي، والدفاع الإسرائيلي واليهود في

---

[11] المعلومات المذكورة عن خزانات التفكير مستقاة من مواقع هذه الخزانات نفسها، ومن توصيف مصادر مستقلة لها، انظر:
- Jaffee Center for Strategic Studies (JCSS), Links to International Affairs & Security Studies.
- The Israeli Democracy Institute, Think Tanks in Israel.
- World Conference on Religion and Peace, Think Tanks, Israel.
- National Institute for Research Advancement (NIRA), Links, Link to Think Tanks and Other Policy Research Resources, Israel.
- Jewish Finder, Israel: Israel Think Tanks/Institutes.
[12] The institute's website: http://www.inss.org.il/

أنحاء العالم، والقضايا الأمنية المتعلقة بالشرق الأوسط سواء على الصعيد الإقليمي أو الدولي، والقضايا الاجتماعية – الاقتصادية. ويخاطب المركز في أبحاثه المجتمع الاستراتيجي في "إسرائيل" وفي الخارج، أي صناع القرار، والمخططون الاستراتيجيون وصناع الرأي والرأي العام.

يتم تمويل المركز من خلال صندوق تمويل أسسه أعضاء في المجتمعات اليهودية في الولايات المتحدة. وقد سعى مركز جافي إلى تأكيد استقلاليته السياسية اللازمة لإجراء الأبحاث وغيرها من الأنشطة. ويدير المركز مجلس أمناء إسرائيلي – عالمي. ويضم المركز 24 باحثاً مرموقاً، كثير منهم هم ضباط متقاعدون لهم تاريخهم المهني الحافل في التخطيط والسياسة، بالإضافة إلى مدراء أجهزة استخبارات سابقين. ويصدر المركز نتائج أبحاثه من خلال المجلات والمقالات المحكمة والتقارير الخاصة والإصدارات السنوية والمذكرات، كما أنه يصدر ميزاناً عسكرياً سنوياً عن الشرق الأوسط يزود الباحثين بأهم التطورات الاستراتيجية الأساسية في الشرق الأوسط، بالإضافة إلى معلومات عن الجيوش والظروف الاقتصادية والديموغرافية في كل دول المنطقة. وتوزع إصدارات المركز التي تصدر بالعبرية والإنكليزية بشكل واسع في "إسرائيل" والخارج.

2. مركز هرتسليا التخصصي The Herzliya Interdisciplinary Center (IDC)[13]:

مركز هرتسليا هو مؤسسة أكاديمية خاصة غير ربحية، تعدّ نفسها مؤسسة للنخبة، لا تتلقى تمويلاً من الميزانية القومية، إذ ترى هذا الأمر ضماناً لحريتها الأكاديمية والإدارية التامة. الهدف الأساسي للمركز هو إعداد قيادات "إسرائيل" المستقبلية، وذلك من خلال توفير أعلى درجات الدعم للقادة في مجال الأعمال، والتكنولوجيا، والسياسة، وعلوم الفضاء. والمركز القوي الذي يضم ثلاثة آلاف طالب يضم سبع كليات منها كلية لودر للحكم والدبلوماسية والاستراتيجية Lauder School of Government Diplomacy and Strategy، التي تعد المتخرجين لتولي المناصب العليا في القطاعين العام والخاص. والمركز يضم أيضاً المؤسسة الدولية لمواجهة الإرهاب International Institute for Counter-Terrorism (ICT) وهي خزان تفكير مستقل، توفر باحثين متخصصين في "الإرهاب" ومحاربة "الإرهاب"، والأمن القومي المحلي، وتقدير المخاطر، والتحليل الاستخباراتي، وسياسة الأمن القومي والدفاع.

---

[13] The center's website: https://www.idc.ac.il/eng/default.asp

ويضم المركز أيضاً مؤسسة السياسة والاستراتيجية التي تنظم مؤتمر هرتسليا السنوي المتخصص في موازنة قوة وأمن "إسرائيل" القوميين، وهذه المؤسسة التي هي جزء من كلية لودر، تأسست سنة 2000 بهدف دعم صياغة السياسة القومية في قضايا مهمة للدولة مثل الأمن القومي، والسياسة الخارجية، والمؤسسة العسكرية، والاستراتيجية، والحكم، والاستخبارات، و"الشعب اليهودي"، والاقتصاد، والعلوم، والتكنولوجيا، والبنية التحتية، والبيئة والموارد، بالإضافة إلى القضايا الاجتماعية والتربوية. ويديرها مجموعة متخصصة من الأساتذة والضباط المتقاعدين. وقد أصبح مؤتمر هرتسليا حدثاً مهماً في السياسة الإسرائيلية، وتحول بسرعة إلى قمة للقيادات الإسرائيلية وللشخصيات المهمة في كل حقل. وتفخر مؤسسة السياسة والاستراتيجية أيضاً بأن الحكومات الإسرائيلية كثيراً ما تبنت القرارات الصادرة عن مؤتمراتها كسياسات رسمية.

3. مؤسسة الدراسات السياسية والاستراتيجية المتقدمة Institute for Advanced Strategic and Political Studies (IASPS)[14]:

أنشئت هذه المؤسسة سنة 1984 وكان هدفها التخفيف من حدة النظام الاشتراكي في "إسرائيل" بدعم أمريكي، حيث هدفت إلى ربط القضايا الاقتصادية مثل إصلاح السوق بالقضايا الجيو–سياسية، مثل أنظمة الدفاع الصاروخي، والترويج لقيم اقتصاد المحافظين الجدد الليبرالي في "إسرائيل". مقر المؤسسة في "إسرائيل" ولديها مركز في واشنطن، وقد قامت بتدريب جيل من الخبراء الإسرائيليين والمحللين السياسيين، وساعدت أعضاء في الكنيست في أبحاث اقتصادية، كما ساعدت في تطوير سياسات الإصلاح الاقتصادي. كما يمضي الباحثون في هذه المؤسسة شهراً في مكتب واشنطن كجزء من أنشطتهم، يعملون خلاله كباحثين مساعدين لأعضاء الكونجرس Congress. والمؤسسة معروفة بتقريرها الذي أصدرته لرئيس الحكومة آنذاك بنيامين نتنياهو تحت عنوان: A Clean Break: A New Strategy for Securing the Realm (انفصال نظيف: استراتيجية جديدة لتأمين المحيط)، وهذا التقرير الذي نظر إليه على أنه بيان تأسيسي صادر عن المحافظين الجدد في "إسرائيل" والولايات المتحدة الأمريكية، اقترح مقاربة جديدة لحلّ مشاكل "إسرائيل" الأمنية في الشرق الأوسط مع التركيز على القيم

---

[14] The institute's website: http://www.iasps.org/index.php

الغربية؛ غير أنه انتقد لأنه دافع عن سياسات جديدة عدائية، ولأنه دعم الجناح اليميني في الصهيونية.

ترأس ريتشارد بيرل Richard Perle المجموعة الدراسية التي قدّمت التقرير، كما تضمنت شخصيات معروفة من المحافظين الجدد، أمثال دوجلاس فايث Douglas Feith وديفيد ورمسر David Wurmser. ويعدّ هذا التقرير حالة استثنائية في مجال تدخل المحافظين الجدد في السياسات الإسرائيلية. وقد أصبح المعهد في حال تراجع من سنة 2002.

4. مؤسسة فلورشيمر لدراسات السياسة[15] – الجامعة العبرية في القدس The Floersheimer Institute for Policy Studies-The Hebrew University in Jerusalem:

تهدف هذه المؤسسة إلى البحث في العمليات الأساسية التي تحدث في المجتمع الإسرائيلي المتعدد الثقافات وإلى تحليل التأثيرات بعيدة المدى لهذه السياسات، واقتراح استراتيجيات بديلة للعمل، وهي منظمة غير ربحية، ومنذ سنة 2007 كان مقرّه معهد الدراسات الحضرية والإقليمية Institute of Urban and Regional Studies في الجامعة العبرية في القدس. وتركز المؤسسة على ثلاث قضايا أساسية، العلاقة بين اليهود والعرب في "إسرائيل"، والعلاقة بين الدين والمجتمع والدولة، والعلاقة بين المجتمع والحكومة.

5. مؤسسة القدس للدراسات حول إسرائيل The Jerusalem Institute for Israel Studies (JIIS)[16]:

هي مؤسسة أكاديمية غير ربحية مستقلة، تعمل في مجال أبحاث السياسة فيما يتعلق بالسياسات الاقتصادية والاجتماعية والبيئية، مع التركيز على مدينة القدس. تأسست سنة 1978، وتركز على الأبحاث التطبيقية وعلى توفير إصدارات مختلفة لصناع القرار، كما أنها تقدم حلقات نقاش من أجل مساعدة صناع القرار، وتجري دراسات تقييمية حول الخيارات السياسية المتاحة. والمعروف عن هذه المؤسسة أنها مؤسسة تتبنى

[15] The institute's website: http://www.fips.org.il/Site/p_home/home_en.asp

[16] The institute's website: http://www.jiis.org.il/

موقفاً يمينياً ولديها أربعة اتجاهات بحثية: الدراسات حول القدس، وإدارة الصراع مع الفلسطينيين، والسياسة المتعلقة بالبيئة، والسياسات المتعلقة بالاقتصاد والاجتماع. وتفخر المؤسسة بأنها نجحت في التأثير على الحكومة في الميادين السياسية التالية: تغيير مسار الجدار الأمني حول القدس، خطة فكّ الارتباط مع غزة وتأثيرها على "إسرائيل"، الانتقال من البحث عن حلّ للنزاع إلى إدارة الصراع العربي – الإسرائيلي بين 2000 و2004، والحفاظ على الميزة البيئية لمدينة القدس، والبحر الأحمر، وعلى فرادة المدينة، والتخطيط لبناء الحوض التاريخي للقدس.

6. مؤسسة ريؤوت The Reut Institute[17]:

من خزانات التفكير التي أسست حديثاً في تل أبيب، وتصف نفسها بأنها مجموعة سياسات جديدة ومبتكرة وغير حزبية، تهدف إلى توفير الدعم للحكومة الإسرائيلية في قراراتها الاستراتيجية بعيدة المدى، وتخصص خدماتها بشكل حصري لحكومة "إسرائيل". وبما أنها مدعومة من قبل متمولين من القطاع الخاص فإنها تفعل ذلك مجاناً. تركز ريؤوت على خدمات دعم صناعة القرار الحكومي أكثر من الأبحاث، وتدعي أنها متخصصة في ميادين معينة لا ينتبه إليها صناع القرار، ومجالات اهتمامها: الأمن القومي والنمو الاقتصادي الاجتماعي، مع السعي إلى إيصال "إسرائيل" لتكون بين أفضل 15 دولة من الناحية الاقتصادية في العالم. كما أنها تنوي توسيع ميدان عملها لتشمل ميادين تتعلق بالعالم اليهودي وميادين صناعة القرار. وينظر إلى المركز حالياً من قبل المؤسسة الرسمية والإعلام العالمي على أنه أحد أفضل خزانات التفكير الداعمة لصناعة القرار في "إسرائيل".

7. مؤسسة هاري س. ترومان، للأبحاث المتقدمة عن السلام – الجامعة العبرية في القدس Harry S. Truman Research Institute for the Advancement of Peace-The Hebrew University in Jerusalem[18]:

هذه المؤسسة مكرسة لاحتضان السلام وتعزيز التعاون في الشرق الأوسط وحول العالم من خلال تنظيم الفعاليات البحثية والمعلوماتية. تأسست سنة 1965، وتتمتع بدعم رسمي من الرئيس الأمريكي الأسبق هاري ترومان، على الرغم من أنها

[17] The institute's website: http://www.reut-institute.org/

[18] The Institute's Website: http://truman.huji.ac.il/

تشكل جزءاً من الجامعة العبرية، وكونها جزءاً من الحرم الجامعي في جبل المشارف (سكوبس) Mount Scopus، فإن للمؤسسة مجلس أمنائها الخاص، وهيئة أكاديمية تحدد سياساتها العامة وبرامجها البحثية. تدعم المؤسسة دراسات مهمة في التاريخ والسياسة والتنمية الاجتماعية، في العالم غير الغربي، مع التركيز بشكل أساسي على منطقة الشرق الأوسط، ولديها خمس وحدات بحث إقليمية: هي أفريقيا وآسيا والبلقان، وأمريكا اللاتينية والشرق الأوسط، وتشمل أيضاً مركز منيرفا لحقوق الإنسان Minerva Center for Human Rights، ووحدة التحديث ومقارنة الحضارات The Modernization and Comperative Civilizations Unit. وكمؤسسة تهدف إلى "تعزيز السلام"، فإنها تطرح مشروعات مشتركة توازي الأنشطة السياسية العالمية الأساسية حول حلّ الصراع، وحول الصراع من أجل المحافظة على مبادئ حقوق الإنسان كما يعرفها ميثاق الأمم المتحدة في المجالات المحلية والعالمية. وفي كل عام تستضيف المؤسسة عدداً من الزوار الحائزين على مرتبة الزمالة معها، وتعد أول مؤسسة إسرائيلية تستضيف علماء فلسطينيين في زيارات طويلة الأمد.

8. مؤسسة ليونارد ديفيس للعلاقات الدولية – الجامعة العبرية في القدس The Leonard Davis Institute for International Relations-The Hebrew University in Jerusalem[19]:

وهي مؤسسة أبحاث أكاديمية مكرسة للدارسات حول العلاقات الدولية، تهدف إلى تعميق الفهم حول العلاقات الدولية، من خلال أدوات مختلفة بما فيها تعزيز البحث العلمي، وإصدار الأبحاث العلمية وتنظيم ورشات العمل والمؤتمرات والندوات. وهذه المؤسسة التي أنشئت سنة 1972 في حرم جبل المشارف (سكوبس) التابع للجامعة العبرية، هي بطبيعتها جسم بحثي مع أنها تربط بشكل رسمي بكلية العلوم الاجتماعية وهي تخطط برامجها بما يحقق ثلاثة أهداف: تعزيز البحث العلمي في مجال نظرية العلاقات الدولية، وتبني مقاربة أوسع، وتقديم المفاهيم العالمية للسياسات الدولية للرأي العام الإسرائيلي من خلال تعزيز النقاش حول هذه المواضيع، ووضع إمكانات البحث في المؤسسة في خدمة المؤسسات القومية التي تجري أبحاث حول الأمن والعلاقات الخارجية في "إسرائيل". وتعد مركزاً يمكّن الباحثين في مجالات العلاقات

[19] The Institute's Website: http://davis.huji.ac.il/

الدولية والعلوم السياسية والدوائر التابعة في الجامعة العبرية، بالإضافة إلى غيرها من المراكز الأكاديمية في الجامعات الأخرى، من طرح أو تنسيق برامج أبحاث. ويهدف برنامج المؤسسة إلى تعميق البحث حول سياسة "إسرائيل" الخارجية ودبلوماسيتها والعلاقات الشرق – أوسطية بالإضافة إلى السياسات الدولية، وهذا يضمن بالتحديد الخيارات التي على "إسرائيل" مواجهتها كجزء من المجتمع الدولي في مجال الاقتصاد السياسي العالمي، وحقوق الإنسان، والأمن العالمي وحلّ النزاعات. وتصدر أعمال المؤسسة باللغتين العربية والعبرية.

9. مركز دراسات الأمن القومي – جامعة حيفا The National Security Studies Center-The University of Haifa[20]:

تأسس سنة 2000، ويصف نفسه على أنه من المروجين للدراسات في مجالات الأمن القومي؛ ويشكل أرضية للدراسات والإصدارات والنقاش العام للعلماء من مختلف الاتجاهات الأكاديمية الذين لديهم اهتمام مشترك في المفهوم الحديث للأمن القومي. وللمركز أربعة أهداف أساسية: تقديم دراسات وفق أعلى المستويات العلمية، والتواصل مع مختلف الجهات المعنية بالأمن القومي، والمساعدة في صياغة السياسات، وتعزيز النقاشات العامة.

10. مؤسسة فان لير في القدس The Van Leer Jerusalem Institute[21]:

هو مركز دراسات ونقاشات حول قضايا تتعلق بالفلسفة والمجتمع المدني والهوية والثقافة والتربية. والمؤسسة تطرح ما يثير اهتمام طيف واسع من أصحاب الرأي في "إسرائيل"، وتهدف إلى تحسين الفهم الإثني والثقافي والتخفيف من التوترات الاجتماعية، وتمكين الفاعلين في المجتمع المدني، والترويج للقيم الديموقراطية.

11. مركز تاوب لدراسات السياسة الاجتماعية في إسرائيل Taub Center for Social Policy Studies in Israel[22]:

مركز يقول إنه غير حزبي غير ربحي، له هدفان: دعم السياسات الاجتماعية وإثراء النقاش العام حول القضايا الاجتماعية في "إسرائيل".

---

[20] The center's website: http://nssc.haifa.ac.il/

[21] The institute's website: http://www.vanleer.org.il/default_e.asp

[22] The center's website: http://www.taubcenter.org.il/

12. مركز أريل لأبحاث السياسة The Ariel Center for Policy Research (ACPR)[23]:

تأسس مركز أريل سنة 1997 كمؤسسة غير ربحية تهدف إلى إجراء النقاشات المحلية والدولية حول كل السياسات الأمنية، وبالأخص تلك التي نتجت بعد عملية أوسلو. ويسعى المركز إلى إيجاد "خطة استراتيجية لدولة إسرائيل" ليتم تقديمها لصناع القرار وللرأي العام. يتبنى المركز موقفاً يمينياً من عملية السلام، ويهدف إلى التأثير على ما بعد أوسلو من خلال توفير السياسات البديلة.

13. مؤسسة ديموقراطية إسرائيل The Israel Democracy Institute (IDI)[24]:

مؤسسة تصف نفسها على أنها خزان تفكير مستقل غير حزبي. تأسست سنة 1991 بهدف المساعدة في التخطيط للسياسات والإصلاحات للحكومة، والإدارات العامة والمؤسسات الديموقراطية، والقيم الديموقراطية التي ترى أنها في مراحلها التأسيسية. تتطرق أبحاث المؤسسة بشكل أساسي إلى قضايا قانونية ودستورية تخدم أهدافها المذكورة وهي: تعزيز الإصلاحات الاقتصادية والسياسية والبنيوية، والتحول إلى مركز للمعلومات والدراسات المقارنة للكنيست والحكومة، وأن يصبح المركز جسماً استشارياً لصناع القرار والرأي العام، وأخيراً تعزيز النقاش العام حول القضايا المطروحة في الأجندة القومية. كما أنها تشجع الدراسات التي تركز على حلّ الصراع في الشرق الأوسط ولديها برنامج يدرس الخيارات من أجل التوصل إلى سلام بين الإسرائيليين والفلسطينيين، ويقترح أفكاراً من مثل السوق الشرق الأوسطي المشترك. كما أن مركز غوتمان Guttman Center، المرموق إسرائيلياً، المتخصص باستطلاعات الرأي حول القضايا هو جزء من هذه المؤسسة، ومعروف أن لديه أكبر سجل في استطلاعات الرأي العامة منذ تأسيس "دولة إسرائيل".

---

[23] The center's website: http://www.acpr.org.il/

[24] The institute's website: http://www.idi.org.il/english/

14. مركز إسرائيل / فلسطين للأبحاث والمعلومات Israel/ Palestine Center for Research and Information (IPCRI)[25]:

تأسس المركز في القدس سنة 1988، ويقول مؤسسوه إنه خزان تفكير إسرائيلي/ فلسطيني مشترك متخصص في السياسات العامة في العالم، وهو مكرس لتطوير حلول للصراع الإسرائيلي الفلسطيني. وهو مركز مستقل ترأسه إدارة فلسطينية/ إسرائيلية مشتركة، وهو يعالج القضايا الأساسية في الصراع العربي الإسرائيلي التي لم يستطع الطرفان حتى الآن حلها، مثل طبيعة اتفاق الحلّ النهائي، والحدود بين الكيانين، وقضية القدس، والاستيطان في الضفة الغربية، وضمان أمن المواطنين الإسرائيليين والفلسطينيين في مواجهة مناهضي السلام، وتعزيز التطور الاقتصادي للأراضي الفلسطينية بطريقة تكون مفيدة للطرفين؛ وحلّ قضية الماء وتعليم الإسرائيليين والفلسطينيين السلام والتعايش.

15. مركز تامي شتاينمتز لأبحاث السلام – جامعة تل أبيب Tami Steinmetz Center for Peace Research-Tel Aviv University[26]:

وفقاً لما هو وارد في الموقع الإلكتروني للمركز، فقد تأسس مركز تامي شتاينمتز لأبحاث السلام بهدف تعزيز البحث المنهجي والتفكير في القضايا المتعلقة بعملية صناعة السلام وحلّ الصراعات.

تأسس المركز سنة 1992 كجزء من جامعة تل أبيب. وهو يسعى إلى إجراء استطلاعات دورية تحدد اتجاهات الرأي العام الإسرائيلي في تطورات العملية السلمية، وتوفير قاعدة معلومات حول التعاون الإسرائيلي – الفلسطيني بشكل خاص، والتعاون الإسرائيلي – العربي بشكل عام.

16. مؤسسة حاييم هرتزوج لسياسات الإعلام والمجتمع – جامعة تل أبيب Chaim Hertzog Institute for Media Politics and Society-Tel Aviv University[27]:

أنشئت مؤسسة حاييم هرتزوج لسياسات الإعلام والمجتمع في تشرين الأول/ أكتوبر 2002؛ كجزء من كلية الدراسات الاجتماعية في جامعة تل أبيب. والمؤسسة التي

---

[25] The center's website: http://www.ipcri.org/

[26] The center's website: http://www.tau.ac.il/peace/

[27] The institute's website: http://www.tau.ac.il/institutes/herzog/

حملت اسم سادس رئيس لـ"إسرائيل" أنشئت بهدف إجراء الأبحاث الأكاديمية التي تعالج الروابط بين الإعلام والمجتمع وتأثيرات الإعلام على مختلف المناحي الاجتماعية والسياسية. كما تسعى المؤسسة لأن تكون أرضية لاجتماع الأكاديميين، والباحثين، والإعلاميين، والمنتجين، والنقاد الاجتماعيين وصناع القرار الذين يجمعهم الوعي بتزايد أهمية الإعلام في المجتمع والثقافة، والذين يسعون لفهم هذه الظاهرة ومحاولة تحسين نوعية الإعلام.

17. مركز موشيه دايان للدراسات الأفريقية والشرق أوسطية The Moshe Dayan Center for Middle Eastern and African Studies[28]:

وهو مركز مكرس لتقديم دراسات في التاريخ الحديث، والعلاقات الراهنة في الشرق الأوسط، وأفريقيا. ويشكل المركز جزءاً من جامعة تل أبيب (التي تقدم له التمويل إلى جانب ما يحصل عليه من ودائع وهبات إنسانية). ويدعي المركز أنه أكبر وأقدم مؤسسة في "إسرائيل"، وأنه هو الذي أرسى الموضوعية والأكاديمية في تحليل الموضوعات السياسية، وذلك من خلال الدراسات والمطبوعات والمؤتمرات والوثائق، والخدمات العامة. ويدعي المركز أيضاً أنه غير متحيز، وأنه لا يتخذ مواقفه بناء على سياسات موصى بها. وهدفه المعلن، هو إعلام المجتمع الأكاديمي، وصناع القرار والصحفيين، والرأي العام بتعقيدات الأمور في الشرق الأوسط، وبالتالي، تعزيز السلام من خلال إرساء الفهم اللازم له.

18. مركز بيريز للسلام The Peres Center for Peace[29]:

تأسس هذا المركز على يد شمعون بيريز رئيس الوزراء الأسبق والرئيس الحالي (2010) لـ"دولة إسرائيل" سنة 1996. والأهداف المعلنة لهذا المركز هي تطبيق رؤية بيريز للشرق الأوسط الجديد، حيث تعمل دول المنطقة على إرساء السلام من خلال التعاون الاجتماعي والاقتصادي والتفاعل بين الشعوب. ويقدم المركز نفسه على أنه مؤسسة غير حكومية وغير حزبية، مما يسمح لها، حسب رأيها، بالعمل في خطّ مواز للعمليات السياسية في المنطقة. أما أنشطة المركز الأساسية فهي وضع وتسهيل إقامة مشاريع تؤسس للسلام، وتلبي المصالح المختلفة، وتحرك الشراكات الدولية والعابرة للحدود، وذلك من أجل أن تعود هذه المشاريع/ المبادرات بالثمرات المرجوة منها.

---

[28] The center's website: http://www.dayan.org/

[29] The center's website: http://www.peres-center.org/

19. مركز إسحاق رابين The Yitzhak Rabin Center[30]:

أسس هذا المركز إحياء لذكرى قائد الأركان الإسرائيلي ورئيس الوزراء الأسبق إسحاق رابين. وهو يهدف إلى استخلاص الدروس والعبر من عملية اغتياله، وما رافقها من ظروف ومضامين. والمركز يقوم بأنشطة اجتماعية ثقافية، ويجمع الوثائق، ويعمل مع كل قطاعات المجتمع الإسرائيلي من أجل إبقاء ذكرى اغتيال رابين حية، ونشر قيم الديموقراطية في المجتمع الإسرائيلي.

20. مؤسسة موريس فالك للأبحاث الاقتصادية في إسرائيل – الجامعة العبرية في القدس The Maurice Falk Institute for Economic Research in Israel-The Hebrew University in Jerusalem[31]:

وهي تقول إنها منظمة مستقلة وغير ربحية تهدف إلى تشجيع الأبحاث الاقتصادية، التي تركز بالتحديد على الاقتصاد الإسرائيلي. أنشئت هذه المؤسسة سنة 1964، كوريثة لمشروع فالك للأبحاث الاقتصادية في "إسرائيل". الإدارة العامة لهذه المؤسسة، هي مسؤولية مجلس أمناء، ترشحهم عادة الجامعة العبرية في القدس، بالتشاور مع مؤسسة موريس ولورا فالك في بيتسبرغ – بنسلفانيا في الولايات المتحدة.

21. مركز بيغين – السادات للدراسات الاستراتيجية The Begin-Sadat Center for Strategic Studies (BESA)[32]:

يوفر أبحاثاً سياسية في القضايا المتعلقة بالاستراتيجيا، والأمن والسلام في الشرق الأوسط؛ وخصوصاً، قضايا الأمن القومي والعلاقات الخارجية.

وبالإضافة إلى خزانات التفكير المذكورة، يوجد في "إسرائيل" مراكز دراسات لا ترقى إلى مستوى خزانات التفكير، ولكنها تستحق الاهتمام ومنها:

---

[30] The center's website: http://center.rabincenter.org.il/english/Pages/default.aspx

[31] The institute's website: http://pluto.mscc.huji.ac.il/~msfalkin/home-1.htm

[32] The center's website: http://www.biu.ac.il/Besa/index.html

1. مركز القدس للعلاقات العامة JCPA The Jerusalem Center for Public Affairs (JCPA)[33]:

هو مركز متخصص بأبحاث السياسة والتعليم التي تخدم "الشعب اليهودي". ويهتم بالحاجة إلى إبراز الحالة الإسرائيلية بعد الانتفاضة الثانية التي اندلعت سنة 2000، وعودة موجة العداء للسامية في مرحلة ما بعد المحرقة.

2. مركز أدفا The Adva Center[34]:

الذي يجري تحليلات سياسية ويقدم أعمالاً قانونية، ويحاول إعلام صناع القرار والرأي العام في "إسرائيل" والخارج، بقضايا العدالة والمساواة في المجتمع الإسرائيلي.

3. المؤسسة الإسرائيلية للأبحاث الاقتصادية والاجتماعية The Israeli Institute for Economic and Social Research (IIESR)[35]:

هي مؤسسة متخصصة بالأبحاث الاقتصادية والاجتماعية المتعلقة بالأجندة الإسرائيلية العامة.

4. مؤسسة مايرز جي دي سي – بروك دايل: Myres-JDC-Brookdale Institute[36]:

التي تدعي بأنها المركز الأول المتخصص في الأبحاث الاجتماعية التطبيقية التي تخدم "إسرائيل" والعالم اليهودي. وتسعى إلى تحسين فعالية الخدمات الاجتماعية من خلال تطوير ونشر الوعي بالاحتياجات الاجتماعية، وتقديم البرامج الفعالة التي تخدم هذه الاحتياجات.

5. المركز اليهودي العربي – جامعة حيفا The Jewish-Arab Center-The University of Haifa[37]:

يهدف هذا المركز إلى تشجيع ودعم التعايش والمساواة بين اليهود والفلسطينيين العرب الذين يعيشون داخل الخط الأخضر ويحملون الجنسية الإسرائيلية.

---

[33] The center's website: http://www.jcpa.org/

[34] The center's website: http://www.adva.org/default.asp?lang=en

[35] The institute's website: http://www.iiesr.org.il/default.asp?langid=1

[36] The institute's website: http://brookdale-en.pionet.com/default.asp

[37] The center's website: http://jac.haifa.ac.il/

الفصل الخامس

تأثير جماعات المصالح على عملية صناعة القرار

تأثير جماعات المصالح على عملية صناعة القرار

تعج "إسرائيل" بالجماعات السياسية التي تعمل على تعزيز أجندتها ومصالحها، ولكن بما أن "إسرائيل" تعيش حالة من الانقسام المتعددة الأوجه، فإنه من الصعوبة بمكان تصنيف جماعات المصالح هذه في طيف معين. فقد تكون هذه الجماعات منظمات دينية يمينية، مثل "مجلس المستوطنات"[1] Yesha Council الذي يمثل مصالح المستوطنين المتدينين، أو قد تكون يسارية، مثل الهستدروت، أو اتحاد العمال الإسرائيلي، أو قد تكون مجموعات دينية، مثل الحريديم، أو جزءاً من اللوبي الزراعي مثل حركتي الكيبوتز Kibbutz والموشاف Moshav. كما أن من ضمن جماعات المصالح جماعات معنية بالسلام، مثل حركة السلام الآن Shalom Achshav وتكتل السلام Gush Shalom، التي تسعى إلى تغيير وجهة الرأي العام الإسرائيلي، من أجل تحقيق سلام عادل قائم على أساس الأرض مقابل السلام.

ولكن بسبب مركزية وبيروقراطية النظام السياسي في "إسرائيل"، فإن منافذ هذه الأحزاب إلى منتديات صناعة القرار تكاد تكون محدودة، ولذلك فإنها تعمل على التأثير على الأحزاب المشاركة في الكنيست، المتمثلة في الائتلاف الحكومي، أو على الأشخاص الأساسيين داخل هذه الأحزاب. كما أن بإمكانهم أن يؤثروا على العاملين في وزارات الحكومة المعنية بالقضايا التي يطرحونها. ولكن لما كان التأثير على الأشخاص المهمين في الكنيست أمراً غير مجدٍ، نظراً لكون هؤلاء الأشخاص لا يتمتعون بقوة ذاتية[2]، فإن هذه الجماعات ربطت نفسها بمؤسسات رسمية مختلفة، مثل المؤسسة العسكرية، أو انضوت تحت لواء الأحزاب الكبرى[3]. وفي بعض الحالات، فإن أعضاء جماعات المصالح هم أيضاً أعضاء في مؤسسات حزبية، مثل قادة حركات

---

[1] استخدمنا لفظ "مستعمرة" أو "مستعمرات" للتعبير عن عملية الاستيطان اليهودي، غير أننا أبقينا في الترجمة على اسم "مجلس المستوطنات" بحسب المصطلح الذي أطلقه على نفسه.

[2] Arian, *Politics in Israel*, p. 317.

[3] *Ibid.*, p. 318, 320.

الكيبوتز والموشاف، الذين تدفعهم مصالحهم إلى تبني سياسات ومواقف حزب العمل[4]. كما أن بعض جماعات المصالح، وخاصة الدينية منها، تنفذ على نطاق واسع، أنشطة اجتماعية واقتصادية واستيطانية من خلال الشبكات التعليمية والطبية والاجتماعية، والمشاريع الاقتصادية، والمنظمات الاستيطانية التي تسيطر عليها. وفي بعض المناسبات، تستخدم هذه الجماعات نفوذ الأحزاب السياسية التي ترتبط بها من أجل تأمين الدعم المالي لأنشطتها. ومن أبرز الأمثلة على هذه المجموعات، مجموعة السفارديم الحريديم التي يمثلها حزب شاس.

أما جماعات المصالح المستقلة التي لم تربط نفسها بأي مؤسسة رسمية، أو تنضوي تحت لواء الأحزاب الكبيرة، فإن الحكومة سرعان ما تستوعبها، وغالباً ما تكون غير ناجحة وتنطفئ بسرعة. ولا يعني سيل التظاهرات والعرائض التي تقدمها هذه الجماعات أنها مؤثرة وقادرة على إحداث تغيير في عملية صناعة القرار، ففي معظم الأحيان، تكون هذه العرائض والتظاهرات فعالة، حين يكون هناك ظرف سياسي ودبلوماسي ملائم. والأهم من ذلك عندما تكون هناك إرادة سياسية بالاستجابة لهذه الطلبات. فعلى سبيل المثال، بعد كل الضغط باتجاه استصدار قانون في الكنيست تنسحب "إسرائيل" بموجبه من مرتفعات الجولان السورية، فإن الكنيست استصدر هذا القانون ولكنه ربطه بتوافر الشروط المناسبة والإرادة السياسية التي تسمح بتنفيذ هذا الانسحاب[5].

وتواجه هذه الجماعات تحدياً آخر، وهو عدم قدرتها على تقديم طروحات جديدة، حيث إن معظم القضايا التي تحملها يتم طرحها من قبل مختلف الأحزاب، وتتم معالجتها في الحكومة، أو من قبل الرأي العام[6].

هذا الجزء من الدراسة، يهدف إلى دراسة بعض هذه الجماعات وتسليط الضوء عليها والبحث في مدى تأثيرها على عملية صناعة القرار، وسوف تولي أهمية كبيرة للجماعات الدينية، المقسمة إلى مجموعتين كبيرتين هما الحريديم والداتيم لوميم. ومن ناحية

Ibid., p. 319. [4]

Ibid., p. 318. [5]

Ibid., p. 317. [6]

أخرى فإن الدراسة ستستبعد جماعات المصالح الزراعية، مثل الكيبوتزيم، والموشافيم، وجماعات السلام، بسبب تأثيرها الهامشي على عملية صناعة القرار[7].

أولاً: تأثير الحريديم (اليهود الأرثوذكس المتطرفون غير الصهاينة):

1. خلفية عن الطيف الديني الإسرائيلي:

يشكل الدين قضية مركزية في الحياة السياسية الإسرائيلية، وهذا يعود بشكل جزئي إلى وجود إجماع واسع بين اليهود على أن "إسرائيل" يجب أن تكون دولة يهودية، بغض النظر عن تعريفهم لماهية الدولة اليهودية. وفي الحياة العامة ينحصر الصراع فقط فيما يتعلق في المدى الذي يجب أن تَعكِس التشريعاتُ والحياة المدنية في "إسرائيل" معاييرَ وقرارات السلطات الدينية[8]. وبالتالي، ومن أجل فهم أفضل لأهمية الحريديم فإن علينا أن نفهم طبيعة الطيف الديني في المجتمع الإسرائيلي الذي يمتد من أقصى اليهود المتدينين الذين يريدون أن يروا "إسرائيل" دولة يهودية بالمعنى الديني الدقيق، إلى اليهود العلمانيين (الهيلونيم Hilonim)، الذين يرون أنه ليس هناك دور للدين في الحياة العامة. هذا الطيف الذي غالباً ما يشار إليه بأنه ثنائي القطبية، هو في الحقيقة أكثر هدوءاً من الوصف الذي يصوره على أنه هناك انقسام بين اليهود المتدينين واليهود العلمانيين.

هناك مجموعتان دينيتان أساسيتان في "إسرائيل": الحريديم، والداتيم لوميم أو القوميون الدينيون، هاتان المجموعتان تشكلان معاً أحد أقطاب الطيف الديني، حيث يتبعهم ما يقدر بـ 17-25% من اليهود الإسرائيليين، حسب الاستطلاعات (أتباعهم

---

[7] بعد انتخابات سنتي 1949 و1951 كان هناك 36 عضواً في الكنيست من حركات الكيبوتز Kibbutz والموشاف Moshav، في حين أنه في سنة 2003 لم يتجاوز العدد التسعة، انظر: *Ibid.*, pp. 341-342؛ كما انحسر تأثير معسكر السلام بشكل كبير منذ خريف سنة 2000، انظر أيضاً:
Efraim Davidi, "Protest Amid Confusion: Israel's Peace Camp in the Uprising's First Month," *Middle East Report* magazine, Washington, The Middle East Research and Information Project (MERIP), no. 217, Winter 2000, pp. 36-39.

[8] Arian, *Politics in Israel*, p. 349.

منقسمون إلى 5-8% من الحريديم، و12-17% من الداتيم لوميم)[9]. الحريديم الذين يعني اسمهم أولئك الذين "يرتجفون من الخوف من الله"، هم بشكل أساسي يهود متدينون أرثوذكس، يُعدّون أساساً غير صهاينة، وإن كانوا يتقاطعون بدرجات متفاوتة مع المشروع الصهيوني، يلتزمون بصرامة بالتعاليم اليهودية الأرثوذكسية، الهالاخاه Halachah، ويكرسون معظم حياتهم لدراسة التلمود. يُنظر إلى الحريديم على أنهم أكثر التزاماً بتعاليم الشريعة اليهودية، فهم أكثر التزاماً حتى من الداتيم لوميم. أما القوميون الدينيون فهم من الملتزمين اليهود ولكنهم أيضاً مجموعة عقائدية دينية صهيونية ويعرفون أيضاً باسم داتيم، وهي المرادف العبري لكلمة المتدين[10]. وربما ليس مفاجئاً أن الجماعات الدينية، وخاصة الحريديم، يعارضون بشكل قوي الحياة العلمانية ولا يخافون من التعبير عن ذلك في إعلامهم الخاص. وقد وصل الأمر إلى درجة وصفوا فيها حياة العلمانيين بالقمامة، ودعوهم إلى حمل أسلوب حياتهم الفاسد ومغادرة البلاد[11].

يأتي بالدرجة الثانية على مقياس التدين، الماسورتيم Masortim[12]، أو اليهود التقليديون، وهم يصفون أنفسهم بأنهم يهود ولكنهم لا يلتزمون بالتعاليم اليهودية الأرثوذكسية المتشددة، وهم مستعدون لتكييف الطقوس اليهودية التي تأمر بها التعاليم اليهودية الأرثوذكسية عند الضرورة، أو حينما يروق لهم ذلك بشكل شخصي. وتشير استطلاعات أجريت سنة 2008 أن 67% من اليهود التقليديين يذهبون إلى الكنس بشكل دائم، و87% منهم يشعلون الشموع يوم السبت، و94% يلتزمون بأكل طعام الكوشر kosher أو الطعام اليهودي[13]. وبما أنهم يختلفون في درجة ممارستهم للطقوس اليهودية، فإن اليهود التقليديين، يحتلون حيزاً كبيراً في هذا التصنيف، ولذلك فإنه من

[9] Shlomit Levy et al., A Portrait of Israeli Jewry: Beliefs, Observances, and Values among Israeli Jews 2000, Highlights from an In-Depth Study Conducted by the Guttman Center of the Israel Democracy Institute for the AVI CHAI Foundation, 2000; and Daniel J. Elazar, "How religious are Israeli Jews?," Jerusalem Center for Public Affairs (JCPA), http://www.jcpa.org/dje/articles2/howrelisr.htm (Accessed: 29/12/2007).

[10] Encyclopaedia Britannica online, Fundamentalism, http://www.britannica.com/eb/article-252665/fundamentalism (Accessed: 17/12/2007).

[11] Shahak and Metzvinskly, op. cit., pp. 33-34.

[12] لا يجب الخلط بين هذا المصطلح، وبين حركة ماسورتي Masorti Movement وهو اسم الحركة المحافظة في اليهودية.

[13] Poll: 40% of secular Jews keep kosher, Yediot Achronot, 26/5/2008, http://www.ynetnews.com/articles/0,7340,L-3547740,00.html (Accessed: 28/5/2008).

الصعوبة بمكان تحديد الحجم الحقيقي لهذه المجموعة. وفي استطلاع أجراه مركز غوتمان سنة 2000 قدر عدد اليهود التقليديين بأنهم يشكلون حوالي 35% من اليهود الإسرائيليين[14]. وهذه المجموعة التي ظلت حتى وقت قريب تشكل أغلبية ضمن اليهود الإسرائيليين شكلت قوة معتدلة بين طرفي النقيض في المجتمع الإسرائيلي.

وعلى الجهة الأخرى من الطيف، تقف المجموعة الأخيرة من اليهود الإسرائيليين، وهم اليهود العلمانيون أو الهيلونيم، وعلى الرغم من أن معتقداتهم علمانية، فإن ممارساتهم من ناحية أخرى، تكاد تكون مشابهة لممارسات اليهود التقليديين، مع فارق واحد أنهم يحافظون على هذه الطقوس والممارسات لأسباب عائلية وقومية بدل أن تكون الأسباب دينية. والحقيقة أنه من بين 48% من اليهود الإسرائيليين الذين يوصفون بأنهم علمانيون، فإن 22% فقط يصفون أنفسهم على أنهم غير متدينين[15]. ووفقاً للاستطلاع المشار إليه سابقاً فإن 38% من اليهود العلمانيين الذين يعيشون في "إسرائيل" يلتزمون بأكل طعام الكوشر بشكل دائم (50% من مجموع الإسرائيليين لا يلتزمون بأكل طعام الكوشر)، و36% من العائلات اليهودية التي تُعرّف نفسها على أنها علمانية تضيء الشموع يوم السبت[16]. يصعب تقدير حجم اليهود العلمانيين، بسبب صعوبة التفريق بينهم وبين اليهود التقليديين، وبالتالي فإنه يتم الخلط بينهم أو يتم وضعهم في تصنيف واحد، يشكل 75-83% للتفريق بينهم وبين الحريديم والداتيم لوميم.

وتجدر الإشارة إلى أن جميع النخب السياسية والثقافية والاقتصادية في المجتمع الإسرائيلي، تنتمي إلى المجموعة العلمانية التي تنتمي في غالبيتها إلى الأشكناز[17]. يتسم بعض هؤلاء العلمانيين بالعدائية ضدّ المجموعتين الدينيتين الحريديم والداتيم لوميم؛ ويصفونهم بأنهم يشكلون خطراً على المجتمع وفي بعض الأحيان يتهمونهم بأنهم يعيشون في زمن غير الزمن الذي تعيش فيه "إسرائيل الحديثة".

وبين حزيران/ يونيو 1999، وكانون الثاني/ يناير 2000، أجرى مركز غوتمان، التابع لـ"مؤسسة ديموقراطية إسرائيل" دراسة شاملة عن السلوك اليهودي الديني في "إسرائيل"، وكيف يعرف اليهود الإسرائيليون حياتهم الخاصة. وجدت الدراسة أن

---

[14] Shlomit Levy et al., op. cit.

[15] Ibid.

[16] Poll: 40% of secular Jews keep kosher, *Yediot Achronot*, 26/5/2008.

[17] Elazar, *op. cit.*

القيم وأسلوب الحياة لدى معظم الإسرائيليين تعكس وجود جهد للحفاظ على الروابط مع التراث اليهودي من ناحية، ومن ناحية أخرى الحفاظ على أقصى درجة من حرية الاختيار. ونتيجة لهذا الخلط هناك إجماع إسرائيلي واسع ينعكس بالالتزام بالهوية والثقافة والامتداد اليهودي، ولكنهم لا يقبلون بالهالاخاه، أو التعاليم الحاخامية كمنظومة مبادئ أساسية يجتمعون تحت سقفها. واستشفت الدراسة ميلاً نحو الاستقطاب تمثل بزيادة نسبة الحريديم ونسبة الجماعات العلمانية.

2. خلفية عن الحريديم:

ربما يكون اليهود الحريديم[18]، من بين كل القوى السياسية في المجتمع الإسرائيلي، هم الأكثر غموضاً خارج "إسرائيل"، وربما يعزى هذا الأمر إلى خلفيتهم المعادية للصهيونية، وعدم ترجمة أدبياتهم إلى لغات غير العبرية مما يحول دون فهمهم. بالإضافة إلى ذلك فإن لباسهم التراثي المميز قد يكون سبباً في وجود الكثير من الأدبيات التي تركز على الأوجه الفولكلورية عند الحريديم، بدل التركيز على تفاصيل أيديولوجيتهم وكيفية تأثيرهم على السياسات الإسرائيلية[19].

منذ نجاحهم الانتخابي المفاجئ سنة 1988 وتحالفهم مع شامير والليكود، شكل الحريديم جزءاً من كل ائتلاف حكومي. كما وضعهم نجاحهم في فترات مختلفة من التسعينيات في موقف جعلهم قادرين على إملاء شروطهم على المجتمع الإسرائيلي. والحريديم هم المجتمع اليهودي الأكثر نمواً في "إسرائيل" بمعدل ولادات أكثر بثلاث مرات تقريباً من بقية اليهود. وقد شكل هذا المجتمع النامي الذي يضم حوالي 800 ألف شخص قاعدة القوة الشعبية التي يستند إليها الحريديم[20].

سوف تشرح هذه الدراسة خصائص الحريديم من خلال وضعهم في حالة تناقض مع باقي الإسرائيليين، وخصوصاً الداتيم لوميم الذين سنفرد لهم مساحة خاصة.

إن كل الحريديم هم من اليهود الأرثوذكس، وهذا يعني أنهم ليسوا من أتباع اليهودية الإصلاحية أو اليهودية المحافظة، وهما شكلان من أشكال اليهودية برزا وسادا في

---

[18] الحريدي في العبرية هو الشخص الذين يرتجف من مخافة الله، وجمعها: حريديم.

[19] Shahak and Metzvinskly, *op. cit.*

[20] Steven Erlanger, A Modern Marketplace for Israel's Ultra-Orthodox, *The New York Times*, 2/11/2007, http://www.nytimes.com/2007/11/02/world/middleeast/02orthodox.html (Accessed: 14/11/2007).

مجتمعات اليهود الأمريكان. أما الداتيم لوميم، الذين يصنفون أيضاً من ضمن اليهود الأرثوذكس، فيتبعون حركة ضمن اليهودية الأرثوذكسية تسمى بالأرثوذكسية الحديثة، أو حركة المزراحيم، التي تحاول أن تصالح اليهود المتدينين مع العالم الحديث[21].

والاختلافات بين الحريديم غير الصهاينة ومعظم اليهود الصهاينة، متدينين كانوا أم علمانيين، حول الصهيونية، هي اختلافات معقدة. فالحريديم يتوافقون مع الصهاينة حول كون العداء للسامية فكرة أبدية جامعة لكل الأمم من غير اليهود، ولكنهم يختلفون معهم حول الكثير من القضايا الأخرى. أول هذه الاختلافات هو الاختلاف حول الهدف الصهيوني الذي يسعى إلى تجميع اليهود وبناء دولة يهودية في فلسطين لأنه يتعارض مع تفسيراتهم للتلمود. فمن وجهة نظر الحريديم، فإن الصهيونية تدعو الإنسان إلى فعل ما لا يمكن فعله لغير الله والمسيح المخلص (المسيَّا Messiah أو الماشيح Mashiah بحسب العقيدة اليهودية). وذلك لأن العودة لـ"أرض إسرائيل" في التراث اليهودي لا يمكن فصلها عن خلاص شعب "إسرائيل" على يد المسيح المخلص. وبالتالي، فإن العودة إلى الأرض وإقامة دولة قبل عودة مسيح اليهود المنتظر تعدّ تحدياً لإرادة الله، ولن تسهم إلا في تأخير الخلاص الحقيقي والتجميع الحقيقي لليهود في المنافي[22]. ولا يعطي اليهود الحريديم أية صفة قدسية لـ"إسرائيل"، ولا يعدّون تأسيسها بداية للخلاص اليهودي[23]. والحقيقة أن الحريديم الذين يعيشون في "إسرائيل" لا يرون فيها سوى منفى آخر من منافي "الشتات". فعلى سبيل المثال، فإن أحزاب الحريديم، على خلاف غيرهم من الأحزاب الدينية والعلمانية، لا يبدأون احتفالاتهم أو ينهونها بالنشيد الوطني Hatikva، وبدلاً من ذلك، فإنهم يتلون بعض الصلوات اليهودية. كما أنهم يحافظون على روابط قوية مع الحريديم في "الشتات"، وبالأخص في الولايات المتحدة الأمريكية.

---

[21] مختصر لعبارة المركز الروحاني أو الديني، ويجب عدم الخلط بينه وبين الاسم المستخدم لتوصيف اليهود ذوي الأصول الشرقية.

[22] يقول أحد النصوص التلمودية المشهورة Tractate Ketubot، ص 111، إن الله قد أعطى اليهود ثلاثة عهود. اثنان منهما يتناقضان مع أسس الصهيونية، العهد الأول أن اليهود لا يجب أن يثوروا على غير اليهود؛ والثاني أنهم لا يجب أن يهاجروا بشكل جماعي إلى فلسطين قبل ظهور المسيح؛ وثالثها، أنهم لا يجب أن يلحوا بالدعاء لظهور المسيح كي لا يظهر قبل الوقت المحدد له.

[23] Stewart Reiser, *The Politics of Leverage: The National Religious Party of Israel and Its Influence on Foreign Policy* (Cambridge, MA: Harvard University Center for Middle Eastern Studies, 1984), p. 16.

وعلى المقلب الآخر، فإن العديد من القوميين الدينيين، الداتيم لوميم، يؤمنون بأن الخلاص اليهودي ليس عملاً ربانياً، بل هو واجب آني على كل يهودي على قيد الحياة. ويرون أن العهد المسيائي أو الماشيحاني (المسيحي) قد بدأ بالفعل، وأن خلاص اليهود قد بدأ مع تأسيس "دولة إسرائيل"، وسوف يكتمل مع الظهور الوشيك للمسيًّا (المسيح). وأساس هذا الخلاف بين الأيديولوجيتين الدينيتين الأساسيتين هو أساس ديني مرتكز على الخلاف حول ما إذا كان اليهود يعيشون في أوقات طبيعية كما يؤمن الداتيم لوميم[24]، أو في أوقات استثنائية مثل ما يعتقد الحريديم. ومن ناحية أخرى، فإن الحريديم يصرون على النأي بأنفسهم عن المجتمع غير اليهودي، كما ينأون بأنفسهم عن اليهود غير الملتزمين بالتعاليم الدينية بصرامة.

والهدف من الطقوس التي يقوم بها الحريديم، هو الحفاظ على الطريقة اليهودية في الحياة كما كانت في العصور القديمة[25]. وعلى عكس الحريديم، فإن الداتيم لوميم، وعلى الرغم من التزامهم الصارم بالتعاليم اليهودية، فإنهم أوجدوا طرقاً للمشاركة في المجتمع الحديث وقاموا بإيجاد مساومات مع الحداثة في "الشتات" كما في "إسرائيل"، منذ حصل الانقسام بين المجموعتين في عشرينيات هذا القرن.

ومن أوجه عدم مشاركة الحريديم في المجتمع أن معظم ذكورهم الذين ينضمون إلى المدارس الدينية المسماة يشيفوت (المفرد يشيفا)، يحصلون على فترة إعفاء من الخدمة العسكرية تمتد ثلاث سنوات، وبعد انتهاء مدة الإعفاء، فإنهم إما أن يحصلوا على إعفاء تام أو أن ينضموا مباشرة إلى الاحتياط بعد تلقيهم تدريبات لفترة قصيرة. وفي كل الأحوال فإنهم يكونون غير مؤهلين للخدمة في العسكرية في الظروف الخطيرة. كما تعفى كل نساء الحريديم من الخدمة العسكرية، على خلاف بقية الإسرائيليات اللواتي يخدمن لمدة سنتين في الجيش[26]. وعلى عكس الحريديم، فإن أتباع الداتيم لوميم يخدمون في الجيش من خلال ترتيبين يجمعان بين الدراسات التلمودية والخدمة العسكرية. ونتيجة لذلك، فإن الكثير من اليهود العلمانيين، يتذمرون من الحريديم ويتهمونهم بأنهم لا يشتركون في تحمل أعباء المجتمع مثل غيرهم من اليهود الإسرائيليين. ورداً على تلك الاتهامات، يجادل الحريديم بأن كل الانتصارات والهزائم التي حققها أو مني

[24] Shahak and Metzvinskly, *op. cit.*, p. 19.

[25] *Ibid.*, p. 17.

[26] *Ibid.*, p. 29.

بها الجيش الإسرائيلي، هي نتيجة تدخل إلهي، وأنه ليس هناك شك بأن الله ينظر إلى إعداد اليهود، ومدى تقدمهم، ومدى التزام أولئك الذين يتابعون الدراسات التوراتية. ويستشهد الحريديم بالعديد من المقاطع التوراتية والأدبيات التلمودية التي تركز على هذه النقطة.[27]

ومثل غيرهم من اليهود المتدينين، يحرم الحريديم اليهود على المرأة لعب دور سياسي أو المشاركة في الحياة العامة، مهما كان هذا الدور هامشياً، إذا كانت ستظهر فيه بمظهر المنافس للرجل. كما أن الكثير من نسائهم لا يتلقين التعليم بناء على أوامر الحاخامات[28]. أما الداتيم لوميم فإنهم لا يترددون في إشراك المرأة في الأحزاب السياسية وإسناد المناصب والسلطات لها[29]. وهناك تنافس بين المجموعتين على من يملك سلطة أوسع ويستطيع أن يمارس تأثيراً أكبر. فالأيديولوجيتان، كسبتا وخسرتا قواعد لهما في التاريخ الحديث، وذلك على ضوء المتغيرات المحلية والاجتماعية والجيو-سياسية. ومن المعروف جيداً في "إسرائيل" أن مستوى الكراهية المستحكم بين الجماعات الدينية من جهة والجماعات العلمانية من جهة أخرى، لا يصل بحال من الأحوال إلى مستوى الكراهية بين الجماعات الدينية نفسها[30]. وتتجلى هذه العدائية بوضوح عندما يقوم حاخامات من الطرفين بالتهجم على أيديولوجية الطرف الآخر.

3. بنية السلطة في الحريديم:

الحريديم منقسمون على أنفسهم داخلياً لدرجة أن علماء من أمثال إسرائيل شاحاك Israel Shahak، ونورتون ميتزفنسكلي Norton Metzvinskly يذهبون للقول بأنه لولا انقسامات الحريديم الداخلية، وخصوصاً بين الحاخامات، لكان تأثير الحريديم على المجتمع اليهودي أقوى مما هو عليه الآن بكثير[31].

ينقسم الحريديم وفقاً للطقوس الدينية التي يمارسونها إلى مجموعتين. وهذه الانقسامات الإثنية جديدة نسبياً في مجتمع الحريديم. فحتى وقت قريب كان المزراحيم

---

[27] Ibid., p. 30.

[28] Ibid., p. 155.

[29] Ibid., p. 8, 38.

[30] Ibid., p. 50.

[31] Ibid., p. 17, 53.

الحريديم جزءاً من نظام الأشكناز التعليمي؛ غير أن التمييز الذي مارسه الأشكناز بحق السفارديم، والاختلافات في ممارسة الطقوس الدينية بين فرعي اليهودية أدت إلى انفصال السفارديم سياسياً. وقد أدى هذا الأمر إلى إيجاد هوة بين المجموعتين تزداد عمقاً يوماً بعد يوم. وفي المرحلة الحالية، فإن شاس هو الحزب السياسي الوحيد الذي يمثل السفارديم الحريديم (بالإضافة إلى ادعائه بأنه الممثل الوحيد للقاعدة الأوسع لليهود المزراحيم).

أما الأشكناز فإنهم منقسمون إلى قسمين الحسيديم Hasidim، وهم منقسمون بدورهم داخلياً إلى طوائف وسلالات أو عائلات؛ والحريديم اللتوانيين Lithuanian Haredim (نسبة إلى الأصول الليتوانية لاعتقاداتهم الدينية). والفروقات بين هاتين المجموعتين هي فروقات دينية عقدية، ولكن الأحزاب التي تمثلهم أي أجودات يسرائيل، وديجيل هتوراة، غالباً ما تتحد مع بعضها في لائحة انتخابية واحدة هي التوراة اليهودية الموحدة أو United Torah Judaism من أجل أن تصل إلى عتبة الـ 2% الانتخابية.

ويتم التمييز بين الحزبين اللذين يمثلان الحريديم الأشكناز على أساس موقفهم تجاه الصراع العربي – الإسرائيلي. فيشار إلى حزب أجودات يسرائيل على أنه حزب صقور يميني، فيما يشار إلى حزب ديجيل هتوراة على أنهم حمائم. وعلى صعيد السفارديم، ينظر إلى حزب شاس الذي يتزعمه الحاخام عوفاديا يوسف، والذي دافع عن مفاوضات السلام، وفي الوقت نفسه دافع عن الاستمرار في تقوية المستعمرات، على أنه حزب وسط بين أجودات يسرائيل وحزب المفدال. وبالتالي، تثار شكوك حول حقيقة كونه حزباً غير صهيوني.[32]

إلا أن هذا التصنيف غير دقيق لأنه يفتقر إلى فهم الأيديولوجيات الأساسية للحريديم المتمركزة حول اليهودية. فوفقاً لإسرائيل شاحاك، فإن فكر الحريديم مبني على الاعتقاد بأن اليهود وغير اليهود يشكلون أقطاباً متنافرة، وأن كل اليهود الحريديم يشتركون في الاعتقاد بأن كل غير اليهود يريدون قتل وتدمير اليهود. ولكن ردة فعلهم حول هذا الموضوع هي التي تختلف بين حريديم وآخر. فحسب حزب ديجيل هتوراة، الذي يقوده الحاخام شاخ Shach، فإنه لما كان التواصل مع غير اليهود من المستحيلات، فإن

---

[32] Aaron Willis, "Redefining Religious Zionism: Shas' Ethno-Politics," *Israel Studies Bulletin*, vol. 8, no. 1, Fall 1992.

الطريقة الأمثل هي عدم استفزازهم من خلال عدم تذكيرهم بوجود اليهود. ومن ناحية أخرى، يرى حاخام اللوبافيتشر The Lubavitcher Rebbe (إحدى طوائف اليهود)، مناحيم شنيرسن Rebbe Menachem Schneerson، بأنه يجب على اليهود أن يكونوا أقوياء حتى لا يدمرهم غير اليهود.

أما الحاخام عوفاديا يوسف، رئيس حزب شاس، فإنه يتبنى موقفاً بين هذين الموقفين، إذ يجهر بأن اليهود عندما يكونون أقوياء بما فيه الكفاية، يصبح طرد غير اليهود من البلاد وتدمير كنائس النصارى واجباً دينياً عليهم. وقد كتب الحاخام يوسف مقالاً سنة 1989 نشر في جريدة حريدي Haredi newspaper، رأى فيه أنه لما كانت "إسرائيل" أضعف من أن تدمر كل الكنائس (التي يرى فيها معاقل للكفر) في الأرض المقدسة، فإنها أيضاً أضعف من أن تحتفظ بكل الأراضي التي قامت باجتياحها. وبناء على ذلك دافع يوسف عن قيام "إسرائيل" بتقديم تنازلات فيما يتعلق بالأرض من أجل أن تتجنب الحرب التي يمكن أن تزهق أرواحاً يهودية. وهذا الكلام يوضح بأن الفروق بين الصقور والحمائم ليست كبيرة كما يتصور، بل هي فروقات تكتيكية أكثر منها أيديولوجية[33].

وقد حمل الإعلام الغربي كلام الحاخام يوسف، سنة 1989، الداعي إلى الانسحاب من الأراضي التي احتلت سنة 1967، والذي حظي بدعم الحاخام شاخ، على أنه إشارة إيجابية إلى الاستعداد للسلام. ولكن إذا وضع كلام يوسف في إطاره الأيديولوجي يتبين أن مثل هذه المواقف تشكل جزءاً من جوهر سياسة الصقور الإسرائيلية. فيوسف المعروف بخطابه الهجومي الحاد، ولعناته التي يصبها على القادة السياسيين الذين يكن لهم الكراهية والعداء، يؤيد بالتأكيد احتلالاً دائماً للأراضي لو أنه كان مقتنعاً بأن ذلك لن يستفز العرب، ويدفعهم لإيذاء الإسرائيليين أو لو كان هذا الأمر لن يؤدي إلى إزهاق أرواح يهودية.

أما فيما يتعلق ببنية السلطة في الأحزاب الدينية الثلاثة، فإنه ليس لدى أي منها عملية ديموقراطية داخلية، كما هي الحال عند الأحزاب الأخرى. فرؤساء الأحزاب الدينية خاضعون للقيادات الدينية في جماعات الحريديم. فعلى سبيل المثال يتلقى حزب أجودات يسرائيل إرشادات من حاخامات اليهود الحسيديم Hasidic rebbe، المتحدرون من مدن

[33] Shahak and Metzvinskly, *op. cit.*, p. 15.

في أوروبا الشرقية مثل الجر Ger، والفيزنيتس Vizhnitz، والساديجورا Sadigura، الذين يمتلكون تأثيراً كبيراً على الحياة اليومية لأتباعهم من الحسيديم. كما أن لحاخام يهود "البلز" Belz Rebbe، وهو شخصية دينية وسياسية مشهورة، دور كبير في عملية صناعة القرار داخل حزب أجودات يسرائيل، وذلك على الرغم من أن السياسات الداخلية المتبعة أدت إلى فشل يهود البلز في إيصال أي من مرشحيهم على لائحة التوراة اليهودية الموحدة إلى الكنيست في انتخابات سنة 2006.

ويترأس حزب ديجيل هتوراة الحاخامان يوسف شالوم إيلياشيف Yosef Shalom Eliashiv وأهارون شتاينمان Aharon Shteinman. ويتم تحديد سياسات الحزب أيضاً عبر مجلس حكماء التوراة، وهو مجلس مكون من حاخامات من ذوي الخبرة، ومعظمهم من قيادات المدارس الدينية الكبار السن، والمتعمقين في التلمود ممن كرسوا أنفسهم لخدمة الشريعة اليهودية تحدوهم معرفتهم وتطبيقهم لمبادئ الشريعة اليهودية الكلاسيكية Shulkhan Arukh.

وكما في حزب ديجيل هتوراة، فإن لحزب شاس مجلسه الخاص من حكماء التوراة؛ ولكن من الناحية العملية فإن الحاخام عوفاديا يوسف يسيطر بشكل كامل على أعضاء الكنيست عن حزب شاس. وقد كان رفض الحكومة الإسرائيلية تمديد ولاية الحاخام يوسف كحاخام أكبر للسفارديم السبب الأساسي لتأسيس حزب شاس. ويمكن أن يعزى التأثير الواسع لحزب شاس في أوساط المزراحيم وغياب التمثيل العلماني للمزراحيم إلى كون أغلبية يهود المزراحيم ظلوا من التقليديين، واستمروا على إيمانهم القوي بخوارق الحاخامات والقديسين. وعلى الرغم من استعدادهم الدائم لانتقاد السياسيين، فإن المزراحيم قليلاً ما ينتقدون الحاخامات علناً. كما أن معظم السياسيين الذين ينتمون إلى المزراحيم، بمن فيهم الفهود السود The Black Panthers الذين ظهروا في السبعينيات ينحنون لتقبيل أيدي الحاخامات في العلن[34].

وهناك نقطة تجدر الإشارة إليها وهي أن معظم الحريديم الحسيديم متأثرون بشكل كبير بتعاليم القابالاه Cabbalah التي تركز على الفروق الكونية بين اليهود وغير اليهود، بدرجة أكبر من الشريعة اليهودية نفسها. إذ يقول أحد مبادئ القابالاه بأن أرواح غير اليهود هي أرواح شريرة وأنها تجسيد للشيطان. إضافة إلى ذلك، فإن تعاليم القابالاه

[34] Shahak and Metzvinskly, *op. cit.*, p. 48.

تقول إن الأرواح الشيطانية لغير اليهود لا يمكن أن تتحول لأرواح ربانية أو أرواح مقدسة بمجرد الإقناع[35]. وينقل عن الحاخام الراحل مناحيم مندل شنيرسون، الذي ترأس حركة الشاباد Chabad، وكان له تأثير كبير على اليهود المتدينين في "إسرائيل" والولايات المتحدة، أنه قال في أحد التسجيلات المنشورة سنة 1965 بأن الشريعة اليهودية تفرق بين أجساد اليهود وغير اليهود، وتفرق بشكل أكبر بين أرواحهم[36]. فهناك نوعان متضاربان من الأرواح، الروح غير اليهودية الآتية من فضاء شيطاني، والروح اليهودية النابعة من القداسة. وذكر أيضاً أن هناك فرقاً كبيراً بين اليهود وغير اليهود. فاليهودي لم يخلق لغاية ما، بل هو غاية بحد ذاته، خاصة وأن كل العطايا الإلهية المقدسة قد خلقت لخدمة اليهود. ونقل أيضاً عن الحاخام جينسبرج Ginsburgh، أحد مرجعيات الطائفة التابعة للحاخام شنيرسون، أنه قال: "هناك شيء أكثر قداسة وفرادة فيما يتعلق بالحياة اليهودية، منه في الحياة غير اليهودية"[37].

4. تأثير الحريديم:

بدأ تأثير الحريديم على "دولة إسرائيل" منذ تأسيسها، وذلك حينما توصل بن جوريون عشية إعلان الدولة إلى اتفاق يقضي بالحفاظ على الوضع القائم فيما يتعلق بأحكام الشريعة اليهودية، مما يعني بقاء قضايا الأحوال الشخصية من زواج وطلاق وغيرها، تحت إشراف كبار الحاخامات الأرثوذكس الأساسيين. وفي سنة 1953 أصدر الكنيست قانوناً أخضع فيه كل يهود "إسرائيل" للأحكام الصادرة عن المحكمة الروحية اليهودية، فيما يتعلق بالأحوال الشخصية؛ فيما بقيت المجالس والمحاكم الشرعية والروحية الإسلامية والمسيحية مسؤولة عن الأحوال الشخصية للمسلمين والنصارى وفقاً لأحكام كل ديانة.

واضطرت الدولة الناشئة، تحت الضغط الذي مارسه الحريديم لأن تضع سلسلة من القوانين التي تراعي تطبيق أحكام الشريعة اليهودية، حيث أصبح السبت اليهودي عطلة رسمية تقفل فيه الدوائر العامة والمحال التجارية، وتتوقف فيه خدمات النقل العام. كما اقتضت القوانين أن يقدم طعام الكوشر في كل المؤسسات الحكومية، بما فيها الجيش.

[35] *Ibid.*, p. 62.
[36] *Ibid.*, p. 60.
[37] *Ibid.*, p. 62.

وتمّ تأسيس وزارة أديان تضم دوائر لشؤون اليهود والمسلمين والنصارى، وتشرف هذه الوزارة على أماكن العبادة. وقد تمّ تكليف دائرة اليهود، وهي الأكبر، ببناء الكنس والمحاكم والمدارس الدينية. وكلفت أيضاً بتوفير الخدمات الدينية للمهاجرين الجدد، والإشراف على مراعاة القوانين الخاصة بالطعام اليهودي أو الكوشر[38].

وبالنسبة للكثير من المراقبين، قد يبدو موقف الحريديم من "دولة إسرائيل" متناقضاً. ففي الوقت الذي يمتنع فيه الحريديم عن أداء الخدمة العسكرية، ويهاجمون الصهيونية علناً؛ فقد وضعت كل طائفة من الحريديم، بعد إنشاء "دولة إسرائيل" بحكم الأمر الواقع، ميثاقها الخاص حول كيفية التعامل مع هذه الدولة. ففي حين اختارت بعض جماعات الحريديم معاداة الصهيونية ومعارضة الدولة علناً، مثل جماعة الستمار الشاسيديين Stamar Chasidic والإيداه حاشاريديس Edah Hacharedis وحركة ناطوري كارتا Naturei Karta؛ اختارت جماعات أخرى مثل الحريديم اللتوانيين، ومعظم طوائف الشاسيديين، مثل الجر والبلز والفيزنيتس والشاباد اللوبافيتشر، تبني مقاربة أكثر براجماتية في التعامل مع "إسرائيل". وأسست جماعات الجر والبلز والفيزنيتس معاً حزب أجودات يسرائيل الذي تبنى بشكل أساسي موقفاً معادياً للصهيونية، ولكنه تخلى عنه فيما بعد ليتبنى موقفاً أكثر براجماتية، بالإعلان عن أنه حزب غير صهيوني ولكنه يقبل بـ"إسرائيل" كملاذ لليهود الناجين من أوروبا. ومثلهم، تبنى الشاباد اللوبافيتشر بداية موقفاً معادياً للصهيونية، ولكنهم عادوا وتبنوا موقف عدم الانتماء للصهيونية، مع دعم جهود "دولة إسرائيل" في حماية المجتمع اليهودي الذي يعيش فيها. وغالباً ما ينضم اليهود الحريديم إلى الحكومة بذريعة تأكيد الحفاظ على الطبيعة اليهودية للدولة، ولحماية حقوقهم أكثر من رغبتهم الصادقة في الإسهام في الأيديولوجية الصهيونية. وربما يكون هذا هو السبب الذي يقف وراء تحريم الحريديم الأشكناز على أتباعهم أن يصبحوا وزراء في أي حكومة، والسماح لسياسيي الحريديم بأن يتولوا فقط منصب نائب وزير، حتى ولو كانوا يقومون بكل وظائف الوزير.

وعلى الرغم من أن غالبية اليهود الإسرائيليين يرون أن الحريديم وقياداتهم متطرفين، إلا أن تأثير الحريديم ازداد بشكل ملحوظ في السنوات الأخيرة؛ حيث

---

[38] Anti Defamation League (ADL) website, *The Conversion Crisis: The Current Debate on Religion, State and Conversion in Israel.*

لعبوا دور الشريك الأساسي في الائتلافات الحكومية مع الأحزاب التي كلفت بتشكيل الحكومة. ولأنه ليس لديهم أي اهتمامات سياسية في الحكومة، فإنهم يكونون مرنين جداً في مفاوضات الائتلاف مما يجعلهم شركاء سياسيين مريحين. وينفرد حزبا شاس ويهودات هتوراة Yahadut haTorah من بين أحزاب الحريديم بالإصرار على تطبيق أجندتهما الاجتماعية والخيرية بتمويل حكومي كشرط للانضمام إلى أي ائتلاف حكومي. والمعروف أن زيادة تأثير الحريديم نابعة من كون الأحزاب الأساسية مثل الليكود والعمل تحتاج إلى أحزاب الحريديم التي تؤلف مجتمعة معاً ثالث أكبر كتلة في الكنيست بعد الليكود والعمل. وبالتالي، فإنهم يوفرون لهم الامتيازات التي يطلبونها، ومن ذلك تمويل برامجهم التربوية، ويمررون التشريعات التي تدعم مطالبهم. ولكن بعض الباحثين يرون أن هذا التفسير غير كافٍ لأنه يستند إلى الواقعية السياسية فقط، ولا يأخذ بعين الاعتبار خصوصيات كل الأحزاب الدينية والأحزاب العلمانية اليمينية.

وتعزى أيضاً زيادة نفوذ الحريديم منذ التسعينيات إلى الاهتمام الكبير الذي يولونه للتعليم الديني للأطفال. ففي النظام التعليمي الإسرائيلي يتلقى تلامذة مدارس الحريديم الدينية الدراسات التلمودية فقط، ولا يتلقون أي شيء من التربية العلمانية. وبحسب تقدير نشر في جريدة الجيروزاليم بوست في 2007/9/25، فهناك طفل من بين كل أربعة أطفال (نحو 25%) في "إسرائيل" لا يتلقى أي تعليم علماني[39].

واستطاع الحريديم أن يكتسبوا نفوذاً مباشراً على عدد كبير من شبكات المدارس، فيما يؤثرون بشكل غير مباشر على مدارس أخرى. وبالتالي، فقد نجحوا في توسيع مدى تأثيرهم ليشمل قطاعاً متزايداً من الأجيال الناشئة في "إسرائيل" حتى في المدارس غير التابعة لهم بشكل مباشر[40]. وقد أدت محاولاتهم لإعادة أحياء التعليم الديني اليهودي التقليدي التي مولتها الحكومة بكرم، خصوصاً في المدن والمناطق الفقيرة، إلى إيجاد جيل جديد من المتدينين الذين يتبنون نظرة مجتمعاتهم تجاه "إسرائيل".

كما أسس الحريديم العديد من الشبكات الاجتماعية ووفروا العديد من المحفزات لها، مثل توفير الوجبات للناس في الأحياء والمناطق الفقيرة. فعلى سبيل المثال ينفق

---

[39] Isi Leibler, Retreat From Reason, *The Jerusalem Post*, 25/9/2007, http://www.jpost.com/servlet/Satellite?cid=1189411476484&pagename=JPost%2FJPArticle%2FShowFull (Accessesd: 28/12/2007).

[40] Shahak and Metzvinskly, *op. cit.*, p. 24.

حزب شاس معظم ميزانيته في بناء شبكة مؤسساته، وفي تدريب معظم أعضائه ممن يرى فيهم القدرة على تمكين الحزب من توسيع سلطته وتأثيره على العامة. حيث يشجع الراشدون الذين تتراوح أعمارهم بين الأربعين والخمسين عاماً على ترك وظائفهم، وإقفال مصالحهم أو أعمالهم الخاصة، من أجل الانضمام لهذه المؤسسات وتلقي الدراسات الدينية مع ضمان الإنفاق عليهم. وعلى الرغم من ضآلة المكافآت التي يحصلون عليها، وهي في الأصل عبارة عن مخصصات للذين يتابعون الدراسات الدينية، إلا أن عدداً كبيراً من هؤلاء المتفرغين فضلوا حياة الدراسة على الاستمرار بمتابعة تجارتهم ومصالحهم المتداعية. ولم يقتصر تجنيد هؤلاء على الدراسة، بل طلب منهم أيضاً الانخراط في الأنشطة السياسية لصالح حزب شاس. وقد أسس هؤلاء الكادر السياسي في الحزب الذي ما زال حتى الآن أداة توسيع القاعدة الانتخابية لحزب شاس في ظلّ ظروف مفهومة ومقنعة[41].

ويستفيد الحريديم بشكل كبير من المساعدات المالية الحكومية، ويعملون جاهدين على استمرار تدفقها. فتركز أحزاب الحريديم الأشكناز بشكل أساسي على الحصول على الدعم الحكومي لمجتمعاتها. وعلى سبيل المثال، دعمَ كل من بيريز وشامير بين سنتي 1988-1990 مطالب أحزاب الحريديم المتعلقة بالدعم المالي، وسمي هذا الدعم بالهبات المالية الخاصة. وقد تمّ جمع هذه الهبات من خلال مؤسسات طوعية تمّ تشكيلها لتبقى تحت إمرة أعضاء الكنيست من الحريديم أو أصدقائهم. واقتطعت وزارة المالية هذه الهبات من موازنة الحكومة. وكان تقديم هذه الهبات يغطى بأسباب فضفاضة وضبابية، ولا يمارس أي نوع من الرقابة على إنفاقها. ولم يتوقف تدفق الهبات إلا بعد أن استشرى الفساد في عملية إنفاقها بشكل غير مسبوق.

وبما أن الأيديولوجية السياسية للحريديم تفترض بأن على الدولة اليهودية أن تنظم الحياة العامة وفق أحكام الشريعة اليهودية؛ فإن هذه الأحزاب تركز على تعزيز التطبيق الصارم لفهمها لتعاليم اليهودية. ويظهر ذلك من خلال التشديد على الالتزام بعطلة السبت وفي الجوانب المتعلقة باعتناق اليهودية، حيث وضعوا تعريفهم الخاص لليهودي؛ وفي قضايا أخرى مثل الزواج والطلاق، والأطعمة، وحرث الأرض، وتشريح الجثث، من قبل علماء الآثار.

---

[41] *Ibid.*, p. 51.

وعادة ما تأتي القضايا ذات الطبيعة السياسية والاقتصادية في المرتبة الثانية من حيث الأولوية على لائحة اهتمامات الحريديم[42]. ولكن حتى القضايا الاقتصادية والسياسية ينظر إليها من منظور ديني صرف يرتبط بالمفاهيم اليهودية، مثل مفهوم حماية أرواح اليهود.

وقد نجح الحريديم في تمرير سلسلة من القوانين والأنظمة الإدارية التي أتت بما تشتهيه رياحهم؛ ففي سنة 1951 أصدر الكنيست قانوناً جعل عطلة السبت إلزامية لجميع اليهود. وفي سنة 1953 صدر قانون آخر أسند قضايا الأحوال الشخصية من زواج وطلاق بشكل حصري للمحاكم الدينية. وفي سنة 1962 منع قانون آخر تربية الخنازير في "إسرائيل" مستثنياً المناطق التي يعيش فيها المسيحيون[43].

كما أنهم ركزوا بشكل كبير على الرموز اليهودية في "دولة إسرائيل"، وقد دعمهم بذلك الكثير من يهود "إسرائيل". وفي بعض الأوقات يبدو الحريديم وكأنهم يثيرون القضايا الدينية عندما يكون الائتلاف الحكومي الذي يشاركون فيه في خطر، وفي أحيان أخرى فإنهم يثيرون هذه القضايا في إطار المنافسة التي تحتدم بين جميع الأحزاب والجماعات الدينية[44].

ومن أبرز الأمثلة على أهمية الرموز الدينية بالنسبة للحريديم وقدرتهم على استخدام سلطتهم السياسية، قضية وزيرة التعليم شولاميت ألوني Shulamit Aloni من حزب ميرتس، التي تمّ التقاط صور لها تأكل طعاماً غير الكوشر في مطعم عربي في الناصرة سنة 1992. فهذا الحدث الذي قد يبدو غير ذي بال، تحول إلى قضية انتهاك للرموز الدينية ولطهارة طقوس الطعام. ونتج عن ذلك احتجاجات من قبل كل الأحزاب الدينية لما وصفوه بأنه "احتقار لليهودية"؛ فيما دعم أعضاء الكنيست المتدينون عن حزب العمل مطالب الأحزاب الدينية وأرغموا رئيس الوزراء الإسرائيلي حين ذاك، إسحاق رابين، على دعم اتهاماتهم لألوني. وقد هدد شاس أيضاً بفرط الائتلاف مع رابين مجبراً رابين على عقد أربعة اجتماعات مختلفة مع قادة حزب ميرتس لإيصال شكواهم حول تصرفات ألوني. وأجبر رابين ألوني على الاعتذار بشكل علني عما قامت به في رسالة مفتوحة إلى الحاخام عوفاديا يوسف.

---

[42] Arian, *Politics in Israel*, p. 348.

[43] *Ibid.*, p. 358.

[44] *Ibid.*, p. 318.

وغالباً ما يعزى خضوع الأحزاب السياسية الكبيرة لمطالب الأحزاب الدينية إلى أسباب سياسية، فعلى الرغم من الخلفية العلمانية لبيريز ونتنياهو، فإن كلاهما يرى في الحاخام عوفاديا يوسف شخصية سياسية مهمة، وكثيراً ما يمتدحونه علناً. وفي قضية ألوني، برر مؤيدو حزب العمل التنازلات التي قام بها الحزب، على اعتبار أنها كانت ضرورية لتأمين دعم حزب شاس للعملية السلمية[45].

والمثال السابق يدلل على أن الأحزاب الكبرى تترك موضوع الرموز الدينية الهامشي للحريديم مقابل الحصول على دعمهم في قضايا أكبر، ولكنه يقف أيضاً شاهداً على قدرتهم على تحريك قوتهم وسلطتهم بشكل فعال.

ولكن ما سبق لا يعني أن الحريديم يختارون دائماً الانضمام إلى الحكومة من أجل توصيل من يقدم لهم الدعم المادي الذي يطلبونه، بل يكون انضمامهم أحياناً مبنياً على أسس أيديولوجية. ففي منتصف السبعينيات توصل حاخام اللوبافيتشر إلى قناعة مفادها أن حزب العمل، حزب معتدل زيادة عن اللزوم، وبالتالي، فإنه نقل دعمه أحياناً لليكود، وفي أحيان أخرى لحزب ديني. وقد كان أريل شارون هو القائد السياسي المفضل عنده. ومنذ حزيران/ يونيو 1967، وحتى وفاته، ظلّ حاخام اللوبافيتشر يدعم الحروب الإسرائيلية ويعارض أي انسحاب. وفي سنة 1974 عارض الحاخام الانسحاب الإسرائيلي من منطقة السويس التي احتلت في حرب أكتوبر سنة 1973، واعداً "إسرائيل" بمكافأة إلهية إذا استمرت باحتلالها لهذه الأرض. وبعد وفاته لعب الآلاف من أتباعه الذين استمروا على مبادئه، دوراً كبيراً في انتصار نتنياهو الانتخابي، وذلك من خلال التظاهر في العديد من مفترقات الطرق قبل يوم الانتخابات مطلقين شعارات مثل "نتنياهو شخص جيد لليهود". وعلى الرغم من انتقادهم الشديد لنتنياهو لالتقائه بعرفات، وتوقيعه على اتفاقية الخليل، وموافقته على انسحاب ثانٍ، فإن أتباع حاخام اللوبافيتشر ظلوا يؤيدون حكومة نتنياهو بشكل عام[46].

ومن ناحية أخرى، فإن للحريديم تأثيراً اقتصادياً أيضاً، إذ يقول الاقتصادي مومي داهان Momi Dahan، من مدرسة السياسة العامة في الجامعة العبرية، بأن ما يقارب 60% من رجال الحريديم لا يعملون في وظائف معتادة، بل يفضلون التفرغ

[45] Shahak and Metzvinskly, *op. cit.*, pp. 34-37.

[46] *Ibid.*, p. 61.

للدراسات الدينية. بالإضافة إلى ذلك، فإن معظم عائلات الحريديم هي الأكبر ضمن اليهود الإسرائيليين، حيث تتكون في معظم الأحيان من 6-7 أطفال، ونتيجة لذلك فإن 50% من الحريديم يعيشون تحت خطّ الفقر ويتلقون مساعدات حكومية (معظم الأطفال يستفيدون من امتيازات البطالة)، مقارنة بـ 15% من بقية الإسرائيليين على أبعد تقدير[47]. وتعد هذه المخصصات الحكومية التي يحصل عليها الحريديم من القضايا الكبرى المثيرة للجدل في الاقتصاد الإسرائيلي الذي يتحول بشكل تدريجي من اقتصاد اشتراكي إلى اقتصاد ليبرالي رأسمالي، ولكنه مع ذلك يبقى عاجزاً عن وقف هذه المساعدات لأسباب سياسية.

فعلى سبيل المثال، بعد نجاح نتنياهو في الانتخابات العامة التي دعمه فيها الحريديم بشكل كبير، فإن محاولاته إجراء إصلاحات اقتصادية على طريقة اقتصاد السوق الأمريكي أعاقها بشكل كبير التزامه الاستمرار بدعم مؤسسات مجتمع الحريديم. كما أن محاولاته موازنة حاجات ناخبيه مع رؤيته الإصلاحية وأزمة الموازنة سنة 1999، أدت إلى دعوته لإجراء انتخابات مبكرة.

وفي سنة 2007 وافق رئيس الحكومة الإسرائيلي السابق إيهود أولمرت على تزويد قطاع مدارس الحريديم بتمويل يوازي التمويل المخصص لنظام المدارس الرسمية، دون أن تكون هناك التزامات من الحريديم بإدماج برامج التعليم العلماني في برامج التعليم الديني كما يطالب العلمانيون[48]. وغني عن القول بأن هذا التمويل الذي كان يهدف إلى ضمان دعم الحريديم، كانت له تداعيات خطيرة على الميزانية.

وقد سمح تعاظم نفوذ الحريديم الانتخابي بتعزيز أجندتهم، حيث إنهم استخدموا اتفاقات الائتلاف لبلورة مطالب تخدم مصالحهم، ولتقوية مواقعهم اقتصادياً وسياسياً. فحزب أجودات يسرائيل، طالب في إحدى المرات، حكومة بنيامين نتنياهو بأن لا تقدم تنازلات للفلسطينيين بالانسحاب من الأراضي. وقد هدد حزب شاس بالانسحاب من الائتلاف الحكومي؛ إذا قام أولمرت بمناقشة وضع القدس في محادثات السلام. كما قدم أعضاء الكنيست من الحريديم مشروع قانون لقمع الإرساليات المسيحية، وشكلوا لوبي في مواجهة المحكمة العليا، لكونها لا تحكم وفق تعاليم الشريعة اليهودية.

[47] Erlanger, A Modern Marketplace for Israel's Ultra-Orthodox.

[48] Leibler, *op. cit.*

وللحريديم أيضاً تأثيرهم على السياسة العامة، من خلال إعفائهم من الخدمة العسكرية. وعلى الرغم أن هذا الأمر ما زال من القضايا الهامشية في مؤسسات الدولة، فإن زيادة الحريديم بالمقارنة مع بقية تعداد السكان اليهود في "إسرائيل" يزيد من أهميتهم، وهذا ما يبدو واضحاً من خلال زيادة التطرق إليه في الإعلام والحياة العامة. فالحريديم يشكلون حالياً ما يزيد عن 10% من عدد المؤهلين للخدمة العسكرية، ولكن في سنة 2019 سوف يقدر بأنهم سوف يشكلون ما نسبته 25% من هذه الفئة[49]. وهذا يعني أن الخدمة العسكرية الإسرائيلية سوف تخسر حوالي 25% من مجنديها المتوقعين.

وأخيراً فإن تأثير الحريديم على صناعة القرار الإسرائيلي غالباً ما يكون بشكل غير مباشر من خلال القضايا الدينية. وعلى الرغم من أن اليهود العلمانيين هم الذين يتصدون للسياسة الخارجية، فإن السياسة الخارجية الإسرائيلية قد أظهرت حتى يومنا هذا جوهراً مبنياً بشكل جزئي على التاريخ الديني اليهودي. فعلى سبيل المثال، خلال حرب سنة 1967، حظي القادة الحكوميون الإسرائيليون بدعم الإسرائيليين الكامل، حين كانوا يرون بأن العرب غير قادرين على إيذاء الإسرائيليين؛ وبالتالي، فإنهم رفضوا تقديم التنازلات. وهذا كان بالضبط موقف الحريديم الأشكناز[50]. وفقط حين تفاقمت خسارة اليهود في الأرواح سنة 1973، ومخاوفهم من شنّ حروب أخرى، وافقت الحكومة الإسرائيلية في ذلك الحين، بدعم كامل من اليهود الإسرائيليين على إعادة صحراء سيناء. وتكرر الأمر نفسه في لبنان، عندما خاض الجيش الإسرائيلي حرب عصابات مع المقاومة اللبنانية سنتي 1984 و1985، تسببت في خسائر متكررة في صفوف الإسرائيليين. ويبدو أن الحركة الصهيونية التي خضعت لعملية هيمنة جزئية، قد احتفظت بالكثير من المبادئ الدينية اليهودية الأساسية، وأن الحاخام عوفاديا يوسف، وديفيد بن جوريون، وأريل شارون وجميع القادة الإسرائيليين يشتركون في الأرضية نفسها حينما يتعلق الأمر بعملية صناعة القرار[51].

---

[49] Tim Franks, Israel's Other Demographic Challenge, British Broadcasting Corporation (BBC), 3/9/2007, http://news.bbc.co.uk/2/hi/middle_east/6970195.stm (Accessed: 24/12/2007).

[50] Encyclopaedia Britannica online, Fundamentalism.

[51] Shahak and Metzvinskly, *op. cit.*, p. 22.

ثانياً: تأثير الحركة الدينية القومية والجوش أمونيم:

1. خلفية عن الداتيم لوميم والحزب القومي الديني (المفدال) والجوش أمونيم:

تشكل مجموعة الداتيم لوميم أكبر جماعات المصالح السياسية في "إسرائيل"[52]. ومن أهم أشكال تمظهرها السياسي حزب المفدال والجوش أمونيم[53]. وحركة الداتيم لوميم حركة قديمة قدم الصهيونية العلمانية. فقد أذكى انبثاق الحركة الصهيونية حماساً كبيراً في صفوف الكثير من اليهود الأرثوذكس الذين شاركوا في المؤتمر الصهيوني الأول سنة 1897؛ وهو المؤتمر الذي أطلق الصهيونية كحركة سياسية. ومع المؤتمر الصهيوني الخامس سنة 1901، الذي شهد تأسيس المنظمة الصهيونية العالمية World Zionist Organization (WZO)، أصبح التمحور العلماني للصهيونية أكثر وضوحاً لليهود الأرثوذكس الذين انقسمت ردة فعلهم إلى طريقتين شديدتي التباين. ففي حين أن مجموعة صغيرة من اليهود الأرثوذكس تركت المنظمة الصهيونية العالمية، فإن مجموعة أخرى أسست تنظيماً سياسياً ضمن المنظمة سمي بالمركز الروحاني Merkaz Ruhani، الذي يشار إليه عادة بحركة المزراحي[54]. وفي سنة 1911، انفصلت مجموعة من المزراحيم وانضمت إلى اليهود الأرثوذكس، الذين تركوا المنظمة مبكراً ليشكلوا مجتمعين حزب أجودات يسرائيل، الذي كان يحمل أيديولوجية شديدة العداوة للصهيونية[55]. ولكن حركة المزراحيم في ذلك الوقت كانت تُحرِّكها مقاربة براجماتية صرفة، إذ كانت مهتمة بشكل أكبر بإنقاذ الجسد اليهودي بدل إنقاذ الروح اليهوية عن طريق الخلاص. وأكثر ما يتجلى ذلك في دعم المزراحيم للاقتراح البريطاني بجعل أوغندا مقراً لمستعمرة يهودية سنة 1903. وفي العشرينيات من القرن الماضي، انضمت حركة المزراحيم إلى التجمع الصهيوني العام، ضمن الحركة الصهيونية، المعروف بالإزراحيم Ezrahim.

---

[52] الداتي لومي: هي المرادف العبري لـ"القومي الديني"، وجمعها الداتيم لوميم.

[53] تعني الجوش أمونيم Gush Emunim بالعبرية تكتل المؤمنين.

[54] المزراحي هي اختصار لعبارة المركز الروحي Merkaz Ruhani ويجب عدم الخلط بينها وبين مصطلح اليهود الشرقيين.

[55] Reiser, *op. cit.*, pp. 8-9.

ولكن هذا الموقف الأيديولوجي تغير بسبب جهود الحاخام أبراهام إسحاق كوك Abraham Isaac Kook الذي كان يُعرف بالحاخام كوك الأكبر؛ وكان كوك أول كبير حاخامات أشكنازي في فلسطين. ووفقاً لشلومو أفنيري Shlomo Avineri، فإن كوك كان أول شخصية أرثوذكسية يهودية تقوم بمحاولة ممنهجة لإدخال مفهوم مركزية "أرض إسرائيل" في التراث الديني اليهودي؛ وذلك من خلال إعادة تعريف وشرح النشاط السياسي الصهيوني [56]. ونتيجة لجهوده في إدماج الأرثوذكس في القومية اليهودية الحديثة في العشرينيات من القرن الماضي، يُعدّ كوك مؤسس الصهيونية الدينية المعروفة بالداتي لومي، أي القومية الدينية. هذه الأيديولوجية التي أوجدها شكلت بالطبع تغييراً في مسار حركة المزراحي من الصهيونية البراجماتية إلى الصهيونية المسيحية، حيث أصبحت الصهيونية جزءاً من عقيدة الخلاص المسيّائي أو الماشيحاني (المسيحي) التدريجي لـ"الشعب اليهودي". وتطورت أيديولوجية الداتي لومي أكثر من ذلك فيما بعد على يد ابن الحاخام كوك وخليفته الحاخام تسيفي يهودا كوك Tzvi Yehuda Kook، المعروف بالحاخام كوك الأصغر [57].

غيّر نجاح الحاخام كوك الأكبر في جعل الدين جزءاً من القومية في الفترة ما بين 1920 و1948 من موقف حركة المزراحيم، فتحولت من صهيونية براجماتية إلى صهيونية مسيحية، وبالتالي، تغيرت مواقف الحركة من الموقف البراجماتي الذي كان يقبل بخيار أوغندا، إلى موقف آخر يدافع عن سيادة إسرائيلية كاملة على "أرض إسرائيل".

بعد تأسيس الدولة، استمر الداتيم لوميم [58] بلعب دور في الحركة الصهيونية وكانت لهم إسهامات كبيرة في بناء "دولة إسرائيل" من الناحيتين العسكرية والاجتماعية؛ يشهد على ذلك مشاركة الأحزاب الدينية الصهيونية في كل الحكومات الإسرائيلية بين سنتي 1948-1992. بالإضافة إلى ذلك، فقد أصبحوا شركاء كاملين في المشروع الصهيوني متسببين بتهميش الحريديم غير الصهاينة [59].

---

[56] Ibid., pp. 11-13.

[57] Shahak and Metzvinskly, op. cit., p. 55.

[58] في كثير من الأحيان، يشار أيضاً إلى الداتيم لوميم باسم كيبوت سروجوت Kippot Srugot أو القبعات المحبوكة في مواجهة كيبوت شخوروت Kippot Shkhorot أو القبعات السوداء التي يرتديها الحريديم.

[59] Leibler, op. cit.

وقد شكلت حركتا المزراحيم اللتان سبق تأسيسهما قيام "دولة إسرائيل" حزبين مختلفين هما المزراحي Mizrachi Movement وهبوعيل همزراحي HaPo'el HaMizrachi. وهذان الحزبان اتحدا بعد سنة 1955 ليشكلا الحزب الذي يمثلهما حالياً وهو الحزب القومي الديني أو حزب المفدال[60]، الذي أصبح شريكاً ائتلافياً دائماً لحزب ماباي المسيطر، وسلفه حزب العمل الحالي في الفترة ما بين 1948 و1977. وخلال تلك الفترة التي سميت بالميثاق التاريخي، فإن المزراحي وبعده المفدال، تبنيا سياسة خارجية براجماتية تنازلا فيها عن شؤون الأمن القومي والعلاقات الخارجية والسياسات الاقتصادية لحزب الماباي، والعمل من بعده، مقابل تنازل الماباي والعمل عن الشؤون الدينية[61].

ولكن هذه العودة إلى البراجماتية لم تعمر طويلاً. فبعد ما كان يسمى بـ"معجزة" الأيام الستة في سنة 1967، واحتلال ما تبقى من أرض فلسطين التاريخية، فإن مفاهيم أيديولوجية الصهيونية المسيحية، قويت أكثر داخل حزب المفدال، وما رآه العديد من الصهاينة على أنه نصر غير متوقع، أحيا البعد المسيّائي أو الماشيحاني (المسيحي) النائم عند الداتيم لوميم، الذين رأوا في هذا النصر، إشارة أخرى إلى أن الخلاص اليهودي في طريقه إليهم بالفعل[62]. وانبثق داخل حزب المفدال فصيل صهيوني مسيحي قوي، تأثر بتعاليم الحاخام كوك الأكبر، وبالحاخامات الذين تخرجوا من المدرسة الدينية للحاخام كوك الابن أي المركز الروحي؛ فأسسوا مجموعة يهودية ذات أهداف سياسية واضحة، وشكلوا الجيل الأصغر من قادة المفدال، كما شكلوا أيضاً نخبة دينية جديدة عرفت فيما بعد بدائرة الشباب، أو التزيئيريم Tze'irim. وبالتالي شهد المفدال تغيراً ثالثاً تمظهر بشكل عودة دراماتيكية إلى صفوف الصقور فيما يتعلق بالأراضي التي يتم احتلالها[63].

قوّى الاستيلاء على المزيد من الأراضي موقف الصهيونية التنقيحية التي كانت تهدف إلى السيطرة على جميع "أرض إسرائيل" بحدودها التوراتية، وكان هذا هدفاً مهماً بالنسبة لها. هذا الموقف الذي دعمه حزب حيروت Herut الذي شكّل العمود

---

[60] المفدال في العبرية هي اختصار Miflaga Datti Leumit.

[61] Reiser, *op. cit.*, p. 19.

[62] *Ibid.*, pp. 34-49.

[63] Metz (ed.), "Gush Emunim," in *Israel: A Country Study*, http://countrystudies.us/israel/102.htm (Accessed: 30/12/2007); and Reiser, *op. cit.*, p. 48.

الفقري لتكتل الليكود سنة 1973، كان يرى في إعادة أي أرض تمّ الاستيلاء عليها من العرب، خطوة مناهضة لخطط الله لخلاص "الشعب اليهودي". وقد مهدت النواحي الدينية في الصهيونية التنقيحية والتغير في الأجيال الذي شهده حزبا المفدال والماباي، الطريق أمام ولادة ائتلاف بين حزبي المفدال والليكود، خليفة حزب حيروت، حينما تولى الأخير الحكم سنة 1977[64].

وبسبب قلقهم على ناخبيهم، وسعيهم الدائم إلى تأكيد هويتهم القومية الدينية، فإن دائرة الشباب في حزب المفدال قررت أن تبلور استراتيجية جديدة، تتسم بمقاربة قومية جديدة للسياسة الخارجية، حيث أخذوا المبادرة في قضايا مثل الاستيطان، بداية من خلال إقرار مواردهم للحركة من أجل كل "أرض إسرائيل"، وهي حركة صهيونية تنقيحية تقريباً، كانت تهدف إلى إحكام السيطرة على كل الأرض التي تمّ الاستيلاء عليها خلال حرب الأيام الستة[65]. وفيما بعد، ركزوا دعمهم على حركة جوش أمونيم أو تكتل المؤمنين الجديدة. ففي بداية سنة 1974، أسست دائرة الشباب في حزب المفدال، حركة جوش أمونيم كفصيل داخل الحزب، بعد أن استفزتهم "التنازلات" التي قدمتها الحكومة الإسرائيلية عندما تخلت عن أجزاء من سيناء سنة 1974 في عملية فكّ الاشتباك مع الطرف المصري، على اعتبار أن هذا الأمر يناقض خطة الله التي كانت في طريقها إليهم. وبعد عدة أشهر، قطعت حركة الجوش أمونيم علاقاتها السياسية الرسمية مع حزب المفدال، نتيجة للانقسامات داخل الحزب، فيما يتعلق بدعم بناء المستعمرات غير الشرعية. غير أن الدعم الأيديولوجي والمادي الذي كان النظام التعليمي في مدارس المفدال الدينية يقدمه للجوش أمونيم ظلّ قوياً[66].

يشكل أعضاء ومناصرو الجوش أمونيم ما يقارب 6-7% من يهود "إسرائيل"[67]، وهم القطاع الأكثر تمسكاً بعقيدة المسيَّا أو الماشيح (المسيح المخلص) من بين الداتيم لوميم. وهم يطبقون في حياتهم اليومية بشكل صارم ما يؤمنون بأنها أوامر أو قوانين الله، كما أنهم يدافعون عن إيجاد مجتمع مبني على هذه القوانين. ولكن نشاطهم السياسي موجه بشكل أساسي إلى استيطان الأراضي التي احتلت سنة 1967،

[64] *Ibid.*, pp. 34-49.

[65] *Ibid.*, pp. 34-38.

[66] *Ibid.*, p. 48.

[67] Shahak and Metzvinskly, *op. cit.*, p. 94.

والحفاظ عليها[68]. ومنذ تأسيسها، لعبت حركة الجوش أمونيم، دوراً في بناء معظم المستعمرات في الضفة الغربية من خلال ذراعها الاستيطاني أمانا Amana. وبعد وفاة الحاخام كوك الأصغر، القائد الروحي للجوش أمونيم، أصبحت قيادة الحركة في يد مجلس حاخامات شبه سري، معروف بمجلس حاخامات جوش أمونيم، ويتألف من أهم وأفضل أتباع الحاخام كوك الأصغر.

تأثرت حركة الجوش أمونيم إثر انبثاقها تأثراً كبيراً بالتغيرات التي حصلت في سياسات الحكومة الإسرائيلية تجاه موضوع الاستيطان. فمنذ انتهاء حرب سنة 1967 وحتى سنة 1974، كان موشيه دايان، بصفته وزيراً للدفاع آنذاك، هو الذي يحدد سياسة "إسرائيل" الاستيطانية، فلم يكن يسمح ببناء مستعمرات صهيونية في الأراضي التي تمّ احتلالها في حرب الأيام الستة إلا في حدود ضيقة. وقد سمح بالاستيطان في شرقي القدس، كما سمح لمجموعة صغيرة من المستوطنين بالعيش قرب الخليل. وكان دايان يهدف إلى تطويق المناطق المكتظة بالفلسطينيين في الضفة الغربية وقطاع غزة عن طريق بناء منطقة مستعمرات في وادي الأردن ذي الكثافة السكانية المنخفضة، وفي شمالي سيناء.

وخلال سنتي 1974 و1975 استعرضت مجموعة الجوش أمونيم قوتها من خلال تنظيم مظاهرات ضخمة مناهضة لوعد دايان. وفي هذه الأجواء، خطّ شمعون بيريز، الذي أصبح وزيراً للدفاع بعد دايان سنة 1974 في حكومة رابين الأولى (1974-1977)، سياسة جديدة سميت بـ"المساومة الفعالة"، وكان ذلك يتطلب دعم حركة الجوش أمونيم. وقد سمحت هذه السياسة بمصادرة كل الأراضي غير المسكونة في الضفة الغربية وقطاع غزة، لتصبح حصرياً تحت تصرف اليهود.

في بداية الأمر، عارض رابين الخطة، ولكن بيريز مدعوماً بالجوش أمونيم أعد استراتيجية محكمة للوقوف في وجه معارضة رابين. وبناء على ذلك، نظمت حركة الجوش أمونيم مظاهرات ضخمة. وبعد مفاوضات، تمّ التوصل إلى تسوية، جاءت في صالحهم، حيث سُمح لأعضاء الحركة بالاستيطان بما يعرف اليوم بمستعمرات كيدوميم Kedumim. وفي سنة 1976، وبمساعدة بيريز، أسست الحركة مستعمرة عوفرا Ofra، على أساس أنها مخيم عمل مؤقت، ومستعمرة شيلو Shilo، على أساس

[68] Encyclopaedia Britannica online, Fundamentalism.

أنها مخيم مؤقت لأعمال التنقيب عن الآثار. كما تابعت الحركة سياسات مماثلة حيث كانت قد وضعت حجر الأساس للاستعمار في قطاع غزة. وقد نُظِر إلى قبول رابين باستثناء المستعمرات التي تقيمها حركة الجوش أمونيم، على أنه إشارة إلى الاعتراف بها كجماعة مصالح مهمة[69].

وبعد فوز حزب الليكود في الانتخابات سنة 1977، وانتخاب مناحيم بيجن رئيساً للوزراء، أنشىء "حلف مقدس" بين الجوش أمونيم الدينية، والحكومات العلمانية الإسرائيلية المتعاقبة. سمح الليكود بإطلاق العمل في عدد من المستعمرات اليهودية خارج الخط الأخضر، وأعطى الجوش أمونيم الدعم الفعال في الدوائر الحكومية، والجيش، والمنظمة الصهيونية العالمية التي عدّت بشكل رسمي حركة جوش أمونيم، حركة استيطانية، وخصصت تمويلاً لأنشطتها الاستيطانية[70]. ومنذ ذلك الحين، بقي ذلك التحالف قائماً، واستمر التوسع في بناء المستعمرات[71]. ويقدر حالياً أن غالبية المجتمع الإسرائيلي كما يمثله أعضاء الكنيست، يدعمون الإبقاء على كل المستعمرات بشكل أو بآخر[72]. ففي بداية سنة 1999، عارض أقل من عشرين عضواً فقط (من بينهم النواب العرب في الكنيست) من مجموع أعضاء الكنيست البالغ 120 عضواً الإبقاء على المستعمرات.

وبعد تحقيقها النجاحات المتتالية في سياسة الاستيطان، نجح حاخامات الجوش أمونيم في إجراء عدد من الاتفاقات السياسية، ودعموا المفدال على الرغم من قطع علاقاتهم السياسية الرسمية معه. ومنذ منتصف الثمانينيات، سار المفدال على الخطى الأيديولوجية للجوش أمونيم[73]. كما أقام "مجلس المستوطنات" علاقات بين مستعمرات الجوش أمونيم، وحزب العمل، وحزب المفدال، وحزب حيروت، وحركة شباب بيتار Betar Movement[74].

[69] Reiser, *op. cit.*, p. 49.

[70] Metz (ed.), "Gush Emunim."

[71] Shahak and Metzvinskly, *op. cit.*, pp. 55-56.

[72] *Ibid.*, p. 78.

[73] *Ibid.*, pp. 56-57.

[74] Metz (ed.), "Gush Emunim."

ويمثل "مجلس المستوطنات"، المستوطنين المتدينين في الضفة الغربية، وهو مجلس يمثل رؤساء المجالس الاستيطانية، بالإضافة إلى قادة المستوطنين، وكثيراً ما يُعدُّ خليفةَ حركة الجوش أمونيم. ويتعاطى "مجلس المستوطنات" بشكل أساسي الأمور العملية مثل تأمين الأرض والمياه والعلاقات مع سلطات الجيش الإسرائيلي، وإذا اقتضت الضرورة فإنه يحرك الضغط السياسي على الحكومة.

وفي سنة 2006، انضم حزب المفدال إلى حزب الاتحاد الوطني[75] في لائحة انتخابية موحدة تحمل اسم الحزبين، ليصلا إلى عتبة 2% الانتخابية، وقد استطاع الحزبان مجتمعين أن يحصلا على تسعة مقاعد في الكنيست.

2. عقيدة الخلاص أو المسيًّا أو الماشيح (المسيح المخلص) عند القوميين المتدينين أو الداتيم لوميم:

على عكس الحريديم، يؤمن الداتيم لوميم بعقيدة الخلاص أو المسيًّا أو الماشيح (المسيح المخلص)، وهي عقيدة صهيونية دينية، تؤكد أن خلاص "الشعب اليهودي" قد بدأ بالفعل، وأن إنشاء "دولة إسرائيل" هو الخطوة الأولى في هذا الخلاص. ولكن على عكس الصهاينة العلمانيين الذين أرادوا أن يجعلوا من الأمة اليهودية أمة كغيرها من الأمم، فإن الجوش أمونيم يرفضون هذا المفهوم التطبيعي؛ خصوصاً حين يسعى إلى استنساخ حياة غير اليهود وتطبيق معاييرهم، التي يرون بأنها شيطانية. فهم يرون أنه لا يمكنهم أن يكونوا ناساً عاديين، ففرادتهم الأبدية هي نتيجة لعهد قطعه الله على موسى في جبل سيناء[76].

ووفقاً لعقيدتهم الدينية، يؤمن الجوش أمونيم بالظهور الوشيك للمسيح الخاص باليهود، وبأن اليهود، بمساعدة من الله، سوف ينتصرون حينها على غير اليهود ويحكمونهم إلى الأبد. ويؤمن أتباع هذه العقيدة بأن كل التطورات السياسية سوف تساعد على تحقيق ذلك قريباً أو تؤجله. فالخطايا اليهودية، وبشكل أساسي ضعف الإيمان، سوف تؤجل مجيء هذا المسيح، ولكنه لن يكون تأجيلاً طويل الأمد، لأنه حتى في حال ارتكاب اليهود أسوأ الخطايا، فإن ذلك لن يغير في مسيرة الخلاص، وإن كانوا يرون

---

[75] يعرف حزب الاتحاد الوطني أيضاً باسم هئيحود هليئومي.

[76] Shahak and Metzvinskly, *op. cit.*, p. 71.

أن هذه الخطايا تزيد من معاناة اليهود. كما يؤمن الداتيم لوميم بأن الحربين العالميتين، والمحرقة اليهودية، وغيرها من الأحداث الكارثية التي شهدها التاريخ الحديث، ليست سوى أمثلة على هذه المعاناة[77].

وترتب على الإيمان بهذا المعتقد الديني القول بأن كل الأنظمة اليهودية التي سيسمح بها خلال فترة مجيء المسيح المخلص يمكن تطبيقها في هذه الأيام وفق ما يقوله أتباع هذه الأيديولوجية. فمثلاً تسمح الشريعة اليهودية لليهود بسلب غير اليهود في المناطق التي يعيشون فيها، إذا كان اليهود أقوى منهم. ويرى الجوش أمونيم، الذين يحملون هذه الأفكار، إن اليهود الذين يعيشون في الأرض المحتلة على الأقل، قد بدأوا يعيشون فعلاً في العهد المسيَّائي أو الماشيحاني. وقد نقل هذا الكلام عن لسان الحاخام شلومو أفنير Shlomo Aviner أحد قادة الجوش أمونيم الذي قال: "في الوقت الذي يطلب فيه الرب من الأمم الأخرى أن تلتزم بقوانين العدالة والصلاح المجردة، فإن هذه القوانين لا تنطبق على اليهود"[78].

ووفقاً للشريعة اليهودية، فإن قتل اليهودي، وخصوصاً عندما يرتكبه غير اليهودي، هو أفظع جريمة يمكن أن ترتكب. في حين يعتقد الجوش أمونيم، بأن اليهود الذين يقتلون العرب غير اليهود يجب أن لا يعاقبوا. وبالفعل يساعد الجوش أمونيم اليهود الذين يعاقبون من قبل محاكم علمانية. وقد صرح أحد قادتهم، الحاخام إسرائيل أريل Israel Ariel، "أن اليهودي الذي يقتل غير اليهودي مُعفى من المثول أمام العدالة الإنسانية، ولا يعتبر [دينياً] منتهكاً لتحريم القتل". كما أفتى رئيس مجلس الحاخامات في الضفة الغربية، سنة 2004، بجواز قيام الجيش الإسرائيلي بقتل الأبرياء[79]. ومثل هذه الفتاوى اليهودية يجب أن تذكر كلما ارتفع صوت في "إسرائيل" يطالب بالتعامل مع كل السكان غير اليهود في "إسرائيل" وفقاً لأحكام الشريعة اليهودية[80].

ومثل الحسيديم، فإن الداتيم لوميم متأثرون جداً بتعاليم القبالاه، على الرغم من الفوارق في تفسير هذه التعاليم. ويستمر أتباع الحاخام كوك بصياغة مواقفهم

[77] *Ibid.*, p. 65.

[78] *Ibid.*, p. 71.

[79] Gideon Levy, Heads to the Right, *Haaretz*, 9/3/2008, http://www.haaretz.com/hasen/spages/962041.html (Accessed: 9/3/2008).

[80] Shahak and Metzvinskly, *op. cit.*, p. 71.

السياسية وفق معتقداتهم، مع إضافة بعض العناصر المحفزة من عقيدتهم والتي يستنبطونها من تفسيراتهم المحددة للقبالاه.

أحد أوجه إيمانهم بتعاليم القبالاه، أن الداتيم لوميم بشكل عام، والجوش أمونيم بشكل خاص، يؤمنون بفرادة وقدسية الحياة والدم اليهودية، وأنها أعلى وأهم بكثير من حياة غير اليهود[81]. وقد كتب الحاخام يهودا أميتال Yehuda Amital، أحد أبرز قادة الجوش أمونيم، والذي عين وزيراً من دون حقيبة ما بين سنتي 1995 و1996 من قبل رئيس الوزراء الإسرائيلي شمعون بيريز، مقالاً قال فيه إن حرب 1973 لم تكن موجهة ضدّ المصريين، والسوريين أو/ وكل العرب، بل كانت ضدّ غير اليهود. ففي مقالته التي جاءت تحت عنوان: "أهمية حرب يوم الغفران" قال أميتال:

> إن الحرب اندلعت ضدّ خلفية إعادة إحياء مملكة إسرائيل، التي تشكل في وضعها الميتافيزيقي دليلاً على تراجع روح الدنس في العالم الغربي... إن غير اليهود يخوضون معركة بقائهم على قيد الحياة، غير يهود وغير طاهرين. إن عدم المساواة يخوض معركة بقائه، وهو يدرك أنه في معارك الرب ليس هناك مكان للشيطان ولروح الدنس، أو لبقايا الحضارة الغربية ومؤيديها من اليهود العلمانيين، الذين يشبهونها.

وتؤثر تفسيرات تعاليم القبالاه أيضاً على عقيدة الجوش أمونيم المتعلقة بالأرض؛ فهم يؤمنون بأن الخلاص لا يقتصر على البشر فقط، بل قد يشمل أيضاً كل المواد المحسوسة، من الدبابات إلى المال، التي يمكن تخليصها إذا ما لمسها أو امتلكها يهود، وخاصة اليهود الذين يؤمنون بالمسيح المخلص. وبالتالي، فإنهم يطبقون هذه العقيدة على الصراع فيرون أن ما يسمى مصادرة أراضٍ يملكها العرب لبناء مستعمرات عليها، ليس عمل سرقة، بل هو بالأحرى عمل تطهير لهذه الأراضي. ووفقاً للحاخام شمارياهو أريلي Shmaryahu Arieli، أحد أتباع الحاخامان كوك، فإن حرب 1967 كانت "تحولاً ميتافيزقياً" خلصت فيه الأراضي من خلال تحويلها من فضاء شيطاني إلى فضاء رباني[82]. ووفقاً لهذه المبادئ، فإن أي انسحاب من الأراضي التي تمّ احتلالها، يعني استعادة سيادة الشيطان عليها. وقد أكد هذه المعتقدات الحاخامان

Ibid., p. 60, 70. [81]

Ibid., p. 67. [82]

أفنير وشلومو جورن Shlomo Goren، اللذين أفتيا بأن اليهودية تحرم إعطاء حتى جزء بسيط من الحكم الذاتي للفلسطينيين [83].

ومن الأمثلة على مثل هذا التأثير الأيديولوجي، تأثيرهم على سياسات "إسرائيل" التوسعية. فاستناداً إلى النص التوراتي في سفر التثنية 11:24 "كل مكان تدوسه بطون أقدامكم يكون لكم. من البرية من نهر الفرات إلى البحر الغربي يكون تخمكم"، حيث رأى أتباع الحاخام كوك في لبنان، أرضاً تمّ "تخليصها" من سلطة الشيطان، بعد أن قتل سكانها في خضم عملية التخليص [84]. وبالنسبة للجوش أمونيم، فإن سيناء ولبنان يشكلان جزءاً من "أرض إسرائيل"، يجب على اليهود "تحريرهما". وهذا يشمل كل الأراضي الواقعة شمال وجنوب نهر الفرات، بما في ذلك، الكويت الحالية [85].

وجه آخر من وجوه تفسيراتهم لتعاليم القبالاه، هو أنه في الوقت التي تقول فيه التوراة بوجود مسيح واحد (مسيًّا أو ماشيح)، فإن تعاليم القبالاه تقول بوجود مَسيحَين لليهود، الأول سيكون شخصية عسكرية ويسمى بـ"ابن يوسف"، وهو الذي سيهيء الظروف المادية للخلاص؛ والثاني، سيكون شخصية روحية، ويسمى بـ"ابن داوود"، وهو الذي سيخلص العالم من خلال معجزاته. ولكن على الرغم من أن تعاليم القبالاه تقول بأن المَسيحَين سيكونان أفراداً، فإن قادة الجوش أمونيم، الذين يتبعون تعليمات الحاخام كوك الأكبر، ما زالوا ينظرون إلى حاخاماتهم، وربما أتباعهم أيضاً على أنهم تجسيد جمعي لأحد المَسيحَين على الأقل، وربما للاثنين معاً.

ويؤمن أعضاء الجوش أمونيم بأن هذه الفكرة لا يجب أن تكشف لعامة الناس الجهلة قبل الوقت المناسب. ويؤمنون بأن طائفتهم لا يمكنها أن تخطئ، بسبب الهداية الإلهية لها، ونتيجة لذلك، وبفضل وصولهم إلى "الحقيقة المطلقة"، فإن أتباع الجوش أمونيم، يؤمنون بأنهم أكثر أهمية من بقية "الشعب اليهودي"، ويؤمنون أيضاً بأنهم مُخوَّلون باستخدام العنف ضدّ غيرهم من اليهود، الذين أفسدتهم الثقافة الغربية الشيطانية، وذلك حتى لا يضلوا الطريق الصحيح. ومن التأثيرات الأخرى لتعاليم القبالاه، إيمان الجوش أمونيم بأن سلطة الشيطان على تجسيداته الأرضية المتمثلة بغير اليهود، يمكن

Ibid., p. 75. [83]

Ibid., p. 55. [84]

Ibid., p. 72. [85]

كسرها في بعض الأحيان من خلال أعمال غير عقلانية. وبالتالي، فإن الجوش أمونيم أقاموا مستعمرات في الأيام التي من المقرر أن يصل فيها وزير الخارجية الأمريكي جيمس بيكر إلى "إسرائيل". وهذا لم يكن فقط من أجل إظهار قوتهم، ولكن أيضاً كجزء من تصميمهم الروحي على كسر شوكة الشيطان و"تجلياته الأمريكية".

بالإضافة إلى ذلك، فإن موقف الجوش أمونيم تجاه الفلسطينيين، الذين يطلقون عليهم دائماً تسمية "العرب المقيمين في إسرائيل"، مبني على أسس أيديولوجية. فالحاخامات كوك، وأفنير وأريلي، يرون أن العرب الذين يعيشون في "إسرائيل" لصوص، وقد بنوا وجهة نظرهم هذه على أساس أن "أرض إسرائيل" كانت وستبقى يهودية، وأن كل الأراضي والممتلكات الموجودة هي لليهود[86]. ويقارن حاخامات الجوش أمونيم، وسياسيوها، والمروجون لأيديولوجيتها، الفلسطينيين بالكنعانيين القدماء، الذين كان طردهم على يد الإسرائيليين القدماء قدراً محتوماً، وفق ما جاء في التوراة.

وفي سنة 1984، كتب مردخاي نيسان Mordechai Nisan مقالاً نشر في جريدة كيفونيم Kivunim، المطبوعة غير الرسمية للمنظمة الصهيونية العالمية، مستنداً إلى أعمال موسى بن ميمون Moshe Ben-Maimonides الحاخام والفيلسوف اليهودي الشهير الذي عاش في القرون الوسطى. وفي مقاله، قال نيسان إن غير اليهود المسموح لهم بالاستقرار في "أرض إسرائيل"، "عليهم القبول بدفع الضرائب، وبأن يعانوا من إذلال العبودية". وطالب نيسان بأن "ينحني غير اليهود، وأن لا يسمح لهم برفع رؤوسهم أمام اليهود". كما طالب أيضاً بعدم تعيين غير اليهود في منصب رسمي أو في موقع يكون لهم فيه سلطة على اليهود، و"إذا ما رفض غير اليهود المعيشة الحقيرة، فإن ذلك يشكل إشارة على ثورتهم، وإلى ضرورة شنّ اليهود للأعمال الحربية التي لا يمكن تفاديها، ضدّ وجود غير اليهود على أرض إسرائيل"[87].

تشرح هذه الخلفية الأيديولوجية لماذا يريد الجوش أمونيم من هذا المنطلق، طرد أكبر قدر ممكن من الفلسطينيين. وقد احتج المتحدثون باسم الجوش أمونيم بما حصل في الانتفاضة ليغطوا طلبهم بطرد الفلسطينيين بشكل نهائي، بالقول بأن عملية الطرد أمر تقتضيه "المتطلبات الأمنية"[88].

---

[86] *Ibid.*

[87] *Ibid.*, p. 73.

[88] *Ibid.*

ووفقاً لتعاليم الحاخام كوك، فإن الداتيم لوميم يؤمنون بأن الطريق الوحيدة لتطهير المجتمع الإسرائيلي تكون من خلال انخراطهم فيه بنشاط وفعالية، ومن خلال الضغط السياسي. ونتيجة لذلك، فإنهم اتخذوا مجموعة من الإجراءات من أجل الانخراط في المجتمع الأوسع، فعلى سبيل المثال فإنهم يرتدون ملابسهم بنفس طريقة اليهود العلمانيين، ويميزون أنفسهم فقط من خلال لبس القلنسوة اليهودية. كما أنهم يدخلون جزءاً من التعليم العلماني في برامجهم التعليمية. بالإضافة إلى ذلك، فمع أنهم لم يسمحوا لأتباعهم بدخول الجامعات العلمانية، فقد قاموا بتأسيس جامعة بار إيلان Bar-Ilan University ذات التوجه الديني[89]. كما أنهم حاولوا أن يروجوا لصورتهم العامة في "إسرائيل" من خلال تقديم أنفسهم للعامة على أنهم ورثة رواد الصهيونية الذين عاشوا في العشرينيات والثلاثينيات، والذين ما زالوا يحظون بالتقدير في الوعي القومي اليهودي، وتُدرَّس سير حياتهم في المناهج الإسرائيلية. وأحد طرق تجسيدهم لهذا الدور هي من خلال تقليد رواد الصهيونية هؤلاء بطريقة لباسهم، حيث يستمرون في ارتداء موضة اللباس العلماني الإسرائيلي التي كانت سائدة في الخمسينيات؛ وقد ساعد على هذا الأمر أن رواد الحركة الصهيونية الأوائل، ومستوطني وحاخامات الجوش أمونيم في معظمهم من الأشكناز.

أسهمت عقيدة الطهارة والقدسية التي أضفاها الحاخامان كوك على كل ما يتعلق بالمؤسسات والمشاريع الصهيونية في توسيع تعاطف عامة الإسرائيليين ودعمهم للجوش أمونيم. فعلى سبيل المثال، فإن كبير حاخامات "دولة إسرائيل"، يتم اختياره بشكل دائم من قيادات الحركة الصهيونية الدينية[90]، كما سيطر المفدال على وزارة الشؤون الدينية، ورئاسة الحاخامات والمحاكم الحاخامية والمجلس الديني. وقد ساعد على هذا التعاون التاريخي المستمر أن الصهيونية الدينية في كثير من الأحيان هي في حالة تنافس مع الصهيونية العلمانية، خاصة وأنها أخذت من الأخيرة بعض المعاني الأساسية، وبالتحديد فكرة أن هدف الصهيونية إيجاد "يهودي جديد" لن يخضع للظلم. وقد ذهب الحاخام كوك الأصغر مع غيره من قادة جوش أمونيم إلى أبعد من ذلك، حين عرّفوا "دولة إسرائيل بأنها مملكة إسرائيل، ومملكة إسرائيل هي مملكة الجنة على

---

[89] *Ibid.*, p. 68.

[90] يسيطر المفدال على كل المؤسسات التي تمّ إضعافها مؤخراً، حيث طالب الحريديم بحصتهم فيها.

الأرض"[91]. كما أن الجوش أمونيم حظيت بتعاطف شعبي واسع في المجتمع اليهودي في "إسرائيل" بسبب موقفهم من الخدمة العسكرية، الذي يتعارض بشكل قوي مع موقف الحريديم بسبب إعفائهم من الخدمة العسكرية[92]. ووفقاً لتعاليم الحاخام كوك، فإن كل يهودي لديه واجب ديني في القتال والتدرب على القتال. وقد اتبع أعضاء الداتيم لوميم هذه التعاليم بإخلاص، حيث إن العديد من الجوش أمونيم كانوا وما يزالون ضباطاً في الجيش الإسرائيلي في وحدات النخبة، ونسبتهم في هذه الوحدات في تزايد مستمر. كما أن طلاب المدارس الدينية التابعة للجوش أمونيم، معروفون في الجيش الإسرائيلي بقدرتهم الممتازة على القتال، وتحفزهم للمواجهة، وبنسبة الإصابات العالية في صفوفهم خلال الحرب الإسرائيلية على لبنان، وبتحفزهم لقمع الفلسطينيين خلال الانتفاضة.

3. بنية "مجلس المستوطنات" وأهميته:

يعيش ناشطو الجوش أمونيم في مجتمع متجانس في الضفة الغربية، يحكمون سيطرتهم عليه، وهو مجتمع محمي في معظمه من "التلوث" الذي يمكن أن تحمله الأيديولوجيات العلمانية "البغيضة" خاصة تلك النابعة من الثقافة الغربية، على حدّ تعبيرهم. وقد كانوا إلى درجة معينة متأثرين بالجزء العلماني من المجتمع اليهودي في "إسرائيل". وبالنسبة لجماعة جوش أمونيم، فإن مستعمرات المتدينين لها أكثر من معنى، فهي كاتدرائيات لعقيدة الخلاص، حيث إن المستوطنين المتجانسين هم أيضاً نماذج لنواة محتملة للمجتمع الديني الجديد الذي يريدون بناءه، ويؤمنون أيضاً بأن المستعمرات لديها القدرة على التأثير على المجتمع الإسرائيلي برمته. كما يؤمنون أيضاً بأنه من خلال سيطرتهم على الأجزاء المقدسة من الأرض فإن قلوب الجماهير اليهودية سوف تتوحد مع قلب الأرض[93].

وعلى المستوى المحلي والمناطقي، فإن المستعمرات الإسرائيلية في الضفة الغربية منظمة بالطريقة نفسها التي تحكم المجتمعات داخل "إسرائيل"، فالمستوطنون ينتخبون ممثليهم ليديروا شؤونهم المحلية، وليمثلوهم في 24 مجلساً محلياً ومناطقياً. ومعظم هؤلاء المسؤولين المنتخبين يركزون على متطلبات الحياة اليومية لمجتمعاتهم وناخبيهم،

---

[91] Shahak and Metzvinskly, *op. cit.*, p. 69.

[92] *Ibid.*, p. 68.

[93] *Ibid.*, p. 78.

في حين أن بعضهم هم من قادة المؤسسة الاستيطانية وممن يتبنون أيديولوجية "إسرائيل الكبرى". من الناحية النظرية، وعلى المستوى القومي، ونتيجة لنظام الانتخابات الإسرائيلي القائم على التمثيل النسبي، فإن المستوطنين ككيانات جغرافية ليسوا ممثلين بالكنيست إلا من خلال الأحزاب التي تحمل أيديولجيتهم نفسها. ولكن في الحقيقة، وعلى المستوى القومي، فإن المستوطنين يختلفون عن غيرهم من المجتمعات في "إسرائيل"، بوجود جسم زائد بينهم على مستويين، أولاً، الرؤساء المنتخبون للمجالس الاستيطانية الـ24 في الضفة الغربية، بالإضافة إلى ما بين خمسة إلى عشرة قادة من ذوي التأثير من الحركة الاستيطانية، وهؤلاء يشكلون معاً "مجلس المستوطنات"، في الضفة الغربية وقطاع غزة[94].

ويستمد "مجلس المستوطنات" سلطته من خلال كونه قادراً على تشكيل جماعة ضغط على الحكومة. ويعمل "مجلس المستوطنات" كحكومة أمر واقع للمستعمرات، حيث يعالج شؤونها الداخلية والخارجية أي العلاقة مع حكومة "إسرائيل" ومع المجتمع الدولي. ويجبي هذا المجلس ضريبة من المجالس المحلية والمناطقية، يمول من خلالها الأنشطة التي تعود بالنفع على المستعمرات. ولكون "مجلس المستوطنات" يمثل حكومة ظِلّ أو شبه حكومة، فإنه يمارس العديد من وظائف الوزارات داخل المستعمرات، بما في ذلك برامج التخطيط والبناء والدفاع والأمن الخاصة بالمستعمرات، وشقّ الطرقات، والعلاقات الخارجية بما في ذلك جمع التبرعات والعلاقات العامة والأمن القومي.

وبفضل تنظيم "مجلس المستوطنات" وطريقة إدارته فإن الكتلة القومية الدينية تحكم سيطرتها على المجلس، حيث إن أعضاء هذه الكتلة هم قادة المستوطنين الأكثر ظهوراً حتى يومنا هذا. وهؤلاء القادة ينحدرون من أربع مجموعات أساسية:

أ. **رؤساء المجالس الإقليمية**: ولكونهم منتخبين كقادة تجمعات، فإن قادة المجالس الإقليمية يطالبون بالقيادة بشكل قوي. ومن أهم هؤلاء رؤساء مجالس مستعمرات: بنيامين Binyamin، شورمون Shomron، جوش عتصيون Gush Etzion، وجبل الخليل Mount Hebron، والرئيس الأسبق للمجلس الإقليمي لشاطئ غزة.

---

94 أليشا Yesha هي الأحرف الأولى التي تختصر الضفة الغربية (يهودا والسامرة) وغزة. وتعني بالعبرية "الخلاص". وعلى الرغم من تفكيك المستعمرات في قطاع غزة سنة 2004 إلا أن المجلس ظلّ محافظاً على هذا الاسم.

ب. **المستوطنون الذين يُنتخبون أعضاء في الكنيست:** هم شخصيات مهمة في القيادة الاستيطانية، ومن ضمنهم يوري أريل Uri Ariel (من مستعمرة كفار أدوميم Kfar Adumim، الذي يمثل الاتحاد الوطني)؛ ونيسان سلومينسكي Nissan Slomiansky (من مستعمرة الكانا Elkana، ويمثل حزب المفدال)؛ آري إيلداد Arye Eldad (من مستعمرة كفار أدوميم، ويمثل الاتحاد الوطني)، أفيجدور ليبرمان (من مستعمرة نوكديم Nokdim، ويمثل حزب "إسرائيل بيتنا")، وبني إيلون Benny Elon (من مستعمرة بيت إيل Beit El ويمثل الاتحاد الوطني).

ج. **القادة والناشطون الشعبيون:** وهؤلاء هم أناس ارتبطوا لعقود طويلة بقيادة حركة المستعمرات ومن ضمنهم إسرائيل هارئيل Israel Harel، المؤسس والرئيس الأسبق لـ"مجلس المستوطنات"، وهاجي سيجال Haggai Segal، ويوري إيلتزور Uri Elitzur.

د. **الحاخامات:** من أهم حاخامات المستوطنين، عضو الكنيست السابق الحاخام حاييم دروكمان Haim Druckman، أحد القادة الروحيين لحركة بني عكيفا الشبابية Bnei Akiva[95]، والحاخام أليعازر والدمان Eliezer Waldman القائد الروحي للجوش أمونيم، والحاخام شلومو أفنير، والحاخام دوف ليور Dov Lior، والحاخام زلمان ميلامد Zalman Melamed.

نظرياً، يجتمع جميع قادة "مجالس مستوطنات" الضفة الغربية في "مجلس المستوطنات" لتقرير السياسات واتخاذ القرارات، ولكن عملياً فإن المجلس تسيطر عليه مجموعة من الأعضاء الأقوياء، بمن فيهم قادة مستعمرات شورمون، وبنيامين، وجوش عتصيون، وجبل الخليل. بالإضافة إلى ذلك، فإن أحد أعضاء المجلس المهمين زائيف هيفر Zeev Hever، وهو المدير العام للـ"أمانا"، الذراع الاستيطاني للجوش أمونيم، يلعب دوراً مهماً في المجلس. هذه المجموعة الأساسية من القادة الملتزمة بأيديولوجية "إسرائيل الكبرى" هي المحرك الذي يدفع معظم المواقف السياسية والتكتيكات التي يتبناها "مجلس المستوطنات". بالإضافة إلى ذلك فإن القرارات المهمة

95 يشار إلى الداتيم لوميم أحياناً بعبارة مجموعات بني عكيفا Bnei Akiva.

التي يتخذها المجلس، يتم تنسيقها مع حلفاء المستوطنين السياسيين في الكنيست؛ بالإضافة إلى كونهم يأخذون بركات لجنة حاخامات الضفة الغربية وقطاع غزة[96].

4. تأثير "مجلس المستوطنات" والجوش أمونيم:

من المفارقات الكبرى التي تبلورت منذ بداية المشروع الاستيطاني، أنه في الوقت الذي كان فيه المستوطنون يتبنون سياسات تتضارب مع سياسات حكومة "إسرائيل"، وكثيراً ما كانت غير شرعية بنظر القانون الإسرائيلي، فإن معظم التمويل الذي حصلت عليه الحركة الاستيطانية للقيام بأنشطتها جاء بطريقة مباشرة وغير مباشرة من الحكومات نفسها. وهذه المفارقة ما زالت قائمة حتى يومنا هذا. فـ"مجلس المستوطنات" يتلقى حصة كبيرة من التمويل للكثير من أنشطته من ميزانية "مجالس المستوطنات" الإقليمية، وهذه الأموال توفرها الحكومة في الأصل لكي تلبي الاحتياجات البلدية للمستوطنين، ثم تحوّل بعد ذلك إلى "مجلس المستوطنات" من خلال المجالس المناطقية. ومن أبرز الأمثلة على المفارقة المذكورة، قيام "مجلس المستوطنات" سنة 2005 بتنظيم وتمويل حملة مناهضة لخطة فكّ الارتباط مع غزة التي وضعها رئيس الحكومة الإسرائيلية آنذاك، أريل شارون[97].

ولكن هذه المفارقة يمكن تفسيرها من خلال شرح دور المستعمرات في السيطرة على المناطق المحتلة. فهذه المستعمرات بما تحمله من أهمية أيديولوجية وتاريخية، كانت عذراً للوجود العسكري وللتدابير التي اتخذت على الطرقات في تلك المناطق. إذ لم يكن الهدف الأساسي من الوجود العسكري وما رافقه من تدابير أمنية توفير الأمن للمستوطنين، بل كان الهدف من وراء ذلك أكثر أهمية من الناحية الاستراتيجية. فالاستراتيجية الإسرائيلية الشاملة للسيطرة على المناطق المحتلة بعد اتفاقية أوسلو، والتي جاءت تحت عنوان "السيطرة من الخارج"، اعتمدت على المستعمرات كبؤر للسلطة العسكرية في الضفة الغربية وقطاع غزة؛ إذ اعتمدت نظام الطرق الالتفافية، الذي مزق الضفة

---

[96] Dror Etkes and Lara Friedman, "Who Leads the Settlers?," Peace Now website, July 2006, http://www.peacenow.org.il/site/en/peace.asp?pi=62&docid=1840&pos=22; and Dror Etkes and Lara Friedman, "Challenges to the Settler Leadership," Peace Now, July 2006, http://www.peacenow.org.il/site/en/peace.asp?pi=62&docid=1864&pos=21; and Shahak and Metzvinskly, *op. cit.*, p. 65, 75.

[97] Etkes and Friedman, "Who Leads the Settlers?"; and Etkes and Friedman, "Challenges to the Settler Leadership."

والقطاع إلى جزر صغيرة، على المستعمرات كمحاور. وهذا النوع من التحكم سمح للجيش الإسرائيلي بالسيطرة على الأراضي المحتلة سنة 1967 بأقل استخدام للقوة العسكرية[98].

ولكن من أجل القيام بذلك، فقد تحولت مستعمرات تلك المنطقة إلى أماكن معزولة، وهو أمر يعده معظم الإسرائيليين ظرف حياة غير طبيعي بالمقارنة مع مستعمرات القدس الكبرى التي تعدّ ظروف العيش فيها طبيعية. وبالتالي فإن الحكومات الإسرائيلية اعتمدت على الأيديولوجية التي تمليها الجوش أمونيم من أجل بناء مستعمرات في عمق الضفة الغربية وقطاع غزة. وتشكل مستعمرة نتساريم Netzarim التي أنشئت في منطقة معزولة في وسط غزة مثالاً جيداً على هذه الاستراتيجية، لدرجة أن ناحوم بارنياع Nahum Barnea، وهو معلق إسرائيلي معروف، استخدمها كمثال لشرح دور المستعمرات، حيث قال: "لو لم تكن نتساريم موجودة لتم اختراعها"[99]. وقد كانت الأهمية الاستراتيجية للمستعمرات بنظر الحكومة والمؤسسة العسكرية واضحة سنة 1995 عندما رفضت حكومة العمل أن تخلي مستوطني الخليل بعد مجزرة الحرم الإبراهيمي التي نفذها المستوطن باروخ غولدشتاين Baruch Goldstein. والمثير للاهتمام أن هذا الرفض كان مبنياً بشكل أساسي على معارضة كل رؤساء الأجهزة الأمنية الإسرائيلية[100].

وقد تشرح الأهمية الاستراتيجية للمستعمرات سبب الدعم الكبير غير الرسمي الذي يحظى به "مجلس المستوطنات" في كل المؤسسة الرسمية الإسرائيلية ابتداء برئيس الوزراء، إلى المؤسسات التي تقدم الخدمات العامة، مثل مصالح المياه والكهرباء والبنى التحتية. إلا أنه تجدر الإشارة إلى أن المستوطنين أيضاً يلعبون دوراً كبيراً في التأثير على صناع القرار في القضايا المتعلقة بمصالحهم. فعلى سبيل المثال يُعزى رفض رؤساء الوزراء رابين وبيريز ونتنياهو تبني إخلاء أي من المستعمرات، بشكل أساسي لنفوذ الجوش أمونيم[101]. وبالتالي فإن قوة "مجلس المستوطنات" كجماعة ضغط، تنبع من

---

[98] Yaacov Bar-Siman-Tov, "Peace Policy as Domestic and Foreign Policy: The Israeli Case" in Sasson Sofer (ed.), *Peace Making in a Divided Society: Israel After Rabin* (London: Frank Cass Publishers, 2001), p. 29.

[99] Etkes and Friedman, "Who Leads the Settlers?"; and Etkes and Friedman, "Challenges to the Settler Leadership."

[100] Shahak and Metzvinskly, *op. cit.*, pp. 79-83.

[101] Etkes and Friedman, "Who Leads the Settlers?"; and Etkes and Friedman, "Challenges to the Settler Leadership."

الأهمية الاستراتيجية للمستعمرات، بالإضافة إلى كونه مدخلاً للسلطة، ولقدرته على التفاعل بشكل مباشر مع صناع القرار، للتأكد بأن مواقفه تؤخذ بعين الاعتبار خلال المناقشات التي تثار فيها قضايا لها تأثير مباشر على مصالح المستوطنين.

وفي دراسة أجراها الباحث أنات روث Anat Roth من معهد ديموقراطية إسرائيل، تحت عنوان: "سر قوته: مجلس المستوطنات وحملته ضدّ الجدار الأمني وخطة فكّ الارتباط"؛ ذكر روث عدداً من العوامل التي ساعدت "مجلس المستوطنات" على توطيد قوته السياسية مبنية على عدة ملاحظات حول أداء هذا المجلس، ومما ذكره أنات روث:

- لأن رؤساء المجالس المحلية يشرفون على مكاتب رسمية معترف بها من قبل الدولة، ولكونهم مسوؤلين عن العلاقات مع الحكومة، فإن أعضاء "مجلس المستوطنات" يمتلكون مداخل مباشرة على أصحاب النفوذ وصناع القرار في كل مستويات الحكومة الإسرائيلية.
- يسيطر أعضاء "مجلس المستوطنات" على مبالغ مالية ضخمة (معظمها يحوّل من التمويل الذي توفره الحكومة للمجالس الاستيطانية المحلية والمناطقية).
- يمتلك "مجلس المستوطنات" القدرة على تحريك وتنظيم أعداد كبيرة من الناشطين، وهي قدرة لا يباريه فيها أي قطاع أو مجموعة أخرى في "إسرائيل".
- يتمتع المستوطنون بشكل عام بتعاطف قسم كبير من عامة يهود "إسرائيل"، مما يعكس نجاح المستوطنين في تعريف أنفسهم على أنهم ممثلو الصهيونية الأصيلة، من خلال إعمار الأرض ومواجهة الفلسطينيين.
- فشلت الحكومات الإسرائيلية، حتى صيف 2005، حين قامت بفك الارتباط مع غزة، في السيطرة بشكل جدي على المستوطنين، خصوصاً مع ضعف وحدة هذه الحكومات، وغياب الإرادة السياسية الضرورية للقيام بأي خطوة ذات دلالة ضدهم؛ حتى عند قيامهم بأكثر الأنشطة استفزازاً، ومنها على سبيل المثال، عندما قام المستوطنون وقت انطلاق عملية مدريد باستقبال كل زيارة قام بها وزير الخارجية الأمريكية حين ذاك، جيمس بيكر، لـ"إسرائيل" بإنشاء مستعمرة جديدة[102].

[102] Ibid.

- يحظى "مجلس المستوطنات"، للأسباب المذكورة أعلاه، بقوة واضحة لا تضاهيها قوة أخرى في صفوف مناوئيه. ففي الوقت الذي يحظى به بالكثير من الاحترام النابع من مواقفه السياسية، ومن قدرته على الوصول إلى السلطة الرسمية والحصول على الامتيازات، فإن المستوطنين ومن يدعمهم قد نجحوا في إظهار من يعارضهم بأنهم حمقى أو جهلة أو انتحاريون أو معادون للصهيونية أو مؤيدون للفلسطينيين. وقد أوضحوا أيضاً أن أي قائد سياسي يسعى إلى إيذائهم سوف يدفع ثمناً سياسياً كبيراً، ولهذا السبب فإنه ربما يكون أريل شارون القائد الإسرائيلي الأول الذي نجح في مواجهة المستوطنين، وربما يرجع السبب في ذلك إلى كونه لا ينتمي إلى اليسار، بل هو من اليمين الداعم للاستيطان.
- تمتلك الجوش أمونيم القاعدة الأرضية الخاصة بها، كما أنها معززة بأتباع مخلصين يمكنهم استخدام السلاح بمهارة وتنفيذ عمليات عسكرية[103].

وفي مقال نشر في جريدة أورشليم سنة 1996، تحت عنوان: "أولاً سوف نحتل المحكمة العليا، ثم قيادة الأركان"، لخص ران إيديليست Ran Edelist الطرق التي تسيطر فيها حركة الداتيم لوميم العامة على آلية صناعة القرار، حيث قال: "إن مؤسسات الداتيم لوميم، قد حضّرت أربع مقاربات لمعركة السيطرة على أرض إسرائيل هذه المقاربات الأربعة هي: المستعمرات، الدعم المالي، التعليم، ودفع رجالهم إلى دخول معترك المؤسسة العسكرية من أجل أن يكونوا هم المسيطرين على المؤسسة العسكرية في المستقبل".

أ. التأثير السياسي:

طالما كان تأثير الجوش أمونيم على القيادات السياسية من مختلف الأطياف تأثيراً مهماً ومختلفاً[104]، يتراوح بين الائتلاف القوي مع حزب الليكود والتأثير المحدود جداً على أعضاء في حزب ميرتس اليساري الذي يرون أنه حزب فاسد من الناحية الروحية[105]؛ ويتهمونه بتلويث الصهيونية من خلال إدماج الشيوعيين فيها[106].

[103] Shahak and Metzvinskly, *op. cit.*, p. 83.

[104] *Ibid.*, p. 72.

[105] *Ibid.*, p. 74.

[106] *Ibid.*, p. 88.

وتحظى الجوش أمونيم أيضاً بدعم كبير في أوساط عامة الإسرائيليين، بالإضافة إلى دعم اليهود الأرثوذكس في "الشتات"، ويقدر أن نصف "الشعب" الإسرائيلي تقريباً يدعم الجوش أمونيم [107]. فعلى سبيل المثال، في سنة 1996 كانت مجموعة بني عكيفا الشبابية التابعة للداتيم لوميم أكبر مجموعة شبابية في "إسرائيل"، وفقاً للاستطلاع الذي أجرته وزارة التربية الإسرائيلية؛ فإن 28% من الشباب الإسرائيلي المنخرط في مجموعات شبابية ينتمي إلى بني عكيفا، في مقابل 23% ينتمون إلى المجموعات التابعة لحزب العمل [108]. من ناحية أخرى، ينظر العديد من الإسرائيليين إلى حاخامات وقادة الجوش أمونيم على أنهم مكرسون لما يقومون به، ولديهم حس رسالي، وتميز أخلاقي، ونزاهة صارمة في الأمور المالية، ومحاسبة ذاتية، ويقارن بعضهم هذه الصفات بصفات قادة حركة حماس في المجتمع الفلسطيني [109].

وعلى الرغم من أن العديد من اليهود الشرقيين لا يرغبون بالانضمام إلى الجوش أمونيم، إلا أنهم استمروا على دعمهم لها. فجمهور حزب الليكود ما زال حتى يومنا هذا يدعم الجوش أمونيم، فيما ظلّ حزب العمل يدعم الجوش أمونيم حتى نهاية السبعينيات. وقد يكفي القول بأنه باستثناء بعض السنوات في التسعينيات، فإن حزب المفدال، أكبر أحزاب الداتيم لوميم، كان دائماً شريك حزب العمل في الائتلافات الحكومية [110]. حيث حظي حزب العمل، وقبله حزب الماباي، بشراكة تاريخية مع المفدال لسنوات طويلة [111]. وهذا الموقف تجاه حزب المفدال لم يتغير إلا في السنوات الأخيرة. فقد حصل الصدع بين العمل والمفدال حينما انتقل المفدال إلى اليمين، وآزر الليكود في نجاحه الانتخابي في سنة 1977. وقد ظهر ذلك في رفض حزب المفدال لاتفاقية السلام مع مصر، ومطالبته باحتلال لبنان على اعتباره جزءاً من الميراث التاريخي اليهودي. وزادت الهوة عمقاً بين الطرفين بعد اندلاع الانتفاضة الأولى، وذلك حينما رأى حزب العمل أن تكاليف الاستمرار في الاحتلال غير مبررة [112].

[107] *Ibid.*, p. 159.

[108] Arian, *Politics in Israel*, p. 153.

[109] Shahak and Metzvinskly, *op. cit.*, p. 83.

[110] Arian, *Politics in Israel*, p. 152.

[111] *Ibid.*, p. 151.

[112] Shahak and Metzvinskly, *op. cit.*, p. 84.

ومن الطرق الأخرى التي يؤثر فيها "مجلس المستوطنات" على عملية صناعة القرار، هي علاقاته القوية جداً مع المسؤولين الرسميين في الهيئات السياسية والعسكرية. فعلى سبيل المثال، يحافظ الجوش أمونيم على علاقات وثيقة غير رسمية مع حزب المفدال وحزب تحيا Tehiya اليميني الصغير، وفصائل في جناح حيروت في حزب الليكود[113]. كما أنهم يحافظون على علاقات وثيقة مع المؤسسة العسكرية الإسرائيلية، و"يتعاونون" معها في قضايا مختلفة؛ من بناء وتوسيع المستعمرات، إلى الأنشطة اليومية للجيش الإسرائيلي، مجبرين الجيش على تحويل موارد حيوية، وتعريض الجنود للخطر من أجل حماية المستوطنين الذين قد يقومون بشكل متعمد بأنشطة استفزازية غير قانونية[114].

فعلى سبيل المثال، أخذت هيئة الحاخامات في مستعمرات الضفة الغربية وقطاع غزة، تطور شبكتها الاستخباراتية الخاصة، التي سرعان ما توسعت، عبر استخدام المعلومات التي تمّ جمعها من ضباط متدينين أو متعاطفين في القيادة العسكرية العليا. ويقال إن أحد مصادر معلوماتهم هو الجنرال موشيه بار كوخبا Moshe Bar Kochba، أحد أعضاء قيادة الأركان الذي زود الحاخامات بشكل مستمر ومسبق بكل خطط عمليات الجيش في الأراضي المحتلة سنة 1967. واستجابة لذلك، فإن المؤسسة العسكرية قررت تنظيم هذه العلاقات وإبلاغ الحاخامات بشكل رسمي بالعمليات التي ستقوم بها، على أمل إقناعهم بالتعاون مع الجيش[115]. وقد أدت هذه العلاقة القوية مع المؤسسة الرسمية إلى سيادة انطباع بأنه حتى فيما يتعلق بالأنشطة اليومية في قطاع غزة، فإن كلاً من الحكومة والجيش الإسرائيلي مستعدان لخدمة مصالح المستوطنين. بالإضافة إلى ذلك، فقد أكد تقرير ساسون Sasson's Report حول المستعمرات لسنة 2005، بشكل رسمي، أن عناصر في الحكومة الإسرائيلية لم تكتفِ لسنوات عدة بغض النظر عن تجاوزات المستعمرات فقط، بل إنهم شاركوا فيها أيضاً بشكلٍ فعال[116].

---

113 Metz (ed.), "Gush Emunim."

114 Etkes and Friedman, "Who Leads the Settlers?"; and Etkes and Friedman, "Challenges to the Settler Leadership."

115 Shahak and Metzvinskly, *op. cit.*, p. 85.

116 Peace Now, "Summary of the Sasson's Report," http://www.peacenow.org.il/site/en/peace.asp?pi=61&fld=343&docid=1454 (Accessed: 17/12/2007).

ب. التأثير العسكري:

أدرك الداتيم لوميم أيضاً أهمية السياسات العسكرية الإسرائيلية. وعندما ظهرت الجوش أمونيم بدأت قياداتها الأساسية، وخصوصاً الحاخامات، بتشجيع الشباب ودفعهم للانضمام إلى المؤسسة العسكرية كنوع من الواجب الديني، وأخذوا يقنعونهم أيضاً بالانضمام إلى الوحدات المقاتلة، أو وحدات النخبة في الجيش والخدمة فيها. ووفقاً لكولونيل في الجيش الإسرائيلي، فإن الداتيم لوميم يشكلون ما يصل إلى 40% من الضباط المقاتلين، و15% من ضباط الاحتياط و10% من ضباط الأركان[117]. وشباب الداتيم لوميم، هم جنود مكرسون وفعالون ومنظمون، ومستعدون للتضحية بحياتهم من أجل بلدهم إذا اقتضى الأمر. وقد حسّن هذا الاختراق للمؤسسة العسكرية صورة الداتيم لوميم في المجتمع الإسرائيلي، ووفر لبعض أتباعهم وظائف جيدة[118]؛ علماً أنه من المعروف في "إسرائيل"، بأن الذين يخدمون في وحدات النخبة والوحدات المقاتلة، أو في سلاح الطيران، يتمتعون بمكانة اجتماعية عالية عندما يتقاعدون من الخدمة العسكرية، ويكونون قادرين في معظم الأحيان على ممارسة نوع من النفوذ السياسي[119].

هناك شكلان من أشكال الخدمة الخاصة بالداتيم لوميم، الشكل الأول وهو المعروف بترتيب المدارس الدينية Hesder Yeshivot، والذي تمّ وضعه كتدبير غير محكوم بقانون بين طرفين مستقلين هما وزارة الدفاع الإسرائيلية والإدارة الحاخامية للمدارس الدينية. ووفقاً لهذا التدبير الذي يستمر لمدة خمس سنوات فإن طلاب المدارس الدينية يتلقون نوعاً خاصاً من الخدمة العسكرية، فهم لا يجندون في الجيش بالطريقة المعتادة، ولا يخدمون لمدة ثلاث سنوات متتالية في الوحدات التي يعينهم فيها الجيش بناء على حاجاته؛ بل إنهم يجندون في الجيش كمجموعات ويخدمون ضمن مجموعاتهم المتجانسة، برفقة حاخاماتهم الذين يكونون مسؤولين عنهم، ويحرصون على "النقاوة الدينية" لطلابهم. وبدل الخدمة المتتابعة لمدة ثلاث سنوات، فإنهم يخدمون لفترات

---

[117] Steven Erlanger, Israeli Army, a National Melting Pot, Faces New Challenges in Training Officers, *The New York Times*, 31/12/2007, http://www.nytimes.com/2007/12/31/world/middleeast/31israel.html?pagewanted=print (Accessed: 2/1/2008).

[118] Shahak and Metzvinskly, *op. cit.*, p. 89.

[119] *Ibid.*, p. 90.

تتراوح بين ثلاثة إلى ستة أشهر، وبعد انقضاء كل فترة يتركون الخدمة في الجيش لفترة ستة أشهر لمتابعة دراساتهم التلمودية في المدارس الدينية.

السبب الأساسي لاستمرار هذا الترتيب يعود إلى النوعية العسكرية الممتازة ولسجل طلاب المدارس الدينية الذين يفوق أداؤهم وتفانيهم المستوى العسكري السائد[120]. فجنود وحدات المدارس الدينية، المعروفون باسم ناخال حريدي Nachal Haredi، ميزوا أنفسهم من خلال طريقة قمعهم للانتفاضة، وعرف عنهم وحشيتهم في التعامل مع الفلسطينين، إذ كانوا من عدة نواحي أكثر شدة في مستوى القمع من بقية وحدات الجيش الإسرائيلي.

وقد شكلت التركيبة المتجانسة لجماعات المدارس الدينية سبباً آخر لاستمرار هذا الترتيب الخاص. فعندما كان ضباط الأركان يريدون تنفيذ عقوبات مشددة ضدّ الفلسطينيين وغيرهم، كانوا يعتمدون في معظم الحالات الجنود المتدينين، إذ كان بعض عناصر المجموعات الأخرى التي تتكون من جنود من مشارب سياسية مختلفة، يعترض على الأعمال الوحشية غير القانونية، وربما سربوا أخبارها إلى الإعلاميين. أما الجنود المتدينون الذين هم بشكل عام أكثر وحشية من أكثر اليهود علمانية، فإنهم لم يكونوا ليعترضوا على مثل هذه الأوامر.

أما الشكل الآخر فهو معروف باسم مخينوت تورانيوت كيدام تزيفايوت Mekhinot Toraniyot Kedam Tzevaiyot، أو ما يسمى أكاديميات التوراة ما قبل العسكرية وهو النظام أو الشكل الأساسي الذي اعتمده الداتيم لوميم لاختراق الجيش الإسرائيلي. فمن خلال هذا الشكل، فإن الشبان الذين يبلغون 18 عاماً، ويدخلون الأكاديميات ما قبل العسكرية، يعطون إعفاء مؤقتاً لمدة سنة أو سنة ونصف للدراسة و"التقوية الروحية"، وبعد ذلك فإنهم يخدمون لمدة ثلاث سنوات في الوحدات المقاتلة أو وحدات النخبة، وليس في جماعات متجانسة. معظم الأساتذة في هذه الأكاديميات ليسوا من الحاخامات، بل هم ضباط متقاعدون يمتلكون بعض المعرفة التلمودية. وفي تلك الأكاديميات، يكرس قسم صغير فقط من المنهاج للمواد العسكرية وللتدريب، فيما معظم أوقات التدريس والدراسة مكرسة للدراسات الدينية التي تلهم هؤلاء الطلاب تكريس أنفسهم لـ"أرض إسرائيل" وغيرها من القيم التي يتبناها الجوش أمونيم. تتلقى الأكاديميات ما قبل

[120] Shahak and Metzvinskly, *op. cit.*, p. 91.

العسكرية، المتمركزة أساساً في المناطق المحتلة، تمويلاً بسيطاً من الجيش الإسرائيلي، في حين أن القسم الأكبر من التمويل يقدمه متبرعون من القطاع الخاص. ومعظم المتخرجين من هذه الأكاديميات يخدمون السنوات الثلاث بتمامها في الجيش الإسرائيلي، وبعضهم يخدم لفترة أطول ليصبحوا فيما بعد ضباطاً في الجيش الإسرائيلي [121].

يجند هذان الشكلان سنوياً ما يقارب 1,200 شاب إسرائيلي. وقد شهد الجيش الإسرائيلي زيادة في عدد المجندين من الداتيم لوميم بنسبة 40%، ترافق مع تقلص عدد المجندين من الأشكناز العلمانيين الذين كانوا يشكلون تقليدياً العمود الفقري للجيش الإسرائيلي، وخاصة في الوحدات المقاتلة [122].

ج. التأثير الأيديولوجي:

بالإضافة إلى تأثيرهم القوي على الحكومة الإسرائيلية في كل القضايا المتعلقة بالمستعمرات ونجاحهم في الحصول على تمويل لمشاريعهم، فإن الجوش أمونيم يحاولون أيضاً التأثير على السياسة الخارجية للدولة من خلال أيديولوجيتهم ونظرتهم إلى العالم. وغالباً ما يبدو تأثير الجوش أمونيم على بعض السياسات الإسرائيلية واضحاً، حيث تكون القرارات الحكومية انعكاساً لمواقفهم. فعلى سبيل المثال، فإن الحكومة الإسرائيلية بقيادة كل من العمل والليكود، رفضت تحرير أي من الأسرى الفلسطينيين "الملوثة أيديهم بدم يهودي" لكنها لم تتردد في إطلاق سراح السجناء الذين قتلوا فلسطينيين. والفرق الديني بين الدم اليهودي والدم غير اليهودي معروف لمعظم الإسرائيليين، ولكن قلما ما يتم ذكر ذلك في النقاشات حول السياسات الإسرائيلية. وقد أثرت أيديولوجية الجوش أمونيم التي ترى أن عدائية العرب ضدّ اليهود موروثة وذات طبيعة دينية، على قطاع كبير من المشهد السياسي الإسرائيلي الذي يؤثر بدوره على السياسة الرسمية. وغني عن القول إن تداعيات وتأثيرات مثل هذه الأيديولوجية على الصراع العربي الإسرائيلي لا يمكن حلها من خلال الأطر السياسية. وقد بدا هذا التأثير واضحاً في تصريحات أحد أشهر قادة الجوش أمونيم، عضو الكنيست الأسبق أليعازر

---

[121] Ibid., p. 92.

[122] Yagil Levy, Edna Lomsky-Feder, and Noa Harel, "From "Obligatory Militarism" to "Contractual Militarism": Competing Models of Citizenship," Israel Studies, vol. 12, no. 1, Spring 2007, pp. 127-148; and Erlanger, Israeli Army, a National Melting Pot.

وايزمن الذي نقل عنه أنه قال علناً في أحد المؤتمرات "إن عدائية العرب تنبع مثلها مثل غيرها من نزعات معاداة السامية من مقاومة العالم لخلاصه على يد اليهود"[123].

وبناء عليه، فإن عدائية الجوش أمونيم تجاه عملية السلام التي يجب على "إسرائيل" خلالها أن تنسحب من الأراضي المحتلة سنة 1967 هي عدائية متوقعة. غير أن السبب وراء هذه العدائية هو أمر مختلف جداً عن سبب معاداة غيرهم من المستوطنين لعملية السلام. ففي الوقت الذي يدعي فيه مستوطنو مرتفعات الجولان العلمانيين أن سياسات السلام التي تبناها ائتلاف العمل – ميرتس في التسعينيات كانت سياسات خاطئة لأن السلام مع سورية يمكن الوصول إليه وفق الشروط الإسرائيلية؛ فإن الجوش أمونيم ادعوا بأن محادثات واشنطن مع منظمة التحرير الفلسطينية "لن تؤدي إلى شيء سوى حوار بين كائنات بشرية وقطيع من الذئاب الشرسة، التي تهدف فقط إلى تحويل كل أرض إسرائيل إلى أرض للعرب"[124]. ويمكن شرح الموقف العدائي لعملية أوسلو بالشكل الأمثل من خلال اقتباس ما كتبه الحاخام أريل في أحد المقالات حيث قال: "وصلت الصهيونية التاريخية إلى حد الإفلاس، الصهيونية الحقيقية، أي تلك الصهيونية المقدسة ذات الجذور العميقة تكمن فقط حيث يعيش اليهود المتدينون الحقيقيون في جبال يهودا وفي أودية السامرة". ونقل أيضاً عن الحاخام درايفوس أنه قال مهاجماً اليهود الذين انخرطوا في عملية السلام: "إن اليهود الذين قادونا إلى تلك الخطيئة لا يستحقون بعد الآن أية حماية إلهية، يجب أن نقاتل أولئك الذين نأوا بأنفسهم عن إسرائيل الحقيقية، لقد أعلنوا الحرب ضدنا، نحن حاملو كلمة الله". وهذا الكلام يمثل طريقة تفكير معظم المستوطنين المتدينين، قبل اغتيال رابين.

بالإضافة إلى ذلك، فإن الجوش أمونيم يستمرون أيضاً في تشجيع السلطات الإسرائيلية على التعامل بوحشية مع الفلسطينيين في الضفة الغربية وقطاع غزة[125]. فقد أصدر الجوش أمونيم مثلاً، فتوى تسمح بمعاقبة الطفل غير اليهودي أسوة بالشخص الراشد، إذا قام بتعكير السلام، وإذا ما قرر القاضي بأنه طفل مميز لأفعاله. بالإضافة إلى ذلك، فإن الطفل غير اليهودي الذي يرتكب جريمة القتل من خلال رمي الحجارة على سيارة عابرة على سبيل المثال، يجب أن يعد جلاداً لليهود ويجب قتله.

Shahak and Metzvinskly, *op. cit.*, p. 72.[123]

Ibid., p. 75.[124]

Ibid., p. 72.[125]

أما الحاخام أفنير، فقد أصدر فتوى مشابهة، مستنداً إلى مرجعية الحاخام موسى بن ميمون، مفادها أن قتل الطفل غير اليهودي في تلك الحالة أمر ضروري لإنقاذ حياة يهودية. وأفتى الحاخام أفنير أيضاً بأنه من الواجب تنفيذ عقوبة الإعدام بالعرب الذين يرمون الحجارة أو يقومون بغيرها من الأفعال المشابهة، إذا كان ذلك سوف يجعل العالم مكاناً أفضل. ويجب على السلطات تنفيذ مثل هذه العقوبات في حال كان تنفيذها يشكل رادعاً لغيرهم من الأشرار[126]. وهذه الخلفية تساعد على فهم الدوافع التي دعت الجنود الإسرائيليين إلى القيام بأعمال عسكرية خلال الانتفاضة، رأى فيها العالم ردة فعل غير متناسبة مع ما يقوم به الأطفال الفلسطينيون من رشق للحجارة.

مثال آخر على التأثير الأيديولوجي للجوش أمونيم، ما قامت به الحاخامية العسكرية في "إسرائيل" خلال الاجتياح الإسرائيلي للبنان سنة 1982، متأثرة بأفكار الحاخامين كوك الأكبر وكوك الأصغر، حيث حثّت كل الجنود الإسرائيليين على اتباع خطى يشوع Joshua، والقيام بما قام به بأمر إلهي من استرجاع لـ"أرض إسرائيل"؛ مع ما يرافق ذلك من قتل لسكان هذه الأرض من غير اليهود. كما أصدرت الحاخامية العسكرية في ذلك الحين خريطة للبنان غيرت فيها أسماء المدن اللبنانية واستبدلتها بأسماء مدن موجودة في سفر يشوع Book of Joshua، فأصبحت بيروت بئيروت على سبيل المثال. وحددت الخريطة أن لبنان كأرض هو ملك لقبائل "إسرائيل" الشمالية: آشر ونفتالي.

كما استمرت الجوش أمونيم بالدفاع عن السياسات المتطرفة، من خلال المعارضة الشرسة لتحالف شارون سنة 1982 مع الميليشيا المسيحية المسماة بالقوات اللبنانية، الذين كانت تعتبرهم كفاراً، وهو موقف نابع من الاعتقاد بأن اليهود في المعارك والغزوات يجب أن يعتمدوا فقط على المساعدة الإلهية، على الرغم من أن استخدام القوات اللبنانية كجيش عميل حفظ الدم الإسرائيلي. وأي تحالف مع غير اليهود ينزل غضب الله عليهم، ويمنع عنهم عونه. إلا أن مثل هذه الأفكار المتعلقة بالتحالفات لم يتم تبنيها، إذ كانت مرفوضة حتى من قبل صقور حزب العمل[127].

[126] Ibid., pp. 76-77.

[127] Ibid., p. 69.

5. التحديات التي يواجهها الجوش أمونيم:

يواجه "مجلس المستوطنات" العديد من التحديات الداخلية والخارجية، فالشراكة مع الداتيم لوميم والدولة، هددتها عملية أوسلو ومناقشة مستقبل المستعمرات بعد اغتيال رابين، وخلال عملية فكّ الارتباط مع غزة. وقد شكل فكّ الارتباط مع غزة، بحد ذاته، حدثاً صادماً لبعض أعضاء الداتيم لوميم، حيث إنه كان ضدّ الكثير من معتقدات الحركة حول الصهيونية وكونها جزءاً من الخلاص التدريجي لشعب "إسرائيل"؛ حيث شعر بعضهم أن "دولة إسرائيل" قد خانتهم. وقد كشف استطلاع أجرته حركة السلام الآن شمل 120 مستعمرة بعد فكّ الارتباط مع غزة، أن 52% من المستوطنين المتدينين شعروا أنهم أقل انتماء لـ"إسرائيل" بعد فكّ الارتباط مقابل 23% من المستوطنين العلمانيين[128]. وقد غير الكثير من الجوش أمونيم من صلواتهم التقليدية لـ"دولة إسرائيل" في أيام السبت وفي المناسبات الدينية اليهودية إلى صلوات بأن يهدي الله الدولة. إذ هز فكّ الارتباط أساس الصهيونية الدينية وبالأخص تحالفها التاريخي مع الصهيونية العلمانية وقبولها التام بـ"دولة إسرائيل"، وساد شعور بأن علاقة الحركة القومية الدينية مع المؤسسة الرسمية الإسرائيلية قد تردَّت.

ومن ناحية أخرى، ساد خوف خلال عملية فكّ الارتباط مع غزة، من رفض أتباع الداتيم لوميم في الجيش الإسرائيلي الانصياع لأوامر الدولة ورفض الانسحاب من أجزاء من الأرض المحتلة وإزالة المستعمرات اليهودية. لدرجة أن بعض المعلقين تحدث عن إمكانية اندلاع حرب أهلية. والواضح أن شيئاً من هذا لم يحدث، لكن ما قاله المعلقون يعكس هاجساً فيما يتعلق بوضع التحالف بين الصهيونية الدينية والصهيونية العلمانية، وهذه المخاوف تدعمها الدراسات التي تكشف بأنه بالنسبة للشباب المتدين، فإن التعليمات التي يصدرها الحاخام، تحمل القيمة نفسها، أو ربما قيمة أعلى من الأوامر التي يصدرها القائد العسكري. علماً أن مثل هذه الهواجس طفت على السطح قبل ذلك بعد اغتيال رابين[129].

---

[128] Nadav Shragai, "For Religious Zionists, the First Independence Day after disengagement poses an ideological dilemma," *Haaretz*, http://www.haaretz.com/hasen/spages/711298.html (Accessed: 30/12/2006).

[129] Shahak and Metzvinskly, *op. cit.*, p. 90.

ومن ناحية أخرى، فإن دراسات أخرى أجريت بعد فكّ الارتباط مع غزة، أرجعت جانباً من قلق الداتيم لوميم من الخدمة العسكرية في الجيش إلى هواجسهم المتعلقة بتقليل تأثير المعايير العسكرية على حياتهم الخاصة، من قبيل المحافظة على هويتهم المميزة في البيئة العسكرية والجمع بين الخدمة العسكرية والدراسات الدينية، وتجنب الخرق غير الضروري للطقوس الخاصة بالسبت اليهودي، وجعل الحياة العسكرية متناغمة مع التزامهم ببنود الشريعة اليهودية الداعية إلى الحشمة. ويناقش مؤلفو هذه الدراسات بأن مثل هذه المخاوف هي أهم عند الجوش أمونيم من سعيهم للتأثير على الجيش الإسرائيلي بشكل عام[130].

ويواجه "مجلس المستوطنات" أيضاً تحديات فيما يتعلق بتمثيله للمستوطنين خصوصاً مع نهضة المستوطنين الحريديم والحياة المميزة التي يعيشونها على حساب المستوطنين من الداتيم لوميم. وتواجه قيادات المجلس أيضاً تحديات من قبل حركات الاستيطان التي أخذت تشكك بمصداقية المجلس بعد أن فشلت في وقف عملية فكّ الارتباط مع غزة، وفي وقف بناء الجدار الأمني في الضفة الغربية. وقد انعكست هذه التحديات على التصويت، ففي الوقت الذي كان فيه المستوطنون يصوتون بشكل تقليدي لحزب المفدال وحزب الاتحاد الوطني وأحياناً لغيرها من الأحزاب الدينية، فإنه في الانتخابات التي جرت في 2006، لم تجذب اللائحة التي جمعت الاتحاد الوطني والحزب القومي الديني، سوى 30% من الأصوات في الضفة الغربية التي تشمل مستعمرات للمتدينين والعلمانيين. وهذا دليل على تزايد التنوع في مجتمع المستوطنين في الضفة الغربية وعلى ضعف قاعدة الجوش أمونيم وحزب المفدال هناك[131]. والمفارقة أن انهيار عملية أوسلو أثر سلباً على المستوطنين المتدينين ومحاولاتهم لاختراق الجيش الإسرائيلي، إذ من ذلك الوقت، أصبح المجتمع الإسرائيلي أقل قابلية للتحرك ضدّ ما يعتقد بأنه تهديد خارجي، وبالتالي، قلل من فرص المستوطنين المتدينين باختراق المؤسسات الرئيسية مثل الجيش والتأثير على السياسات البعيدة المدى.

---

130 Stuart A. Cohen, "Tensions between Military Service and Jewish Orthodoxy in Israel: Implications Imagined and Real," *Israel Studies*, vol. 12, no. 1, Spring 2007, pp. 103-126.

131 Etkes and Friedman, "Who Leads the Settlers?"; and Etkes and Friedman, "Challenges to the Settler Leadership."

ثالثاً: اتحاد العمال "الهستدروت":

يعدّ اتحاد العمال أو الهستدروت [132]، من أهم جماعات المصالح التي تؤثر على الرأي العام وتمارس النفوذ السياسي. والهستدروت منظمة طوعية كبيرة تأسست سنة 1920 كاتحاد تجاري، على الرغم من أن ما كانت تفعله في الفترة التي سبقت تأسيس "دولة إسرائيل" سنة 1948، كان يتخطى دورها كاتحاد تجاري. والهستدروت وهي الكلمة العبرية للاتحاد، واختصار الاتحاد العام للعمال في "أرض إسرائيل"، يمارس تأثيراً كبيراً على سياسات الحكومة في ما يتعلق بالأجور والتشريعات الخاصة بالعمل. كما أن له تأثيراً في المجالات السياسية والاجتماعية والثقافية.

على الرغم من أن أيديولوجية المنظمة تتركز على تمثيل مصالح العمال، فإن الهستدروت ظلّ يمثل لفترة طويلة مصالح حزب العمل. فمنذ تأسيسه، سيطرت أحزاب العمل المختلفة على الهستدروت على الأقل حتى سنة 1994 واستفادت منه بشكل كبير؛ حيث شكل أعضاء الهستدروت قسماً كبيراً من أعضاء حزب العمل، الذين كانوا يرون أن السيطرة على الهستدروت هدف كبير للسياسيين، الذين كانوا يسعون للسيطرة على حزب العمل. وحين كان حزب العمل في الحكومة، كان قادراً على التنسيق مع الهستدروت. فعلى سبيل المثال، كان بإمكانه بسهولة أن يعالج المفاوضات حول الأجور مع العمال. وقد وصلت العلاقة بين الهستدروت وحزب العمل لدرجة قيل معها إن أحد الأسباب الرئيسية لانضمام حزب العمل إلى حكومة الوحدة الوطنية سنة 1988، كان وجود فرصة أمام بيريز كوزير للمالية ورئيس للجنة المال في الكنيست، لأن يغطي الهستدروت والكيبوتزيم والموشافيم الذين كانوا واقعين تحت خسارة تقدر بمليارات الدولارات [133].

ومنذ إعلان قيام "دولة إسرائيل"، أصبح الهستدروت ثاني أعظم قوة في السياسة الاقتصادية والاجتماعية بعد الحكومة؛ حيث بلغ عدد المنضمين إليه 1.8 مليون عضو.

---

[132] الاسم الرسمي للهستدروت هو اتحاد العمال العام في "أرض إسرائيل" Hahistadrut Haklalit shel Haovdim B'eretz Yisrael.

[133] يختلف الهستدروت عن اثنين من اللوبيات الزراعية، الكيبوتزيم، والموشافيم، اللذين يهدفان إلى تحصيل المنافع المادية والإعانات من الحكومة. وكلا اللوبيين في حالة تراجع حالياً، انظر:
Metz (ed.), "Interest Groups," in *Israel: A Country Study*, http://countrystudies.us/israel/104.htm (Accessed: 23/12/2007).

ولكن بعد إعادة تنظيمه سنة 1994، تراجع عدد أعضائه إلى 700 ألف. إلا أن هذا الرقم الكبير ضمن أن يبقى الاتحاد قوة لها اعتبارها في الأمور والقرارات ذات الصلة بالعمل والعمال[134].

وعلى خلاف الاتحادات العمالية في العالم، التي غالباً ما ترتبط بالأحزاب الاشتراكية، فإن الهستدروت، مكون من عمال ينتخبون قادتهم من أحزاب متنافسة، وهذه الأحزاب هي تقليدياً أحزاب علمانية، أو أحزاب تتبنى القيم الاشتراكية. ولكن منذ سنة 1965 فإن جميع الطيف الحزبي الذي يتنافس في انتخابات الكنيست بدأ يتنافس أيضاً في انتخابات الهستدروت، جاعلاً إياها بمثابة مرحلة تمهيدية مهمة في انتخابات الكنيست.

زاد اعتماد حزب العمل على الهستدروت بعد تراجع الحزب في الانتخابات سنة 1988، حيث حاول استخدام الاتحاد من أجل استعادة سلطته السياسية، والمفارقة أنه في الوقت الذي بدأ الهستدروت يصبح أكثر أهمية لمستقبل حزب العمل، فإن دور قادته بدأ يتراجع. وبعد إصلاحات سنة 1994، خسر حزب العمل سيطرته على الهستدروت وبالتالي خسر سلطته عليه. والحقيقة أن بعض خسارات حزب العمل في الانتخابات تعزى إلى غياب الدعم التنظيمي الذي كان يوفره سابقاً الهستدروت. وعلى الرغم من تراجع دور الاتحاد إلا أنه ما زال يلعب دوراً كقوة معارضة حين يكون حزب الليكود في الحكم. إذ يعود الفضل في تقوية الهستدروت وقيادته في هذا المجال للنجاحات الانتخابية لليكود في السنوات 1977، و1996، و2003.

---

[134] Arian, *Politics in Israel*, p. 336.

الفصل السادس

العلاقة مع الولايات المتحدة وتأثيرها على عملية صناعة القرار

العلاقة مع الولايات المتحدة وتأثيرها على عملية صناعة القرار

أولاً: خلفية هذه العلاقة:

"كيف يمكنني أن أوضح لكم كلامي؟ عدا عن الدعم العسكري، أعطت الولايات المتحدة الأمريكية إسرائيل مساعدات كريمة ورائعة على الصعيد الاقتصادي. فبمساعدة أمريكا، استطاعت إسرائيل أن تنمو لتصبح دولة قوية وعصرية... أنا أعرف أني أتكلم باسم كل الإسرائيليين وكل اليهود في كل أنحاء العالم، عندما أقول لكم: شكراً يا شعب أمريكا"[1].

من خطاب نتنياهو أمام الكونجرس في إحدى جلساته المشتركة.

"من زاوية مقارنة، يمكن القول إن العلاقة بين الولايات المتحدة وإسرائيل، هي العلاقة الأكثر غرابة في السياسة الدولية"[2].

دانيال بايبس Daniel Pipes وميتشل بارد Mitchell Bard

في فصلية الشرق الأوسط Middle East Quarterly

تعدّ الولايات المتحدة الراعي والحليف الأساسي لـ"إسرائيل". وهي علاقة أبعد ما تكون عن الجمود. ويسمح الفهم الجيد لطبيعتها بإلقاء الضوء على تأثيرها على آليات صناعة القرار داخل المؤسسات الإسرائيلية، وما إذا كانت هذه العلاقة تؤثر على سيادية القرارات التي تتخذها "إسرائيل".

قبل أن تتأسس "دولة إسرائيل"، كان ينظر إليها، أو على الأقل تظهر نفسها، كموقع متقدم للحضارة الغربية (أوروبا في ذلك الوقت)، في قلب العالم الإسلامي. وقد أشار ثيودور هرتزل إلى هذه النقطة بوضوح في كتابه (الدولة اليهودية) Der Judenstaat

---

[1] ألقي هذا الخطاب في 1996/7/10، انظر: موقع بنيامين نتنياهو على الإنترنت، www.netanyahu.org/joinsesofusc.html (Accessed: 7/7/2008).

[2] Mitchell G. Bard and Daniel Pipes, "How Special is the U.S.-Israel Relationship?," *Middle East Quarterly*, vol. 4, no. 2, June 1997.

(The Jewish State) الذي أصبح الحجر الأساس في الأيديولوجية الصهيونية. ففي هذا الكتاب الذي وضعه سنة 1896، يقدم هرتزل نظرته لمستقبل الدولة اليهودية فيقول: "سوف يكون هناك جزء من الجدار الأوروبي المواجه لآسيا، وسوف نكون موقعاً متقدماً للحضارة في مواجهة البربرية".

وبعد تأسيس "دولة إسرائيل" سنة 1948، استمرت "إسرائيل" في إظهار نفسها على أنها الحامي للحضارة الغربية، لكونها موقعاً متقدماً للمصالح الغربية في المنطقة. ففي مقال نشر سنة 1951 يحدد غيرشوم شوكين Gershom Shocken ناشر ورئيس تحرير صحفية هآرتس، بعض ما يراه على أنه رسالة "إسرائيل" في المنطقة، حيث يقول:

> تقوية إسرائيل تساعد القوى الغربية على المحافظة على التوازن والاستقرار في الشرق الأوسط. وسوف تكون إسرائيل الحارس. ليس هناك خوف من أن تتبنى إسرائيل أي سياسات عدائية ضدّ الدول العربية عندما يتعارض ذلك صراحة مع رغبات الولايات المتحدة وبريطانيا. ولكن إذا أرادت الدول الغربية في بعض الأحيان، ولأي سبب من الأسباب أن تغمض عينيها، فيمكنها الاعتماد على إسرائيل في معاقبة العديد من الدول المجاورة التي قد تتخطى الحدود المسموح بها في قلة احترام الغرب[3].

بالإضافة إلى ذلك، فإن حاجات "إسرائيل" الأمنية جعلت من الضرورة بمكان المحافظة على العلاقات الاستراتيجية مع القوى العسكرية الخارجية. فابتداء من بن جوريون، كان كل القادة الإسرائيليين على دراية بأن "إسرائيل" لا يمكنها بأي شكل من الأشكال أن تحقق الاكتفاء الذاتي بشكل تام. فكونها دولة صغيرة، ذات إمكانات محدودة، لا يسمح لها أن تصبح معزولة في أوقات الحرب. ولذلك، ظلّ المبدأ الذي وضعه بن جوريون القائل بأن "إسرائيل" يجب أن تحظى دائماً بدعم دولة كبرى، مبدءاً أساسياً في عقيدة الأمن القومي الإسرائيلي[4]. وقد تمظهر هذا التحالف مع قوة عظمى، في شكل حلف مع الولايات المتحدة منذ سنة 1967، ومع الاتحاد السوفياتي في أواخر الأربعينيات، ومع فرنسا في الخمسينيات[5].

---

[3] A. Bober, *The Other Israel* (New York: Anchor books, 1972), pp. 16-17, cited from Gershom Shocken, *Haaretz*, 30/9/1951.

[4] Rodman, *op. cit.*

[5] T. Hadar, *op. cit.*

منذ تأسيس "دولة إسرائيل" سنة 1948، تبنت الولايات المتحدة الأمريكية سياسة داعمة لبناء وطن قومي يهودي. وهذا الدعم له خلفياته الدينية والثقافية والسياسية والاستراتيجية، وقد اتخذ أشكالاً من المساعدات المادية لـ"إسرائيل"، تتخطى ما أعطي لأي دولة أخرى، إلى جانب دعمها في الأمم المتحدة. إلا أن هذا الدعم الأمريكي لـ"إسرائيل" لم يكن مطلقاً، فالولايات المتحدة الأمريكية حددت بوضوح أن مصالحها ليست متطابقة دائماً مع مصالح "إسرائيل"، وهذا ما سمح لها أن توازن بين المصالح المتنافسة في المنطقة، وأن تلعب دوراً متوازناً إلى حدّ معقول كوسيط في النزاعات الدائرة في الشرق الأوسط. وهذا ما قد يفسر ولو جزئياً لماذا أجبرت الولايات المتحدة الأمريكية كلاً من المملكة المتحدة وفرنسا و"إسرائيل" على التراجع خلال عدوان 1956، أو ما يعرف بحرب السويس.

ولكن هذا الموقف تجاه "إسرائيل" تغير خلال ولاية الرئيس الأمريكي جونسون، ما بين سنتي 1964 و1967، وخاصة بعد النصر الكاسح الذي حققته "إسرائيل" سنة 1967. فبعد الحرب على فيتنام، تبنت الولايات المتحدة الأمريكية سياسة المحاور من أجل تأمين مصالحها في العالم الثالث؛ وبالتالي بدأت تنظر إلى "إسرائيل" على أنها ثروة صغيرة، ولكنها قوية في المنطقة. ومن هذا المنطلق، طورت الولايات المتحدة و"إسرائيل" تعاونهما الاستراتيجي، وكثفتا تعاونهما العسكري والاستخباراتي والاقتصادي، وهذا بلا شكّ، ولّد تقارباً أكبر في المصالح. وتبين إحدى الوثائق التي نشرتها وزارة الخارجية الأمريكية بعد حرب 1967، إقرار الولايات المتحدة الأمريكية بقدرة "إسرائيل" على تمثيل مصالحها، إذ تقول: "منذ انتهاء الحرب العالمية الثانية، قدمت إسرائيل للولايات المتحدة من حيث المال والجهود المبذولة أكثر بكثير مما قدمه من يسمون أنفسهم أصدقاءنا في أي مكان آخر من العالم. فهنا، ربح الإسرائيليون الحرب، وحدهم، وأخرجونا من المأزق، وخدموا مصالحنا ومصالحهم"[6].

لعبت "إسرائيل" دور "العمود الغربي" في وجه الزحف السوفياتي على الشرق الأوسط، وفي وجه التهديد الذي كانت تراه الولايات المتحدة في شخص الرئيس المصري جمال عبد الناصر. وبالإضافة إلى ذلك، كانت هناك عوامل أخرى أسهمت في بناء العلاقة الاستراتيجية بين الطرفين، مثل الثورة الإسلامية في إيران سنة 1979، وصعود

John Rose, *The Myths of Zionism* (London: Pluto Press, 2004), p. 157. [6]

الأصولية والكنائس الإنجيلية التي تدعو إلى دعم غير مشروط لـ"إسرائيل"، وما تبع ذلك من صعود الليكود الإسرائيلي سنة 1977 صاحب الأيديولوجية الصهيونية التنقيحية، وسياسة احتلال الأراضي العربية وتسريع الاستيطان. وقد تضافر العاملان الأخيران مع بعضهما ليمهدا لإنشاء وتنامي علاقة أيديولوجية على المستوى الشعبي بين البلدين.

وعلى الرغم من أن العلاقات الأمريكية الإسرائيلية بدأت تنتعش في أواخر الخمسينيات، إلا أنها لم تشهد تطوراً دراماتيكياً إلا في سنة 1967 . وفي السنوات العشر التي تلت حرب الأيام الستة، تحولت المساعدات الأمريكية لـ"إسرائيل" من قروض إلى منح أساسية ومباشرة، يتكون معظمها من مساعدات عسكرية[7]. وترافق ذلك مع توقيع ما يزيد عن مئة اتفاقية ومذكرة بين الطرفين، وخاصة في فترة الإدارة الثانية للرئيس الأمريكي رونالد ريجان Ronald Reagan، حيث وقع الطرفان اتفاقات في مختلف المجالات الزراعية والاقتصادية والصحية والعلمية والتقنية والأمنية والدفاعية. وكانت "إسرائيل" أول دولة توقع مع الولايات المتحدة الأمريكية اتفاقية التبادل التجاري الحر Free Trade Agreement التي طبقت سنة 1985[8]. وفي سنة 1989، منحت "إسرائيل" وضعية "حليف أساسي غير عضو في الناتو NATO"، مما سمح لها بتوسيع أنظمتها الدفاعية، وأعطاها فرصة المشاركة في مناقصات على عقود الدفاع الأمريكية.

وبالإضافة إلى ما سبق، ترتبط "إسرائيل" بالمؤسسات الدفاعية الأمريكية من خلال مجموعة مختلفة من الاتفاقات الرسمية والروابط غير الرسمية. فعلى سبيل المثال، وقع الطرفان سنة 1981 مذكرة تعاون تأسست بموجبها مجموعة تخطيط مشتركة للتعاون الأمني، ومجموعة سياسية – عسكرية مهمتها النظر في طلبات المساعدة التي تقدمها "إسرائيل"، وتنسيق المخططات العسكرية، والتدريب المشترك والترتيبات اللوجستية. ومن ناحية أخرى ارتبطت الوكالات الاستخبارية في البلدين بمجموعة كبيرة من ترتيبات تبادل المعلومات الاستخباراتية، مثل "مجموعة العمل المشتركة لمحاربة الإرهاب" (تأسست سنة 1996)[9]. ومن أحدث الاتفاقيات بين الطرفين، اتفاقية التعاون القومي

---

[7] Mearsheimer and Walt, *The Israel Lobby and U.S. Foreign Policy*, p. 26.

[8] Jewish Virtual Library, Formal US-Israel Agreements, http://www.jewishvirtuallibrary.org/jsource/US-Israel/MOUs.html (Accessed: 22/12/2007).

[9] Mearsheimer and Walt, *The Israel Lobby and U.S. Foreign Policy*, pp. 31-34.

المشتركة التي وقعت سنة 2007 لتعزيز التعاون للقضاء على "الإرهاب" من خلال الوسائل العلمية والتكنولوجية. وبناء على ما سبق، فإن أي تغير في العلاقة بين الإدارة الأمريكية والحكومة الإسرائيلية يجب النظر إليها على ضوء هذه العلاقة الرسمية بين الطرفين.

وبالإضافة إلى ذلك، فإن "إسرائيل" ما زالت تتلقى مساعدات سنوية بقيمة 2.5 مليار دولار أمريكي على شكل هبات عسكرية واقتصادية، أي ما يقارب سدس ميزانية المساعدات الخارجية الأمريكية. وهذا الزخم في المساعدات الأمريكية لـ"إسرائيل" دعا بعض السياسيين ومنها عضو الكونجرس لي هاميلتون إلى القول بأن الأرقام الحقيقية تفوق ما هو معلن عنه لتتجاوز سقف 4.3 مليار دولار. بالإضافة إلى ذلك، تتلقى "إسرائيل" ضمانات قروض من الولايات المتحدة تسمح لها بأن تقترض من البنوك التجارية بنسبة فائدة أقل، مما يعني توفير الملايين من الدولارات من مدفوعات فائدة الدَّين[10].

كما تلقَّت "إسرائيل" أيضاً حزمة مساعدات أخرى بقيمة 1.2 مليار دولار من أجل دعم تطبيق اتفاقية واي Wye Agreement، بالإضافة إلى مساعدات تمويل عسكري بقيمة مليار دولار تلقتها "إسرائيل" في إطار التحضير للحرب على العراق سنة 2003. وبالإضافة إلى ذلك، فإن الولايات المتحدة زودت "إسرائيل" بما يقارب ثلاثة مليارات دولار من أجل تطوير طائرات لافي Lavi aircraft، ودبابات الميركافا Merkava، ونظام السهم الدفاعي Hetz (Arrow) missile system. وهذه المشاريع تُصوَّر دائماً على أنها مشاريع أبحاث وتطوير مشتركة، ولكن الولايات المتحدة لم تحتج يوماً إلى هذه الأسلحة ولا تنوي مطلقاً استخدامها. بالإضافة إلى ذلك، فإن "إسرائيل" تتلقى مساعدات إضافية على شكل معدات عسكرية، بكميات تفوق الحدود التي يسمح بها القانون الأمريكي[11].

من ناحية أخرى، تتلقى "إسرائيل" مساعدات مالية من أفراد ومنظمات يهودية ثرية، من خلال منظومة جمع مساعدات قوية. كما تتلقى دعماً سياسياً من اللوبي الإسرائيلي الذي تأسس سنة 1967، ومن كبرى المؤسسات الإعلامية. كما تتلقى دعماً

---

[10] *Ibid.*, pp. 25-30.

[11] *Ibid.*, pp. 27-32.

مالياً من كبار المسؤولين في الاتحادات التجارية، ومن رؤساء صناديق التقاعد، وذلك من خلال استثمار هذه الصناديق في البنوك الإسرائيلية أو من خلال استثمار هذه المشاريع في مجالات التعاون مع "إسرائيل"[12].

ويذهب بعض المحللين مثل ستيفان زونز Stephen Zunes للقول بأن هذا الكم الكبير من المساعدات لا يصب في مصلحة "إسرائيل"، وذلك لأن معظم المساعدات الاقتصادية تذهب بشكل أساسي لتمويل قطاعات غير منتجة مثل المستعمرات والجيش، وتسديد دفعات القروض للبنوك الأمريكية. ففي كل سنة مالية منذ سنة 1974، يذهب ما يقارب المليار دولار من أصل 1.2 مليار دولار هي مجموع الدعم الاقتصادي لـ"إسرائيل"، لتغطية أصل وفائدة الديون، حيث إن القروض السابقة التي قدمتها الولايات المتحدة لـ"إسرائيل" كانت موجهة بشكل أساسي لتمويل شراء الأسلحة من الولايات المتحدة. ولكن هناك وجهات نظر أخرى ترى أنه لولا هذه المساعدات لتقلصت قدرة "إسرائيل" على سداد الديون.

ويرى المحللون أيضاً أن هذه المساعدات العسكرية تصب في نهاية الأمر في مصلحة الصناعات العسكرية الأمريكية، حيث ينتهي الأمر بتكلفة مضاعفة على "إسرائيل" تذهب لتمويل التدريب والتوظيف والصيانة وشراء قطع الغيار، وغيرها من المدفوعات ذات الصلة. والنتيجة طبعاً هي زيادة اعتماد "إسرائيل" على الولايات المتحدة واستنزاف لاقتصاد "إسرائيل" الهش، حيث تستقطع الأموال المطلوبة من النظام الاجتماعي الذي كان في يوم من الأيام يعيش في بحبوحة[13]. ولكن تجدر الإشارة إلى أن "إسرائيل" هي البلد الوحيد المسموح له أن يستثمر 25% من المساعدات العسكرية في تطوير صناعته العسكرية، التي تستفيد أيما استفادة من هذا الاستقطاع المالي المسموح به[14]. إلا أن اعتماد "إسرائيل" على الولايات المتحدة ازداد بعد حرب سنة 1973، بسبب الأهمية الاستراتيجية التي أوليت للولايات المتحدة داخل "إسرائيل"، وخاصة في الثمانينيات بعد أن قررت "إسرائيل" أن تعتمد كلياً على الولايات المتحدة في إنتاج الطائرات والسفن العسكرية، مما يسمح لها بتطوير صناعة الأسلحة التي أنتجت مجموعة كبيرة ومختلفة

[12] James Petras, *The Power of Israel in the United States* (Atlanta, GA: Clarity press, 2006), p. 39.

[13] Stephen Zunes, "The Strategic Function of US Aid to Israel," *Middle East Policy* journal, Washington, DC, Middle East Policy Council (MEPC), vol. 4, no. 4, October 1996.

[14] Mearsheimer and Walt, *The Israel Lobby and U.S. Foreign Policy*, p. 27.

من الأسلحة. وقد ترافق هذا الاعتماد العسكري على الولايات المتحدة مع اعتماد دبلوماسي عليها أيضاً، وخصوصاً أن "إسرائيل" غدت معزولة دبلوماسياً أكثر من ذي قبل بعد الحظر النفطي عليها[15].

وبالإضافة إلى المساعدات الاقتصادية والعسكرية التي تتلقاها "إسرائيل"، تقدم الإدارة الأمريكية لـ"إسرائيل" دعماً سياسياً ودبلوماسياً ثابتاً. فبين سنتي 1972 و2006 استخدمت الولايات المتحدة الأمريكية حقّ النقض (الفيتو) 42 مرة لمنع استصدار قرارات تدين "إسرائيل"، أي ما يفوق كل المرات التي استخدمت فيها أمريكا حقّ الفيتو في مجلس الأمن في جميع القضايا الأخرى مجتمعة. وفي سنة 2002 أبلغ سفير الولايات المتحدة الأمريكية إلى الأمم المتحدة جون نجروبونتي John Negroponte ممثلي الدول الأعضاء في مجلس الأمن بأن الولايات المتحدة ستستخدم حقّ النقض لمنع أي قرار يدين "إسرائيل" دون أن يدين "الإرهاب" بشكل عام، وحركتي حماس والجهاد وكتائب شهداء الأقصى بالتحديد[16]. ومن ناحية أخرى، تدعم الولايات المتحدة الأمريكية "إسرائيل" في الجمعية العامة للأمم المتحدة كلما مررت الأخيرة قراراً، يكون غالباً رمزياً وغير ملزم، يدين سلوك "إسرائيل" ويدعو إلى القيام بعمل ما دعماً للفلسطينيين.

كثر اختلاف المتخصصين حول تفسير طبيعة العلاقة بين الولايات المتحدة الأمريكية و"إسرائيل". فالبعض يراها نموذجاً للدولة – العميل، التي تكون علاقتها علاقة اعتماد، حيث إن "إسرائيل" قد غدت عميلاً حقيقياً للولايات المتحدة تخدم مصالحها الاستراتيجية في المنطقة[17]. في حين يرى آخرون أن العلاقة هي علاقة تبادلية، وأن التعاون المتبادل بين البلدين في مجال تطوير الأسلحة، ومحاربة "الإرهاب" والانتشار النووي، من مجرد علاقة تقوم على اعتماد الولايات المتحدة على "إسرائيل"، إلى مستويات أعلى[18]. ومما يدعم هذه النظرية بعض القرارات التي يتخذها القادة الإسرائيليون دون

---

[15] Barari, *op. cit.*, p. 102.

[16] Mearsheimer and Walt, *The Israel Lobby and U.S. Foreign Policy*, p. 40.

[17] Stephen J. Green, *Taking Sides: America's Secret Relations with a Militant Israel: 1948-67* (New York: William Morrow, 1984).

انظر النسخة العربية: ستيفن غرين، **الانحياز: علاقات أمريكا السرية بإسرائيل** (بيروت: مؤسسة الدراسات الفلسطينية، 1984)، ص 216-227.

[18] Freilich, *op. cit.*

الأخذ بعين الاعتبار مصالح الولايات المتحدة الاستراتيجية في المنطقة. وهذا الاختلاف في طبيعة العلاقة بين البلدين، ولّد اختلافاً آخر بين المتخصصين والمعلقين حول تأثير هذه العلاقة على صناعة القرار في البلدين.

انقسمت الآراء إلى عدة مدارس. تضم المدرسة الأولى أساتذة متخصصين من مثل البروفيسور نعوم تشومسكي Naom Chomsky، والبروفيسور نورمان فينكلشتين Norman Finklestein وغيرهم من اليساريين، وهي تذهب للقول بأن الولايات المتحدة الأمريكية تسيطر على "إسرائيل" التي تتصرف على أنها نائب عن الولايات المتحدة الأمريكية. ويرى أصحاب هذه المدرسة أن الولايات المتحدة الأمريكية تنظر إلى "إسرائيل" على أنها ثروة استراتيجية، وأن الدعم الأمريكي لها هو بكل بساطة، بدل الخدمات التي تقدمها "إسرائيل" أو "القاعدة الأمريكية ذات الخبراء الإقليميين" كما يحلو لهم أن يسموها. وترى هذه المدرسة في الدعم الأمريكي لـ"الشعب اليهودي"، أحد عوامل هذه العلاقة.

ويستشهد أصحاب هذا الرأي ببعض الأحداث التي يرون أنها تثبت بأن سياسة الولايات المتحدة الأمريكية تؤثر على السياسة الإسرائيلية. ومن أبرز هذه الأحداث اعتراض الولايات المتحدة على أي ردّ إسرائيلي على إطلاق صواريخ سكود خلال حرب الخليج الثانية سنة 1990، أو أي تدخل آخر مكشوف في مسار الحرب على العراق سنة 2003، وإصرار الولايات المتحدة على استمرار "إسرائيل" في حربها على لبنان سنة 2006، والفيتو الأمريكي على بيع "إسرائيل" أسلحة لبلدان مثل الصين وفنزويلا، الأمر الذي رأت فيه الولايات المتحدة تهديداً استراتيجياً لها[19]. كما يدعم أصحاب هذه المدرسة وجهة نظرهم بتصريحات من مثل التصريحات التي أدلى بها الرئيس الأمريكي رونالد ريجان سنة 1981؛ حيث نقل عنه أنه علق مبرراً الدعم الأمريكي لـ"إسرائيل" بالقول: "إسرائيل قوة نافعة لنا في الشرق الأوسط، حتى في غياب جيشها المقاتل المتمرس. فلو أن إسرائيل لم تكن تملك تلك القوة، لكنا زودناها بقوة من عندنا، وبالتالي القضية ليست قضية عمل خيري نقدمه لجهة خارجية"[20].

---

[19] Mounzer Sleiman, Will US Keep Letting Israel Sell Arms?, Al Jazeera English website, 7/7/2005, http://english.aljazeera.net/NR/exeres/23A0A815-7FD2-4482-A20A-09DDF72D8A5E.htm (Accessed: 2/7/2005).

[20] Naseer H. Aruri, *Dishonest Broker: The US Role in Israel and Palestine* (Cambridge: South End Press, 2003), p. 39.

أما المدرسة الثانية، فمبنية على فكرة أن الدعم الأمريكي لـ"إسرائيل" لا يخدم المصالح الخارجية الأمريكية. ويرى أصحابها على أن نموذج الدولة – العميل تغير بحيث أصبحت "إسرائيل" هي التي تقود الولايات المتحدة من خلال سيطرة اللوبي الإسرائيلي على الكونجرس والإدارات الأمريكية والمؤسسات الإعلامية والمتبرعين الذين يمولون الحزب الديموقراطي.

ويعتقد أصحاب هذه المدرسة ومنهم البروفيسورين جون ميرشيمر John Mearsheimer وستيفان والت Stephen Walt، والبروفيسور جيمس بيتراس James Petras، أن اللوبي الإسرائيلي يعمل على تحديد وتشكيل المصالح القومية الأمريكية لتصب في صالح "إسرائيل". وبدل نموذج الدولة – العميل، يرى أقطاب هذه المدرسة أن المشهد تحول إلى تشابك بين لاعبين مستقلين، وأن مهمة اللوبي الإسرائيلي هي المحافظة على هذا التشابك والتلاعب به.

ومن الأمثلة التي يسوقونها على كلامهم، موقفهم من الانسحاب من الأراضي التي احتلت سنة 1967. فعلى الرغم من أن الولايات المتحدة كان تدفع باتجاه تسوية سلمية وتدعو إلى استخدام الضفة الغربية وقطاع غزة كوسيلة ضغط، أصر الإسرائيليون على الاحتفاظ بالأرض. وليس هناك داع للقول بأن الموقف الإسرائيلي هو الذي ساد في نهاية الأمر. مثال آخر على ذلك، الاجتياح الإسرائيلي للبنان سنة 1982، وقيام "إسرائيل" بجر الولايات المتحدة إلى تدخل كارثي في القضية. وأخيراً، تحدي شارون لمطالب بوش بالانسحاب من الضفة الغربية بعد اجتياحها سنة 2002.

كما أنهم يدعمون نقاشهم أيضاً بتعليقات وتصريحات مثل تلك التي أدلى بها رئيس الوزراء الإسرائيلي الأسبق أريل شارون خلال أحد اجتماعات مجلس الوزراء سنة 2001. فرداً على مطالبة شمعون بيريز شارون بالانصياع للطلب الأمريكي بوقف النار، نقل راديو "إسرائيل" عن شارون أنه قال: "في كل مرة نفعل شيئاً، تقولون لي بأن الأمريكيون سيفعلون كذا. أريد أن أقول لكم شيئاً: لا تقلقوا من الضغط الأمريكي على إسرائيل، نحن الشعب اليهودي نسيطر على أمريكا، والأمريكان يعرفون هذا"[21].

---

[21] IAP News, Sharon to Peres: "Don't worry about American pressure; we control America", Washington Report on Middle East Affairs (WRMEA), Israel Press, 3/10/2001, http://www.wrmea.com/html/newsitem_s.htm (Accessed: 30/3/2007).

ومن الأمثلة الحديثة التي يسوقها أصحاب هذا الرأي، إسهام اللوبي الإسرائيلي في جعل الحرب على إيران أو خوض مواجهة معها نيابة عن "إسرائيل" على رأس أولويات الولايات المتحدة.

ثانياً: تأثير العلاقة الأمريكية الإسرائيلية على عملية صناعة القرار:

فيما يتعلق بعملية صناعة القرار الإسرائيلي، يصح القول بأن القرارات الإسرائيلية تأخذ بالحسبان دائماً الموقف الأمريكي. فكون "إسرائيل" حليفاً أساسياً للولايات المتحدة، يدفع صناع القرار إلى تحديد موقف الولايات المتحدة تجاه بعض السياسات قبل أخذ القرار، كما أن بعض السياسات تناقش بين الإسرائيليين والأمريكان قبل أخذ قرار بشأنها. أما التعاون في مختلف المجالات، وبالأخص على الصعيدين الأمني والعسكري، فهو على قدم وساق، ويشمل مناقشة السياسات على مستوى خزانات الفكر، والتعاون الفنّي بين المسؤولين العسكريين. وبالفعل، فإن هناك كثافة في تبادل المعلومات والسياسات في الكثير من المجالات، لدرجة أنه ينظر إلى إمكانات الولايات المتحدة فيما يتعلق بصناعة القرار على أنها امتداد لإمكانات "إسرائيل"[22]. ودعماً لهذا التعاون، فإن اللوبي الأمريكي يعمل على حلّ الخلافات أو التخفيف منها عن طريق إظهار المصالح الإسرائيلية على أنها مصالح أمريكية، وتوفير أرضية سياسية مشتركة.

ولكن ما ذكر آنفاً لا يفسر التناقضات بين سياسات البلدين، إذ إنه بناء على هذا الكلام من المفترض أن تكون السياسات الإسرائيلية والسياسات الأمريكية متطابقة. ولكن الواقع كان مخالفاً لذلك في كثير من الأحداث على الرغم من استمرار التعاون بين الطرفين. فـ"إسرائيل" ما زالت ترفض وقف الأنشطة الاستيطانية على الرغم من موقف الولايات المتحدة الواضح تجاه هذا الموضوع. كما أن "إسرائيل" قصفت المفاعل النووي العراقي سنة 1981 قبل أن تحصل على موافقة الولايات المتحدة الأمريكية، وضمَّت رسمياً شرقي القدس سنة 1980، والجولان سنة 1981، واجتاحت لبنان سنة 1982 ورفضت خطة ريجان للسلام سنة 1981.

[22] Freilich, *op. cit.*

هناك عدة تفسيرات للسلوك الإسرائيلي تجاه الولايات المتحدة، أحدها تفسير تاريخي، يقدم إسقاطات تاريخية في تحليل علاقة "إسرائيل" مع القوى الكبرى، مبنية على علاقة اليهود التاريخية الملتبسة مع الحاكم في روسيا وبولندا، حيث يعيد هذا السلوك إلى التقاليد المجتمعية للشتيتل Shtetl، أو المجتمع اليهودي الصغير في أوروبا، فهذه الأقلية التي كانت مضطهدة ومحتقرة من قبل المجتمع المسيحي، بزعم أنهم قتلة المسيح، كانت تلتصق التصاقاً وثيقاً بالأمير أو الحاكم أو ما يسمى بالـ"بورتز poritz"، حيث كانت سلامتها مرتبطة برضاه، فإذا كان الحاكم راضياً، يعيش هؤلاء بأمان، وأما إذا غضب، فإن ذلك سوف يجر عليهم الويلات. وبالتالي كان الحاكم حامياً ومضطهداً لهم في الوقت عينه. وبقاء هذا النموذج من العلاقات مع الجهات الخارجية التي تمتلك القوة، يفسر تأرجح موقف وسياسات "إسرائيل" تجاه الولايات المتحدة الأمريكية، فمرة تكون "إسرائيل" شريكاً مطيعاً، كما كان الوضع في قضية "إيران كونترا"، ومرة تلعب "إسرائيل" دور الخصم المشبوه، كما في قصة جوناثان بولارد Jonathan Pollard اليهودي الأمريكي الذي كان يعمل محللاً في البحرية الأمريكية، ثم سجن سنة 1987 بتهمة التجسس لمصلحة "إسرائيل".

ووفقاً لهذا التفسير، فإن ثناء الإسرائيليين على الولايات المتحدة الأمريكية على اعتبارها "حليفنا الأكبر"، غالباً ما يترافق مع الشكوى. نذكر هنا مثلاً الانتفاضة الغاضبة لرئيس الوزراء مناحيم بيجن في كانون الأول/ ديسمبر 1981، في وجه السفير الأمريكي صمويل لويس Samuel Lewis حيث قال: "لسنا جمهورية موز"!. كما نذكر شكوى جاد يعقوبي Gad Ya'acobi، وزير الاقتصاد السابق والسفير السابق لـ"إسرائيل" في الأمم المتحدة، حيث أشار بمرارة إلى النصيحة الاقتصادية الأمريكية التي وصلته، بالتزامن مع وصول المساعدات المقدرة بثلاثة مليارات دولار. ولذلك، ترى الخطاب الإسرائيلي في لحظة من اللحظات مفعماً بالفخر، وفي مواقع أخرى أشبه بتملق الحاخام في حضرة الأمير[23].

وهناك تفسير آخر لهذه التناقضات السياسية أبسط من التفسير التاريخي آنف الذكر. يرى هذا التفسير أن القرارات الإسرائيلية تعتمد بقوة على موقف صناع القرار الإسرائيليين من الولايات المتحدة. فعلى امتداد الطيف السياسي الإسرائيلي، هناك أربعة

---

[23] Cohen, *op. cit.*

مواقف من العلاقات مع الولايات المتحدة الأمريكية، وخاصة فيما يتعلق بعملية السلام، فهناك القومية المتطرفة، وهناك الاتجاه المحافظ، وهناك الواقعية، وهناك التقدمية. وهذه المقاربات المبنية على الموقف من قضيتين أساسيتين، قيمة الاستمرار في السيطرة على الأراضي المحتلة سنة 1967، وقيمة الولايات المتحدة كعامل في الأمن الإسرائيلي. فبما أن الولايات المتحدة هي داعم تنفيذي دائم لمبدأ الأرض مقابل السلام في أي تسوية سلمية مع العرب، فإن الموقف الإسرائيلي منها قائم على الموقف من الأراضي المحتلة سنة 1967، فكلما كان الموقف الإسرائيلي السائد متمسكاً بهذه الأراضي، كلما كانت احتمالات تنسيق السياسات تجاه عملية السلام بين "إسرائيل" والولايات المتحدة أقل. وبالإضافة إلى ذلك، وبالنظر إلى الانعكاسات الأمنية لأي تنازل عن الأراضي على أمن "إسرائيل"، فإنه كلما كان الموقف الإسرائيلي السائد ينظر إلى الولايات المتحدة كعنصر أساسي في الأمن الإسرائيلي، كلما زاد سعي القادة الإسرائيليين إلى دفع الولايات المتحدة الأمريكية للانخراط في العملية السلمية بشكل فعال، لأن ذلك يعني، ربطها بشكل وثيق بالشبكة الأمنية الإسرائيلية. وهذا طبعاً ما يزيد من احتمالات أن تقدم "إسرائيل" من تنازلات في مفاوضات السلام، لأنها سوف تعني بالضرورة الإبقاء على الدعم الأمريكي[24].

1. القوميون المتطرفون:

تتمثل القومية المتطرفة بأحزاب يمينية من يمين حزب الليكود، أمثال المفدال، ومن أحزاب أقصى اليمين المتمثلة بـ: تحيا Techiya، وتزومت Tzomet، وموليدت، والاتحاد الوطني. كما تضم بعض الدوائر اليمينية في داخل حزب الليكود نفسه. من أهم صناع القرار الذين ينتمون لهذا الاتجاه، رؤساء الوزراء السابقون: مناحيم بيجن، وإسحاق شامير، وأريل شارون، وقائد الأركان والوزير الأسبق رفائيل إيتان[25]. الأيديولوجية الأساسية لهذه الأحزاب، وخاصة فيما يتعلق بوحدة "أرض إسرائيل"، تتعارض تماماً وبشكل مباشر مع مبدأ الأرض مقابل السلام، الذي تبناه الأمريكيون لوقت طويل. ولكن هذا التعارض يخف عندما يكون التنازل في المناطق الواقعة خارج "أرض إسرائيل". وأصحاب هذا الاتجاه يخافون من تزايد الاعتماد الاسرائيلي على الولايات

---

[24] Jonathan Rynhold, "Israeli-American Relations and the Peace Process," *Middle East Review of International Affairs (MERIA)* journal, vol. 4, no. 2, June 2000.

[25] *Ibid.*

المتحدة، إذ يرون أنه يضعف قدرة "إسرائيل" على الردع. ويرون أن "إسرائيل" يجب أن تحكم قبضتها على الضفة الغربية وقطاع غزة دون أن تضر بعلاقاتها مع الولايات المتحدة، لأنهم يحظون بدعم القوى الداعمة لـ"إسرائيل" في واشنطن، ولأنها كانت القوة المسيطرة في تلك الأراضي. ويميل القوميون المتطرفون إلى معارضة الانخراط الأمريكي في عملية السلام، ويتوقعون من أمريكا أن لا تتدخل في محاولات "إسرائيل" التدريجية لضم الضفة الغربية وغزة إلى "إسرائيل".

أهم أيديولوجية لهذه الأحزاب هي بالتحديد تكامل "أرض إسرائيل"، وهي على تناقض مباشر مع مبدأ الأرض مقابل السلام الذي تبناه الأمريكان لفترة طويلة، ولكن أهمية هذا التناقض تتلاشى حينما يصل الأمر إلى تقديم التنازلات خارج حدود "أرض إسرائيل". وفي حين تدافع هذه القومية عن الاعتماد على الذات، فإنها تخاف من ناحية أخرى من زيادة تداعيات اعتماد "إسرائيل" على الولايات المتحدة، لأنهم يرون أنه يضعف من قدرة "إسرائيل" على الردع. وهم يعتقدون أن "إسرائيل" يمكنها أن تحكم قبضتها على قطاع غزة، والضفة الغربية، دون أن يؤثر ذلك على علاقاتها مع الولايات المتحدة الأمريكية، لأنها تحظى بدعم القوى المؤيدة لـ"إسرائيل" في واشنطن. تميل القومية أيضاً إلى مواجهة الانخراط الأمريكي في عملية السلام، وتتوقع من الأمريكيين أن لا يتدخلوا في محاولات "إسرائيل" ضم كل من قطاع غزة والضفة الغربية بشكل تدريجي إلى "إسرائيل".

أحد الأمثلة على سياسات القوميين المتطرفين، أنه بعد الاجتياح الإسرائيلي للبنان سنة 1982، حين عرض الرئيس الأمريكي رونالد ريجان خطة سلام تستدعي انسحاب "إسرائيل" من بعض الأراضي التي احتلتها؛ كانت ردة فعل بيجن على هذه الخطة أنه أبلغ الكنيست "بأنه ليس هناك داع لأن نجثو على ركبنا". بالإضافة إلى ذلك، فإنه في 5 أيلول/ سبتمبر وافق مجلس الوزراء الإسرائيلي على المباشرة ببناء ثلاث مستعمرات جديدة في الضفة والقطاع، في مواجهة دعوة خطة ريجان تجميد بناء المستعمرات. وهناك مثال آخر على سياسات القوميين المتطرفين، وهو ضمّ بيجن مرتفعات الجولان دون استشارة الولايات المتحدة. ومواجهة إسحاق شامير لجورج بوش الأب سنة 1992 حين رفض وقف بناء المستعمرات مقابل ضمانات القروض التي طلبتها "إسرائيل". ولكن على الرغم من إعراض شامير في البداية عن المشاركة في مؤتمر مدريد، الذي يمكن

تفسيره على ضوء تصريحه الذي جاء بعد أن خرج من الوزارة، حيث قال: "كان يمكنني أن أستمر في محادثات الحكم الذاتي لمدة عشر سنوات، في الوقت الذي كان يمكن أن نصل فيه إلى إسكان نصف مليون يهودي في يهودا والسامرة"[26]؛ فإنه يمكن تفسير خطة فكّ الارتباط عن غزة التي نفذها رئيس الوزراء الإسرائيلي الأسبق أريل شارون سنة 2005 على أنها انحراف عن هذه الأيديولوجية؛ وقد تأكد هذا الأمر بانشقاق شارون عن حزب الليكود وتشكيله حزب كاديما.

2. المحافظون:

يتمثل الاتجاه المحافظ بالجناح البراجماتي من حزب الليكود. ومن أهم الشخصيات في هذا الاتجاه، رئيس الوزراء بينامين نتنياهو، ورئيس الوزراء السابق إيهود أولمرت، ووزير الخارجية والدفاع الأسبق موشيه أرينز، وسفير "إسرائيل" الأسبق في الولايات المتحدة الأمريكية زلمان شوفال Zalman Shoval، ووزير المالية الأسبق دان ميريدور Dan Meridor[27]. ويتشابه المحافظون مع القوميين المتطرفين من الناحية الأيديولوجية لجهة اعتقادهم بأن "إسرائيل" يجب أن تحتفظ بالأراضي التي احتلتها سنة 1967 والمستعمرات. ولكن بعد بداية الانتفاضة الأولى، تبنى المحافظون مقاربة مبنية على الواقعية السياسية فيما يتعلق بالسياسة الخارجية. فكان نتنياهو أول من أعلن تخليه عن دعم الليكود لفكرة الحكم الذاتي، وذلك من خلال تبني مبدأ المساومة على الأرض. كما تحدث عن قبوله بدولة فلسطينية منزوعة السلاح، ذات سيادة محدودة في كل من الضفة الغربية وقطاع غزة. وهذا الموقف سمح للمحافظين أن يتعاونوا مع الولايات المتحدة بطريقة لم يقدر عليها القوميون المتطرفون. وعلى الرغم من أن المحافظين يعترفون بالدور المحوري الذي تلعبه الولايات المتحدة، إلا أنهم يشكون بالتزامها. فهم يرون أن دور الولايات المتحدة الأمريكية في العملية السلمية دور تسهيلي، ويسعون إلى تقليص دور الإدارة الأمريكية فيه[28].

بعد الاشتباكات التي حصلت في القدس سنة 1996، غيّر نتنياهو رأيه في تحجيم دور الولايات المتحدة في المفاوضات، ورأى في انخراطها في العملية السلمية أمراً مهماً للحؤول

[26] *Ibid.*; and Barari, *op. cit.*, p. 103.

[27] Rynhold, *op. cit.*

[28] Barari, *op. cit.*, p. 103.

دون انهيار العملية السلمية، الذي كان يخاف أن يؤدي إلى عزل وإبعاد "إسرائيل" عن الولايات المتحدة. حينها، عمل نتنياهو مع حلفائه في الكونجرس من أجل تقليص الضغط الأمريكي، وأدت المفاوضات في النهاية إلى توقيع اتفاقية واي ريفر Wye River Accord. ولكن في الوقت الذي كانت عيناه تتطلعان إلى الانتخابات المقبلة، وكان يخشى من أن تحد تنازلاته من فرص إعادة انتخابه، لم يكتفِ نتنياهو بتجميد اتفاقية واي ريفر، بل إنه ذهب أبعد من ذلك، حين أخل بتعهداته للولايات المتحدة، حينما زاد بشكل دراماتيكي من دعم الحكومة للأنشطة الاستيطانية[29].

3. الواقعيون:

تتمثل "الواقعية" بقطاع من حزب العمل (وهي واقعية نسبية ضمن المصالح والمعايير الاستراتيجية للمشروع الصهيوني). ومن أهم الواقعيين، رئيسا الوزراء السابقين إسحاق رابين وإيهود باراك، وقائد الأركان الأسبق أمنون ليبكين – شاحاك Amnon Lipkin-Shahak، ونائب قائد الأركان الأسبق، ووزير الدفاع ماتان فيلنائي Matan Vilnai. والحاكم المدني الأسبق للأراضي المحتلة، ونائب وزير الدفاع الأسبق إفرام سنيه Efraim Sneh[30]. وتعود الواقعية، أو الواقعية السياسية، أو البراجماتية، في جذورها إلى الثقافة السياسية التي سادت في مرحلة بناء الدولة، مع التركيز الشديد على الموضوع الأمني. وقد سوّق لهذه الواقعية السياسية، ديفيد بن جوريون، وحزب العمل في السنوات المبكرة من بناء "إسرائيل"، ورُبطت بقوة بالعمليات العسكرية. والواقعيون في معظمهم من نخبة ضباط الجيش، الذين عُيِّنوا في مناصب رفيعة المستوى في حزب العمل بعد أن استقالوا من الجيش، خصوصاً بعد أن شعر الحزب بأنه لا يمكن أن يفوز في الانتخابات بناء على مشروعه السياسي الذي يميل إلى السلام، دون وجود ضباط كبار من الجيش يعطون للحزب مصداقيته.

والواقعيون من أمثال رابين اعترفوا منذ الخمسينيات بالحاجة إلى إعادة التمحور على صعيد العلاقات الخارجية، وذلك بالتحول من التحالف مع أوروبا إلى التحالف مع الولايات المتحدة. واستمروا في رؤية الولايات المتحدة على أنها حجر أساس في سياسة "إسرائيل" تجاه العملية السلمية. بالإضافة إلى ذلك، فإن موقفهم من الضفة

---

[29] Rynhold, *op. cit.*

[30] *Ibid.*

الغربية وقطاع غزة يعتمد على أهمية تحسين وتعزيز الأمن الإسرائيلي، وتوفير عمق استراتيجي، دون أن تكون لهم هواجس قومية حول موضوع الأراضي مثل هواجس المحافظين. وقد كان رابين يرى أن بعض المستعمرات تحمل قيمة أمنية، فيما يحمل بعضها قيمة سياسية، وبالتالي، فإنها لا قيمة كبيرة لها. ويذهب الواقعيون أبعد من ذلك، حين يرون أنه ليس هناك ضمانة أمنية أفضل من ربط الأمن الإسرائيلي بالولايات المتحدة. وبالفعل فإن رابين كان يؤمن بأن أمن "إسرائيل"، "مرتبط بالولايات المتحدة الأمريكية بطريقة لا يمكن الفكاك منها"[31].

وبسبب موقفهم الواقعي المرن حول موضوع التنازل عن الأراضي مقابل السلام لتحسين أمن "إسرائيل"، وقناعتهم بأهمية الولايات المتحدة بالنسبة لأمن "إسرائيل"، كان الواقعيون، أكثر مجموعة سياسية إسرائيلية قادرة على التناغم مع المواقف الأمريكية[32]. فرابين وغيره من السياسيين الواقعيين، كان يرى بأنه لا يمكن الاستغناء عن دور الولايات المتحدة في العملية السلمية، وبالتالي، كان التنسيق مع الإدارة الأمريكية أمراً مركزياً في سياستهم الخارجية. ومن ناحية أخرى، كان رابين يرى بأن التوصل إلى تسوية مع العرب يجب أن يترافق مع بعض المكاسب المادية من الولايات المتحدة، وبالتالي، واصل الواقعيون سياسة الدفع باتجاه تقارب أكبر في مجال التعاون الاستراتيجي بين البلدين، وباتجاه قبول موقف الولايات المتحدة في كل القضايا التي لا تؤثر مباشرة على الأمن الإسرائيلي خصوصاً وأنهم يقرون بأن الولايات المتحدة قدمت لـ"إسرائيل" خدمات متعددة الأوجه والأبعاد منها: المساعدات المالية، والتسليح، والمساعدات الدبلوماسية في الأمم المتحدة، وتسهيل الاتصال مع اليهود المقيمين في الدول التي لا تقيم علاقات دبلوماسية مع "إسرائيل"، وردع الاتحاد السوفياتي السابق[33].

ومع ذلك كله، ما زال الواقعيون يفضلون إبعاد الولايات المتحدة عن تفاصيل المساومات، على الأقل حتى مرحلة متأخرة، وذلك نتيجة ميل الإدارة الأمريكية إلى "توزيع الفروق" بين مختلف الأفرقاء. فعلى سبيل المثال، حاول إيهود باراك، بعد انتخابه رئيساً للوزراء، أن يحد من مشاركة الولايات المتحدة في المفاوضات، وأن يقلص

---

[31] David Horowitz (ed.), *Yitzhak Rabin, Soldier of Peace* (London: Peter Halban, 1996), p. 47, quoted in Barari, *op. cit.*, p. 105.

[32] Rynhold, *op. cit.*

[33] Barari, *op. cit.*, pp. 105-106.

أيضاً دور السي أي إيه، في تقدير ما إذا كانت القوى الأمنية تنفذ التزامات اتفاقية واي ريفر التي وقعت سنة 1998[34].

أما فيما يتعلق بالتعاون العسكري، فقد كان رابين يرفض التوقيع على أية معاهدة دفاعية مع الولايات المتحدة، خوفاً من أن مثل هذا الاتفاق سوف يحد من قدرة "إسرائيل" على المناورة التكتيكية، وذلك من خلال وضع حياة الأمريكيين في خطر من أجل "إسرائيل"، مما يمكن أن يضعف الدعم الأمريكي لـ"إسرائيل" على المستوى البعيد.

4. التقدميون:

يتمثل ما يُسمى الاتجاه "التقدمي" (في إطار المنظومة الصهيونية) بحزب ميرتس وبالدوائر اليسارية في حزب العمل. ومن أبرز الشخصيات التي تتبنى الاتجاه التقدمي شمعون بيريز، ويوسي بيلين، وكبير المفاوضين الإسرائيليين في أوسلو سنة 1993، عضو الكنيست يوري سافير Uri Savir، ووزير الخارجية الإسرائيلية الأسبق شلومو بن عامي، والوزير حاييم رامون. وعلى الرغم من أن التقدمية كسبت نفوذاً متصاعداً في أروقة حزب العمل منذ نهاية الثمانينيات، فإن الاعتماد الانتخابي على الواقعيين، من أمثال إيهود باراك، أضعف من تأثير التقدميين على السياسة الخارجية الإسرائيلية[35].

يرى التقدميون أنه لا يمكن تحقيق الأمن دون تحقيق السلام، إذ إن الأمن لا يمكن توفيره بالقوة العسكرية وحدها. ويؤمن التقدميون بأنه يمكن تحقيق السلام من خلال السماح للفلسطينيين بتقرير مصيرهم، ومن خلال إيجاد إطار عمل إقليمي للتعاون الاقتصادي. وبالنسبة لهم، فإن كل "أرض إسرائيل"، ليست قيمة أساسية ولا حتى قيمة أمنية مهمة. وبالفعل، فإن التقدميين يرون أن المستعمرات بشكل عام تشكل عبئاً أمنياً، لأنها تعيق إمكانية التوصل إلى اتفاقية سلام مع الفلسطينيين. ويرى التقدميون أيضاً أن على "إسرائيل" أن تقدم تنازلات من ناحية التخلي عن الأراضي، لأن استمرارها في السيطرة على أراضي شعب آخر، وانتهاك حقوق الإنسان، يهدد ديموقراطية ويهودية "دولة إسرائيل"[36].

---

[34] Rynhold, *op. cit.*

[35] *Ibid.*

[36] *Ibid.*

ويرى التقدميون أن للولايات المتحدة الأمريكية دور أساسي، لكونها الممول لأي تعاون اقتصادي إقليمي قد يحصل في المستقبل، وذلك من خلال مكافأة أولئك الذين يبدون رغبة في المضي في العملية السلمية. ومن ناحية أخرى، يقلل التقدميون من شأن الدور الأمريكي فيما يتعلق بالأمن القومي الإسرائيلي، وبالتالي، فإنهم يقللون من شأن الدور الأمريكي في العملية السلمية.

فعلى سبيل المثال، بدأ يوسي بيلين الجولة الثانية من مفاوضات أوسلو مع الفلسطينيين، على الرغم من أن الإدارة الأمريكية كانت ترعى محادثات واشنطن. والحقيقة أن مفاوضات أوسلو انطلقت واتفق طرفاها على ما اتفقوا عليه دون علم إدارة بيل كلينتون. ولكن التقدميين غالباً يتوخون الانخراط الأمريكي في عملية السلام من أجل تذليل أية عقبات إجرائية، ومن أجل الترويج لأي اتفاق يتم التوصل إليه في أوساط الرأي العام الإسرائيلي.

وفيما يتعلق بالتعاون العسكري، فعلى عكس الواقعيين، يحبذ التقدميون توقيع اتفاقية دفاع مع الولايات المتحدة الأمريكية. فقد كان بيريز يرى في الولايات المتحدة "الغِرَاء" الذي يمكنه أن يحافظ على تماسك المعاهدات الأمنية المتعددة الأطراف في مواجهة عدو مشترك، أكثر مما يمكن لأي نظام أمني إقليمي أن يفعل. وفي ضوء هذا التصنيف، فقد أصبح من الواضح لماذا تظهر حكومات الوحدة الوطنية قدراً من الجمود عندما يتعلق الأمر بالسياسة الخارجية والعملية السلمية. إذ يصبح من الصعب على أعضاء حكومة الوحدة الوطنية أن يصلوا إلى موقف موحد فيما يتعلق بالعملية السلمية. فعلى سبيل المثال، في حكومة الوحدة الوطنية في الفترة 1984-1990، تبنت "إسرائيل" سياستين خارجيتين مختلفتين. وتجدر الإشارة إلى أنه في السنوات الأخيرة، ضاق هامش الاختلاف في الرأي والمواقف بين الولايات المتحدة و"إسرائيل"، وهذا يعود بشكل جزئي، لكون الإدارة الأمريكية، قد تبنت لفترة طويلة سياسة دعم النخب الإسرائيلية التي تأتي لمتابعة دراستها في الولايات المتحدة الأمريكية، وهذا ما ساعد على إيجاد قيادة إسرائيلية "متأمركة" يمكنها أن تتعاطى بشكل أكثر فعالية مع الإدارات الأمريكية. ويمكن أن يعزى الأمر أيضاً إلى التغير الذي طرأ على العلاقات الأمريكية الإسرائيلية خلال إدارتي جورج بوش الابن، الأولى والثانية، والذي ترافق مع الصعود الكبير لحركة اليمين المسيحي، التي تقودها الصهيونية المسيحية الداعمة لـ"إسرائيل"، وذلك من

أجل الدفع باتجاه تحقيق نبوءاتهم الدينية. ولكن من ناحية أخرى، فإن تدخل الولايات المتحدة في الشرق الأوسط منذ حرب الخليج الأولى، جعل الدور الإقليمي لـ"إسرائيل" غير واضح، وأدى إلى بعض الخلافات بين المصالح الأمريكية والإسرائيلية، في بلدان مثل إيران والعراق وسورية ولبنان. وبالإضافة إلى ذلك، يبدو أن إدارة بوش لم تتبنّ أيديولوجية المحافظين الجدد فيما يتعلق بتسوية الصراع الإسرائيلي – الفلسطيني، كما حددتها الوثيقة الصادرة عن مؤسسة الأبحاث السياسية والاستراتيجية المتقدمة تحت عنوان "انفصال نظيف"، بل اختارت، على الأقل في أدبياتها، دعم التسوية السلمية.

207

الفصل السابع

العلاقة مع المجتمعات اليهودية خارج "إسرائيل" وتأثيرها على عملية صناعة القرار

العلاقة مع المجتمعات اليهودية خارج "إسرائيل" وتأثيرها على عملية صناعة القرار

أولاً: بنية المجتمع اليهودي ولوبي "إسرائيل":

يعدّ المجتمع اليهودي في الولايات المتحدة الأمريكية المجتمع اليهودي الأكثر تأثيراً بين مجتمعات "الشتات"، خاصة وأن عدد اليهود في الولايات المتحدة الأمريكية يفوق عدد اليهود في "إسرائيل"[1]. ومن الناحية السياسية فإن المجتمع اليهودي في الولايات المتحدة هو الأشهر لكونه محضن لوبي قوي جداً داعم لـ"إسرائيل". وقد عرفت دراسة جون ميرشيمرJohn Mearsheimer وستيفان والت اللوبي الإسرائيلي على أنه "تحالف واسع من الأفراد والمنظمات التي تعمل بشكل فعال على تشكيل السياسة الخارجية للولايات المتحدة الأمريكية، باتجاه داعم لإسرائيل"[2]. وهذه الدراسة تعترف بضرورة التفريق بين المجتمع اليهودي الأمريكي واللوبي الصهيوني، حيث إن هذا الأخير يتكون من أشخاص ومنظمات يهودية وغير يهودية. ولكن، في الوقت الذي تحاول فيه أن تشرح الدور السياسي الذي يلعبه اللوبي الإسرائيلي في إطار المجتمع الإسرائيلي الأوسع، الذي توفر منظماته الدعم الأساسي للوبي، فإن هذا التفريق يصبح صعباً.

يضم المجتمع اليهودي في الولايات المتحدة الأمريكية عشرات المنظمات اليهودية التي تلعب أدواراً مختلفة. فالمنظمات اليهودية في أي مدينة من مدن أمريكا الشمالية تنظم نفسها دائماً ضمن اتحاد يهدف إلى تنمية المجتمع، وجمع التبرعات، وتوثيق

---

[1] بلغ عدد اليهود سنة 2005 في الولايات المتحدة 5,914,682 مقارنة مع عدد اليهود في "إسرائيل" والذي بلغ في ذلك الوقت 5,021,506، انظر:

Jewish Virtual Library, The Jewish Population of the World, http://www.jewishvirtuallibrary. org/jsource/Judaism/jewpop.html (Accessed: 7/5/2006).

[2] John J. Mearsheimer and Stephen M. Walt, "The Israel Lobby and US Foreign Policy," Harvard Kennedy School, Faculty Research Working Paper Series RWP06-011, March 2006, http://web. hks.harvard.edu/publications/workingpapers/citation.aspx?PubId=3670

الروابط الاجتماعية. يضم الاتحاد الوكالات الاجتماعية، وبرامج المتطوعين والأجسام التعليمية، ومنظمات أخرى ذات صلة. وتنضوي الاتحادات اليهودية تحت مظلة تسمى التجمعات اليهودية المتحدة (UJC) United Jewish Communities، والتي أصبحت أكبر المنظمات اليهودية، وهي مظلة لجمع التبرعات، تمثل 155 تجمعاً محلياً يهودياً في أمريكا الشمالية. كما ينضوي تحت هذه المظلة أيضاً 360 تجمعاً يهودياً مستقلاً لم يدخل في اتحادات.

تشكلت مظلة التجمعات اليهودية المتحدة بعد دمج مجلس الفيدراليات اليهودية (CJF) Council of Jewish Federations، الذي كان يشكل مظلة لعدة اتحادات ومنظمات[3]، مع المنظمات الأساسية لجمع التبرعات، وهي: النداء اليهودي الموحد (UJA) United Jewish Appeal، الذي كان المسؤول الأساسي عن جمع التبرعات والهبات من اليهود عبر الاتحادات المحلية، والنداء الإسرائيلي الموحد (UIA) United Israel Appeal[4] المسؤول عن توزيع المساعدات المرسلة إلى "إسرائيل"[5]. وبعد عملية الدمج هذه أصبحت التجمعات اليهودية المتحدة أكبر منظمة يهودية في الولايات المتحدة الأمريكية.

ويضم المجتمع اليهودي أيضاً منظمات ذات قضية واحدة، مثل لجنة العلاقات الأمريكية الإسرائيلية العامة American Israel Public Affairs Committee أو الأيباك والتي تعمل على أساس سياسي، وبالتالي، تتدخل بشكل مباشر بالعملية السياسية؛ ورابطة محاربة التشهير (ADL) Anti-Defamation League التي تناهض العداء للسامية، والمجلس اليهودي للعلاقات العامة Jewish Council for Public Affairs (JCPA) الذي ينسق السياسة العامة، واللجنة الإسرائيلية الأمريكية اليمينية (AJC) American Jewish Committee، والكونجرس الأمريكي الإسرائيلي اليساري American Jewish Congress، والهداسا (المنظمة الصهيونية

---

[3] United Jewish Communities (UJC), An Introduction into the Jewish Federation System, http://www.ujc.org/onlinelearning/flash/interface.html (Accessed: 22/12/2007).

[4] J. J. Goldberg, *Jewish Power: Inside the American Jewish Establishment* (Reading, MA: Addison-Wesley Publishing, 1996).

[5] UJC, The Jewish Federations of North America, United Israel Appeal, http://www.ujc.org/page.html?ArticleID=40599 (Accessed: 22/12/2007).

النسائية) Hadassah، ومظلة المنظمات المعروفة بمؤتمر رؤساء أهم المنظمات اليهودية الأمريكية Conference of Presidents of Major American Jewish Organizations (CPMJO)، الذي ينسق عمل 51 منظمة يهودية[6].

بعض هذه المنظمات لها رسالة واضحة وهي تكوين جماعات الضغط، أما غيرها فرسالته أقل وضوحاً، ففي الوقت الذي تتمتع فيه التجمعات اليهودية المتحدة، بامتداد أوسع، وميزانية أكبر، فإن معظم اهتمام وسائل الإعلام يتجه إلى الأيباك ورابطة محاربة التشهير، بسبب طبيعتهما السياسية الواضحة. وتجدر الإشارة إلى أنه ليست كل المنظمات اليهودية جزءاً من اللوبي من الناحية السياسية، ومع ذلك فإنها جميعاً تدعم "إسرائيل" على الأقل، مادياً من خلال النظام الفيدرالي. وبالإضافة إلى المنظمات الفيدرالية، فإن جزءاً مهماً من اللوبي الإسرائيلي، يتشكل من جماعات وأشخاص مهمين، من أتباع الصهيونية المسيحية، ممن يؤمنون أن إعادة بناء "إسرائيل" هو جزء من النبوءة التوراتية حول نهاية العالم. ومن أهم هذه المنظمات: المسيحيون المتحدون من أجل إسرائيل Christians United for Israel (CUFI) التي تأسست سنة 2006. وتشير دراسة ميرشيمر ووالت أيضاً إلى أن بعض القيادات السياسية الأمريكية المرموقة من المحافظين الجدد تشكل جزءاً من اللوبي الإسرائيلي في الولايات المتحدة.

غالباً ما تضم الدراسات التي توضع حول اللوبي الإسرائيلي خزانات التفكير على اعتبارها جزءاً من هذا اللوبي خاصة وأنها تدفع باتجاه حلف إسرائيلي أمريكي، منها مثلاً مؤسسة واشنطن لدراسات الشرق الأدنى The Washington Institute for Near East Policy، ومؤسسة الشرق الأوسط للأبحاث الإعلامية Middle East Media Research Institute (MEMRI) ومؤسسة هدسون Hudson Institue، ومؤسسة المشروع الأمريكي American Enterprise Institute (AEI)[7].

والجدير ذكره أن اللوبي الإسرائيلي غالباً ما يشار إليه على أنه اللوبي الأقوى والأكثر أهمية وتأثيراً على العلاقات بين الولايات المتحدة و"إسرائيل". حيث يضم الأيباك العديد من القيادات السياسية الأمريكية رفيعة المستوى[8].

---

[6] Janice J. Terry, *US Foreign Policy in the Middle East, The role of Lobbies and Special Interest Groups* (London: Pluto Press, 2005), p. 70.

[7] *Ibid.*

[8] Mearsheimer and Walt, *The Israel Lobby and U.S. Foreign Policy*, p. 14.

بعض المتخصصين مثل رايموند كوهين Raymond Cohen يرى أنه في الوقت الذي تنجز فيه كثير من اللوبيات الفعالة أعمالها بعيداً عن الإعلام، فإن ادعاءات الأيباك في جوهرها محاولة لتعظيم تأثيره من خلال المبالغة في الحديث عن قوته، وربما يكون ذلك من باب إعادة إحياء الأساطير القديمة حول النفوذ اليهودي[9].

وعلى الرغم من حالة الاستقطاب التي يشهدها المجتمع اليهودي في الولايات المتحدة، والتي تتطابق مع حالة الاستقطاب السائدة في صفوف اليهود الإسرائيليين[10]، فإن المنظمات اليهودية الأساسية في المجتمع اليهودي يديرها متشددون يمينيون، لديهم تاريخ في دعم كل قرار تقريباً تتخذه الحكومات الإسرائيلية، ومعروف عنهم أنهم يدعمون السياسات التوسعية لحزب الليكود، بما في ذلك عدائيته لعملية التسوية في أوسلو. إن الانحياز لليمين، وهو أمر يتعارض مع ليبرالية المجتمع اليهودي الأمريكي، هو إفراز طبيعي للعملية التي أوصلت هؤلاء المتشددين إلى رأس المنظمات في المقام الأول.

بعد فوزه الانتخابي سنة 1977، بدأ الليكود بقيادة بيجن بالبحث عن تقليديين يتمتعون بنفس العقلية الليكودية داخل المجتمع اليهودي الأمريكي وذلك من أجل مساعدتهم في الحفاظ على تعاون وثيق مع الإدارة الأمريكية، على الرغم من تعارض سياسات كل من الولايات المتحدة وحزب الليكود حول الأراضي المحتلة سنة 1967. حينها ساعد الليكودُ هؤلاء الناشطين المؤيدين لليمين الإسرائيلي على الصعود إلى مواقع قيادية، وفيما بعد، حدد لهم مشروع هاسباراه أو الشرح Hasbarah، حيث كانت مهمتهم التوضيح للأمريكيين وللمجتمع اليهودي في الولايات المتحدة، لماذا كانت "إسرائيل" غير قادرة على الانسحاب من الأراضي المحتلة سنة 1967، ومن أجل تشكيل جماعات ضغط داخل الرأي العام الأمريكي والكونجرس، مناهضة للمساومة على الأرض.

ومع عودة حزب العمل الإسرائيلي بقيادة رابين إلى الحكم سنة 1992، ومع سياسته الواضحة الداعمة لتقديم تنازلات عن بعض أراضي الضفة والقطاع، وهي سياسة متطابقة مع الموقف الأمريكي، فإن هذه العودة ترافقت بشكل طبيعي مع إغلاق قسم

---

[9] Cohen, Raymond, *op. cit.*

[10] Bar-Siman-Tov, *op. cit.*, p. 22.

الشرح أو الهاسباراه الذي انتفت الحاجة إليه. فقام شمعون بيريز، الذي كان حينها يشغل منصب وزير الخارجية، بإغلاق هذا المكتب، حيث نقل عنه أنه قال: "إذا كنت تمتلك سياسة جيدة فإنك لست بحاجة إلى الهاسباراه، وإذا كانت سياستك سيئة، فإن الهاسباراه لن يساعد"[11]. ولكن حزب العمل لم يغير القيادة اليمينية للمنظمات الصهيونية في الولايات المتحدة، ويعين مكانها قيادة أكثر اعتدالاً، خاصة وأن المعتدلين خافوا من اتهامهم بأنهم مؤيدون للعرب إذا ما تبنوا مواقف مؤيدة لعملية السلام. كما كانوا يخشون من أن الليكود سوف يعود إلى السلطة ويعاقبهم[12].

بالإضافة إلى ذلك، فإن اليهود الأمريكان نادراً ما ينتقدون السياسية الإسرائيلية علناً، أو يقومون بنشر أخبار الانقسامات داخل صفوفهم أمام المجتمع الأمريكي الأوسع. كما أن المجتمعات اليهودية بشكل عام تميل إلى قمع أي خلاف يقوم بينهم، وبالتالي فإن هؤلاء الذين يشعرون بالغربة بسبب الطبيعة المحافظة للقيادة اليهودية، لا يبدو أنهم مهتمون بما فيه الكفاية ليصل الأمر بهم للاحتجاج عليها.

أسهمت هذه العوامل جميعها في تقوية مواقف القادة المتشددين في المنظمات اليهودية الأمريكية التي يتشكل منها اللوبي[13]، على الرغم من أنها لا تعكس بالضرورة المواقف الحقيقية للمجتمعات اليهودية. ساد الموقف المتشدد لقيادات المنظمات اليهودية، في قضايا مثل الاحتلال، والمستعمرات، والحلّ القائم على إنشاء دولتين، وإنشاء دولة فلسطينية[14].

أما خارج الولايات المتحدة الأمريكية، فإن المجتمع اليهودي القوي الوحيد هو المجتمع اليهودي الأوروبي، وعلى الرغم من أنه ليس بقوة نظيره الأمريكي، فإنه يشترك معه في الكثير من خصائصه، وجرت محاولات لإنشاء منظمة يهودية أوروبية مشتركة على غرار الاتحاد الأوروبي، وقد حصل ذلك بعد انضمام عشر دول أوروبية جديدة إلى الاتحاد الأوروبي سنة 2004 .

---

[11] Barari, *op. cit.*, p. 107.

[12] UJC, United Israel Appeal.

[13] J. Goldberg, *op. cit.*, p. 347.

[14] في التسعينيات، قال 78% من اليهود الأمريكيين إنهم يرون أن على "إسرائيل" أن تجمد الاستيطان اليهودي، في حين أيّد 79% قيام دولة منزوعة السلاح، انظر: Terry, *op. cit.*, p. 69.

ومن الجدير ذكره أنه بعد الحرب على لبنان سنة 2006، تزايد في الولايات المتحدة الأمريكية[15] والمملكة المتحدة[16] وكندا[17] وأستراليا[18]، عدد المنظمات والجهات الداعية إلى مناقشة وضع "إسرائيل"، ومستوى تمثيل قادة المجتمعات اليهودية الذين ينتمون تقليدياً إلى الجناح اليميني المتطرف، والذين يدعمون دائماً كل موقف وحركة إسرائيلية وتتراوح مواقفهم بين دعم "إسرائيل" ودعم السلام، وكونهم ضدّ احتلال الضفة الغربية وقطاع غزة. ويمكن القول إن هؤلاء يشكلون إشارة إلى ارتخاء قبضة القيادات اليهودية المتشددة في مجتمعات "الشتات" خارج الولايات المتحدة الأمريكية.

لا تهدف هذه الدراسة إلى تحليل أنشطة اللوبي وتأثيره على صناعة القرار، بل ستركز على العلاقة بين اللوبي الإسرائيلي والمجتمع اليهودي الأوسع في "الشتات" من جهة، و"إسرائيل" من جهة أخرى، وكيف أن هذه العلاقة تؤثر على آلية صناعة القرار في "إسرائيل".

ثانياً: المجتمعات اليهودية و"إسرائيل": الآلية الرسمية:

إن أوضح طريقة تدعم فيها المجتمعات اليهودية في أمريكا "إسرائيل" بشكل علني هي الدعم المالي، وهناك تقدير بأن "إسرائيل" تتلقى حوالي ملياري دولار سنوياً كهبات خاصة من مواطنين أمريكيين، نصفها تقريباً يكون عن طريق الدفعات المباشرة، ونصفها الآخر يكون عن طريق سندات لـ"إسرائيل" من "مؤسسة تطوير إسرائيل

---

[15] Max Deveson, US Jewish Lobby Gains New Voice, BBC, April 2008, p. 16, http://newsvote.bbc.co.uk/mpapps/pagetools/print/news.bbc.co.uk/2/hi/americas/7349371.stm (Accessed: 17/4/2008).

[16] Brian Klug, Who Speaks for Jews in Britain?, *The Guardian*, 5/2/2007, http://commentisfree.guardian.co.uk/brian_klug/2007/02/hold_jewish_voices.html (Accessed: 8/4/2007).

[17] Jews for a Just Peace website, Alliance of Concerned Jewish Canadians Condemns Creation of pro-Israel Caucus, 7/2/2007, http://www.jewsforajustpeace.com/pages/news/parl.html (Accessed: 8/3/2007).

[18] Ben Cubby, Jewish coalition calls for open debate on Palestine, *The Sydney Morning Herald* newspaper, 6/3/2007, http://www.smh.com.au/articles/2007/03/05/1172943356185.html (Accessed: 24/3/2007).

State of Israel Bonds/ Development Corporation for Israel[19]. هذه الهبات الشخصية أو الخاصة لـ "إسرائيل"، معفية من الضرائب وفقاً للبند الخاص الوارد في معاهدة ضريبة الدخل التي وقعتها الولايات المتحدة و"إسرائيل"[20].

إن الدعم المادي يأخذ طريقه إلى "إسرائيل" من خلال علاقة رسمية بين "إسرائيل" ويهود "الشتات"، وقد تأسست هذه العلاقة من خلال منظمتين يهوديتين تشكلان نقطة ارتباط بين "إسرائيل" ويهود "الشتات"، وهما المنظمة الصهيونية العالمية وذراعها العملياتي الوكالة اليهودية. وبناء على القانون الذي صدر في "إسرائيل" سنة 1952 والذي يحدد وضعية هاتين المنظمتين، والاتفاق الذي وقع سنة 1954 بين الحكومة الإسرائيلية والمنظمات اليهودية في الولايات المتحدة الأمريكية، فإن المنظمة الصهيونية العالمية، والوكالة اليهودية مخولتان للعمل كممثلتين رسميتين لـ "إسرائيل" في "الشتات"، ولمجتمعات "الشتات" في "إسرائيل". وعلى أرض الواقع فإن المنظمتين تقدمان المساعدة لـ "إسرائيل" في فضاءات التنمية والاستيطان والهجرة والاستيعاب، والتنسيق مع المنظمات اليهودية في الخارج[21].

ويمكن إضافة منظمة ثالثة إلى هاتين المؤسستين، هي "مؤسسة تخطيط السياسات للشعب اليهودي Jewish People Policy Planning Institute"، وهي خزان تفكير تابع للوكالة اليهودية، مسؤول عن تقديم الدراسات المتعلقة بالقضايا الأساسية التي تهم المجتمع اليهودي في أنحاء العالم، بحيث تعدّ "دولة إسرائيل" في قلب هذا المجتمع.

وتعد المنظمة الصهيونية العالمية الأداة الأساسية التي تبث من خلالها "إسرائيل" رسائلها في أنحاء العالم، ومن خلال مجالسها وجمعيتها العمومية، فإنها تشكل أيضاً أداة يقدم فيها يهود "الشتات" وجهات نظرهم بشكل رسمي لـ"إسرائيل"، ويتم تعيينها من قبل الكونجرس الصهيوني العالمي، مرة كل أربع سنوات. وتتكون من عدد متساوٍ تقريباً من ممثلي "إسرائيل"، ويهود الولايات المتحدة الأمريكية، ويهود العالم.

---

[19] Clyde R. Mark, *Israel: U.S. Foreign Assistance* (Washington: Congressional Research Service, 2002).

[20] Mearsheimer and Walt, *The Israel Lobby and U.S. Foreign Policy*, p. 29.

[21] Gabriel Sheffer, "Is the Jewish Diaspora Unique? Reflections on the Diaspora's Current Situation," *Israel Studies*, vol. 10, no. 1, Spring 2005.

أما الوكالة اليهودية فتضطلع بشكل أساسي في مهمات "بناء الأمة" مثل استصلاح الأراضي وبناء المستعمرات وإسكان المهاجرين اليهود. وتعدّ هذه أكبر مزودي "إسرائيل" بالخدمات الاجتماعية بشكل خاص. وتعدّ أيضاً المؤسسة اليهودية الأكبر، حيث بلغت ميزانيتها في التسعينيات نصف مليار دولار[22]. وبسبب الخلاف مع قيادات اليهود في "الشتات" الذين كانوا ناشطين في الحركة الصهيونية، فإن بن جوريون ورفاقه فضلوا التعاون مع الوكالة اليهودية على التعاون مع الحركة الصهيونية، ونتيجة لذلك فإن التبرعات التي كانت تجمع من يهود "الشتات" كان يتم تحويلها إلى "إسرائيل" عبر الوكالة، بحيث كانت الحركة الصهيونية تحصل على حصتها من التبرعات عبر الوكالة أيضاً[23]. ثم إن الدور الذي لعبته دائرة الاستيطان في الوكالة اليهودية قد تمّ إسناده إلى دائرة استيطان جديدة في المنظمة الصهيونية العالمية، وذلك من أجل الاستفادة من بند إعفاء التبرعات المقدمة لـ"إسرائيل" من الضرائب الأمريكية. أما على أرض الواقع فإن تأثير الوكالة ظلّ محدوداً بسبب بقاء الأشخاص أنفسهم والعمليات نفسها قائمة دون تغيير[24].

تأتي ميزانية الوكالة اليهودية من حملات جمع التبرعات الاتحادية أو الفيدرالية ولكن التمويل الأساس يأتي من أمريكا الشمالية، من خلال أنشطة النداء اليهودي الموحد الذي يعد جزءاً من المجتمعات اليهودية المتحدة، التي تمثل ما يقارب 800 ألف عائلة يهودية تسهم في حملات التبرعات الفيدرالية هذه. ومن خلال هذه التبرعات فإن النظام الفيدرالي يجعل نفسه شريكاً في إدارة مجموعة من هذه المؤسسات. ومن أجل توضيح الفكرة حول ميزان التبرعات التي يتم جمعها، وإعطاء فكرة عن التزامات قادة الفيدراليات، يجب التطرق إلى ما حصل سنة 1991، حيث اجتمع قادة الفيدراليات اليهودية من أجل مناقشة التغيرات التي حصلت في برنامج الرعاية الاجتماعية للمهاجرين، الذي يديرونه من خلال التبرعات، فاقترحوا خطة تهدف إلى تغيير هذا البرنامج من توفير خدمات مباشرة للمهاجرين، إلى توفير سيولة، عن طريق الهبات أو القروض، بحيث يمكن للمهاجرين من اليهود الروس، أن يشتروا لأنفسهم خدمات من السوق المفتوحة. وفي سبيل القيام بذلك، جعلت كل فيدرالية مسؤولة عن حصتها

---

[22] J. Goldberg, *op. cit.*

[23] Sheffer, *op. cit.*

[24] Mearsheimer and Walt, *The Israel Lobby and U.S. Foreign Policy*, p. 30.

"العادلة" التي حددت بـ900 مليون دولار. ونتيجة لذلك فإنه يتوجب عليهم أن يضعوا قيمة ما تقدمه مجتمعاتهم في مواجهة القروض التي يسحبها المستوطنون من البنوك المحلية. وعلى الرغم من الخطورة التي حملتها مثل هذه الخطوة على ثروات المجتمع والأعمال العائلية، فإن الخطة طبقت وتم توفير التمويل للمهاجرين من اليهود الروس إلى "إسرائيل"[25].

يمكن تلخيص تدفق المال من المجتمعات اليهودية في الولايات المتحدة الأمريكية عبر الخطوات التالية:

1. يجمع المال خلال حملة فيدرالية سنوية لجمع التبرعات. وقد كانت التبرعات تجمع سابقاً من شخصيات عامة في المجتمع، ولكن الأمر تطور بحيث أصبح يتم جمع معظم التبرعات من خلال هبات أساسية من الأعضاء الأكثر ثراء في المجتمع، ويقدر أن 0.5% من مجموع المتبرعين، يقدمون ما يقارب 50% من مجمل التبرعات[26].
2. تقدر كل فيدرالية محلية حجم المبلغ الذي يجب أن يبقى في الولايات المتحدة من أجل تمويل المشاريع اليهودية الوطنية أو المحلية، وحجم المبلغ الذي سيرسل إلى "ما وراء البحار". بعد ذلك يتم إرسال حصة "ما وراء البحار"، التي يذهب معظمها إلى "إسرائيل"، إلى النداء اليهودي الموحد والنداء الإسرائيلي الموحد، وهما جزءاً من المجتمعات اليهودية المتحدة.
3. يقوم بعدها النداء الإسرائيلي الموحد بتوزيع الأموال التي جمعها، بالإضافة إلى الهبات الأمريكية التي يتم تأمينها، على الوكالة اليهودية ولجنة التوزيع الأمريكية اليهودية المشتركة American Jewish Joint Distribution Committee التابعة للتجمعات اليهودية العالمية WJC. تقوم الوكالة اليهودية ولجنة التوزيع المشتركة الأمريكية اليهودية باستخدام المال في المشاريع الخاصة بـ"إسرائيل".
4. تستخدم الوكالة اليهودية المال في مشاريع مثل، استصلاح الأراضي، بناء المستعمرات، إسكان اليهود المهاجرين إلى "إسرائيل"، في حين أن اللجنة الأخرى تستخدم ما تحصل عليه من أموال في توفير خدمات مساعدة اجتماعية للمجتمعات

[25] J. Goldberg, *op. cit.*

[26] Sheffer, *op. cit.*

الأكثر ضعفاً، مثل الأطفال الذين يعيشون في مخاطر معينة، وتجمعات المهاجرين التي تعاني من مشاكل، والمعوقين وكبار السن[27]. ووفقاً للمؤرخ الصحفي اليهودي توم سيجيف Tom Seveg، فإن تبرعات التجمعات اليهودية المتحدة تشكل جزءاً كبيراً من إجمالي الدخل القومي[28].

ثالثاً: المجتمعات اليهودية و"إسرائيل": علاقة ذات اتجاه واحد أم اتجاهين؟

1. التفسيرات المختلفة:

هناك عدة محاولات لتفسير الدور الذي لعبته المجتمعات اليهودية في "الشتات" حيال "دولة إسرائيل". أحد التفسيرات يذهب إلى القول بأن يهود "الشتات" لديهم تعلق بـ"دولة إسرائيل"، ويرون أن من واجبهم حمايتها. ويقول بعض المعلقين مثل جولدبرغ إن تأثير "دولة إسرائيل" أعطى لليهودية دفعاً ومعنى جديدين، وبدل أن يؤدي تأسيس هذه الدولة إلى إضعاف يهود "الشتات"، حيث توقع الكثير بأنهم سيهاجرون إلى "دولة إسرائيل"، إلا أنه قوّى هذه المجتمعات، وبالتالي فإن الاحتفال بـ"دولة إسرائيل" أصبح يحمل دلالة رمزية في الكثير من أوجه حياة يهود "الشتات". والكثير من يهود "الشتات" يرون في دعم "إسرائيل" جزءاً جوهرياً متكاملاً من مكونات شخصيتهم اليهودية[29].

هناك تفسير آخر أن التجمعات اليهودية في الولايات المتحدة تعدّ نفسها مجتمعات تاريخية، وتقارن دورها بالدور الذي لعبه الوسيط أو الشتدلان Shtadlan، وهو عادة ما كان، شخصاً يهودياً ذو فهم عميق، وعلاقات مع الأطراف النافذة في المجتمع غير اليهودي، أو يكون شخصاً غير يهودي يتم اختياره وتهيئته بشكل ممتاز، ليقوم بهذه المهمة في المجتمع اليهودي في أوروبا، حيث أعطاه دوره الكبير الذي كان يلعبه قيمة عظمى في تلك المجتمعات، إذ كان يقدم الالتماسات باسم اليهود للأمراء والحكام

[27] American Jewish Joint Distribution Committee (JDC) website, Who Are We?, http://www.jdc.org/who_mission.html (Accessed: 22/10/2007).

[28] J. Goldberg, *op. cit.*, p. 361.

[29] *Ibid.*, p. 342.

المحليين. والملفت للنظر أن المرادف العبري لكلمة لوبي، أو جماعة ضغط هو شدولاه shdulah، وهي مشتقة من الجذر نفسه الذي اشتقت منه كلمة الشتدلان[30].

وهناك تفسير ثالث للعلاقة بين "الشتات" و"دولة إسرائيل"، مبني على مفهوم سياسة التأمين، ومفاد هذا المفهوم أن "إسرائيل" هي المكان الوحيد الآمن بالنسبة لليهود. وبالتالي، يجد يهود "الشتات" أنه من الضرورة بمكان الاستثمار في "إسرائيل"، لأنه في حال عادت نزعة معاداة السامية في البلدان التي يعيشون فيها، فإن بإمكانهم في ذلك الحين أن ينشدوا الأمان في "إسرائيل". وبالتالي، فإن ما يقدمه يهود "الشتات" من مساعدات مادية لـ"إسرائيل"، يمكن النظر إليه على أنه دفعات على الحساب من إطار ما يسمى سياسة التأمين.

هناك تفسير رابع أيضاً، وهو أن اليهود الأمريكان يشعرون بأنهم بحاجة إلى الشراكة مع الإسرائيليين فقط حينما يكون الإسرائيليون يعيشون معاناة ما. وأن السبب الوحيد الذي يدفع اليهود الأمريكان لدعم "دولة إسرائيل" في "أوقات السلام" هو خوفهم على أنهم إن لم يفعلوا ذلك بأنفسهم، فإنه سوف يكون من الصعوبة بمكان أن يطلبوا من الإدارة الأمريكية أن تقدم المساعدة المالية لـ"إسرائيل".

والحقيقة أن أياً من هذه التحليلات لا يقدم تفسيراً واضحاً للعلاقة بين "إسرائيل" ويهود "الشتات". فالنظرة التاريخية الأعمق للعلاقة بين "إسرائيل" ويهود "الشتات"، لا تكشف فقط عن علاقة غير ثابتة، بل إنها تكشف أيضاً عن بعض أشكال من الخصومة والاحتكاك طبعت العلاقة التاريخية بين الطرفين (وخصوصاً المجتمع اليهودي الأمريكي الكبير ذو النفوذ الواسع على قادة "إسرائيل").

2. مسح تاريخي للعلاقة بين "إسرائيل" ويهود "الشتات":

وفقاً لما يقوله المؤرخون الإسرائيليون فإن تأسيس "دولة إسرائيل" سنة 1948، جعل يهود "الشتات" يديرون ظهورهم لأولئك الذين شاركوا في صياغة الأيديولوجية الصهيونية الكلاسيكية. ففي الفترة الأولى التي بدأت بتأسيس "دولة إسرائيل" سنة 1948 وامتدت حتى نهاية الستينيات، كان يُنظر للحياة اليهودية في "الشتات" نظرة رفض أو إدانة من الناحية الأيديولوجية[31]. فالعقيدة الصهيونية المبنية على فكرة أن

---

[30] Cohen, Raymond, *op. cit.*

[31] *Ibid.*

"إسرائيل" هي الوطن القومي لكل يهود العالم، نظرت نظرة دونية إلى أولئك اليهود الذين لا يقومون بالهجرة إلى "إسرائيل"[32].

رأى الإسرائيليون في إنشاء "دولة إسرائيل"، حدثاً مركزياً في حياة كل يهود العالم. بالنسبة لليهود في "إسرائيل"، فإن الحياة في "إسرائيل" أصبح معناها أن تعيش في بلد يهودي، وبالتالي، فإن الحياة اليهودية في "الشتات"، هي حياة يهودية غير شاملة. ورأى الإسرائيليون أيضاً بأن الحياة في المنفى مهددة بنزعة العداء للسامية من جهة، وخطر ذوبان اليهود في المجتمعات التي يعيشون فيها من جهة أخرى[33]. أحد الأمثلة على أفضلية "إسرائيل" على غيرها من المجتمعات، ما أشار إليه بن جوريون في خطابه الذي ألقاه، أمام لجنة العمل الصهيوني Zionist Actions Committee سنة 1942، وكان في ذلك الحين رئيساً للوكالة اليهودية:

إن نيوزيلندا وأستراليا، هما فرخان صغيران لإنجلترا. وعلى الرغم من أن إنجلترا تعجز عن إجبارها على الأخذ بنصائحها، فإن نيوزيلندا، وأستراليا، وحتى الإنجليز في كندا، يتطلعون إلى المضي على خطى إنجلترا. ومهما بدت المقارنة هنا، مقارنة مع الفارق، فإنني أرى أن الأمر ينطبق أيضاً على أرض إسرائيل. ولذلك أقول إن قلب الصهيونية الأمريكية يقع في أرض إسرائيل[34].

دعمت نتائج حربي 1956 و1967 هذا الموقف الأيديولوجي، ولكن هذا الدعم بدأ يتراجع منذ منتصف السبعينيات، وبالتحديد بعد حرب 1973. فحتى ذلك الوقت، لم يكتفِ القادة الإسرائيليون بانتقاد الحياة في "الشتات"، بل ادعوا أيضاً أن "إسرائيل" هي قلب الأمة اليهودية، وكانوا يركزون على مفهوم أن إنشاء دولة قومية لليهود، قد

---

[32] Conversation with Tom Segev, "Israeli National Identity."

[33] أظهر استطلاع حديث أجرته الوكالة اليهودية مؤخراً أن الغالبية العظمى من اليهود (76%) تشعر أنها أكثر أمناً في "إسرائيل" منها في "الشتات"، انظر:
Shlomo Shamir, Poll: 76% of Israelis feel safer living as Jews in Israel than in Diaspora, *Haaretz*, 1/7/2008, http://www.haaretz.com/hasen/objects/pages/PrintArticleEn.jhtml?itemNo=997638 (Accessed: 3/7/2008).

[34] محضر هذا اللقاء متوفر في الأرشيف الصهيوني المركزي، انظر:
Zohar Segev, An Ongoing Tug-of-War, *Haaretz*, book review, 7/12/2006, http://www.jewishagency.org/JewishAgency/English/Home/About/Press+Room/Jewish+Agen cy+In+The+News/2006/5/dec7haar.htm (Accessed: 10/5/2007).

أسهم في تطبيع وضع جميع اليهود. ولكن على الرغم من هذا الموقف الأيديولوجي القوي فإن الحاجة السياسية والمادية، دفعت القادة الإسرائيليين للتخفيف من لهجة الموقف المتشدد تجاه المجتمعات اليهودية في "الشتات"[35]. وعلى الرغم من أن الإسرائيليين لم يعودوا قادرين على فهم يهود "الشتات" في الإطار الأوسع للحياة اليهودية، إلا أنهم ظلوا يعترفون بهم ويقدرون إسهاماتهم السياسية والمادية.

وعلى المقلب الآخر، فإن مجتمع يهود "الشتات" في الولايات المتحدة الأمريكية، لم يُعطِ الكثير من الأهمية لـ"إسرائيل" من ناحية الدعم السياسي عند إنشائها، كما أن الدعم المادي الذي قُدم في البداية محدوداً. وبدأت الخلافات تطل برأسها في "الشتات" بين اليهود الصهاينة وغير الصهاينة، الذين لم يرغبوا برؤية "إسرائيل" تتدخل في شؤونهم. ولكن هذا الموقف تغير، وزاد دعم يهود "الشتات" لـ"دولة إسرائيل" بعد حرب 1956، وبالتحديد أكثر بعد النصر الذي حققته "إسرائيل" في حرب 1967.

تمّ التوصل إلى تسوية بين "إسرائيل" ويهود "الشتات"، توطدت فيما بعد مع توطد دعائم حكم مجتمعات "الشتات" لنفسها[36]، وبداية قبول "إسرائيل" لحياة المجتمعات اليهودية في الولايات المتحدة كبديل عن الحياة في الدولة اليهودية[37]، وقد كشف استطلاع حديث قام به الاتحاد العالمي لليهودية التقدمية World Union for Progressive Judaism، وهو منظمة إصلاحية يهودية، أن 60% من الإسرائيليين ما زالوا يحتفظون بعلاقات مع يهود "الشتات"، وبالتالي نمت ثقة يهود "الشتات" بأنفسهم، وبدأوا يطالبون بلعب دور أكبر في صناعة القرار في الحياة السياسية الإسرائيلية. كما أخذوا يطالبون أيضاً بالسماح ليهود "الشتات" بالحق بالتصويت في الانتخابات الإسرائيلية العامة، على اعتبارهم مهاجرين أو مغتربين إسرائيليين. وفي هذا الإطار، فإن المسح الذي أجراه الاتحاد المذكور، أظهر أن 73% من الإسرائيليين يرون أنه يجب على "إسرائيل" أن تأخذ آراء يهود "الشتات" بعين الاعتبار.

---

[35] Ernest Stock, "Philanthropy and Politics: Modes of Interaction between Israel and the Diaspora," in S. Ilan Troen and Noah Lucas (eds.), *Israel: The First Decade of Independence* (Albany, NY: State University of New York Press, 1995), pp. 699-711.

[36] Bar-Siman-Tov, *op. cit.*, p. 21.

[37] وربما ترافق ذلك مع انبعاث الهوية اليهودية داخل "إسرائيل" على حساب الهوية الوطنية.

3. التحديات التي تواجه العلاقات بين "إسرائيل" ويهود "الشتات":

إن التسوية التي تمّ التوصل إليها بين "إسرائيل" ويهود "الشتات" لها أيضاً حصتها من التحديات، فقد حدث عدد كبير من التغيرات في مجتمعات اليهود، انعكس سلباً على موقفهم تجاه "إسرائيل". وكان من ضمن الدلالات على هذه التغيرات، تراجع عائدات حملات جمع التبرعات، ونسبة العائدات التي ترسل إلى "إسرائيل". حيث انخفضت نسبة العائدات من 75% إلى 66% مباشرة بعد حرب 1973، وإلى 40% سنة 1995، و25% في أيامنا هذه[38]. بالإضافة إلى ذلك، سجل تراجع حاد في عدد السياح اليهود إلى "إسرائيل"، وزيادة تدريجية في عدد يهود "الشتات" الذين أصبحوا يشككون في مركزية "دولة إسرائيل"[39].

هذه التغيرات السلبية في العلاقة بين "إسرائيل" ويهود "الشتات" في الولايات المتحدة يعزوها عدد من العلماء اليهود، إلى الصراع الداخلي بين قيادات اليهود الأمريكان من جهة، وخلافاتهم مع المسؤولين السياسيين الإسرائيليين من جهة أخرى، حول عدد من القضايا؛ بما في ذلك، تعريف من هو اليهودي الذي يحق له الهجرة إلى "إسرائيل"، والاعتراف باليهود غير الأرثوذكس، والاعتراف بيهودية من اعتنقوا اليهودية وما يترتب على أحوالهم الشخصية من زيجات وطلاق وغيرها، وقضية الجاسوس الإسرائيلي جوناثان بولارد، وبناء المستعمرات في الأراضي الفلسطينية التي تمّ الاستيلاء عليها في حرب 1967، وردة الفعل الإسرائيلية على الانتفاضة الفلسطينية[40]. بالإضافة إلى هذه الخلافات، لعب التغير في المشهد السياسي الإسرائيلي، مثل صعود اليمين وعملية السلام، وانشغال كل من "إسرائيل" و"الشتات" بحلّ المشاكل والتحديات التي تواجههم، دوراً في بلورة هذه التغيرات السلبية. فكان أحد أوضح تداعيات هذه التغيرات، تقلص التوقعات المتبادلة من كل طرف تجاه الآخر[41].

---

[38] Sheffer, *op. cit.*

[39] *Ibid.*

[40] Theodore Sasson, Charles Kadushin and Leonard Saxe, "American Jewish Attachment to Israel: An Assessment of the "Distancing" Hypothesis," Steinhardt Social Research Institute, Brandeis University, February 2008.

[41] Sheffer, *op. cit.*

بالإضافة إلى ذلك، فإن الارتباط بين المسؤولين الإسرائيليين والقادة اليهود الأمريكان المراد منه زيادة التأثير على الإدارة الأمريكية، قد شهد تغيراً في ديناميكياته على أكثر من جهة. ففي الـ 25 سنة الأولى لتأسيس "إسرائيل"، كان الإسرائيليون المولودون في أوروبا يتواصلون بسهولة مع اليهود الأمريكان الذين هاجروا بالأصل إلى الولايات المتحدة قادمين من أوروبا. ولكن في السنوات التي تلت، فإن القادة الإسرائيليين الذين أصبحوا (إسرائيليين أكثر منهم أوروبيين)، وقادة المجتمع اليهودي الأمريكي (الذين أصبحوا أمريكيين أكثر) تراجعت بينهم هذه اللغة المشتركة، فواجه الإسرائيليون تحدي قيادة المجتمع اليهودي الأمريكي، الذي لم يكونوا يفهمونه بشكل جوهري.

بالإضافة إلى ذلك، فإن اليهود في "الشتات"، لديهم خلافاتهم الخاصة التي تحصل من وقت إلى آخر، والتي يبدو أنها تعكس صراعاً على السلطة. ومن أهم مظاهر التنافس على السلطة بين القيادات في "إسرائيل" وقيادات المجتمع اليهودي في الولايات المتحدة، ما حدث سنة 1988، حينما أرادت حكومة "إسرائيل" الليكودية برئاسة إسحاق شامير إيجاد حلف مع مجموعة أحزاب الحريديم من أجل تعديل قانون العودة كشرط للانضمام إلى الائتلاف؛ والتعديلات التي طلبوها بالتحديد، أتت تحت بند من هو اليهودي، حيث طالبوا بإقرار تعديل يُوجب على من يعتنقون اليهودية، أن يتحولوا إليها على يد حاخامات أرثوذكس حتى يُسمح لهم بالهجرة إلى "إسرائيل" كيهود. هذا البند، ذو المدلولات الرمزية، استهدف بشكل أساسي الحركات اليهودية الإصلاحية واليهودية المحافظة في الولايات المتحدة، التي أصبحت صحة اعتناقها لليهودية متوقفة على مباركة اليهود الأرثوذكس.

وقد وُوْجه اقتراح تعديل هذا البند بمعارضة شديدة من اليهود الأمريكان، وكان الأمر بمثابة إعلان حرب، حيث تحرك تقريباً جميع القادة اليهود الأمريكان غير الأرثوذكس، وطالبت غالبية أعضاء مؤتمر الرؤساء بإلغاء هذا البند، كما طالبوا بإصلاح النظام الانتخابي الإسرائيلي من أجل القضاء على سلطة المساومة التي تمتلكها أحزاب الحريديم. وفي تلك السنة، صوتت الجمعية العامة لمجلس الفيدراليات اليهودية، على حملة شاملة لمنع إسحاق شامير من المضي في هذه القضية، وأرسلت وفوداً إلى "إسرائيل" للقاء كل المشرعين، كما تمّ إعداد رسائل وعرائض، ونشر مواد دعائية في الصحافة الإسرائيلية.

ولمدة أربعة أسابيع كانت الطائرات تصل إلى "إسرائيل" محملة باليهود الأمريكان، بمن فيهم قيادات عليا في المجلس اليهودي، والنداء اليهودي الموحد، والمجلس الاستشاري لمجتمع العلاقات القومية The National Community Relations Advisory Council (NCRAC)[42]، والأيباك، والمجلس اليهودي الأمريكي، والكونجرس اليهودي الأمريكي، والبناي بريث B'nai B'rith والهداسا Hadassah، والحركات الإسرائيلية الإصلاحية والمحافظة. حتى إن بعض الفيدراليات المحلية صوتت على وقف حصة ما وراء البحار من المساعدات المالية، حتى يتم إلغاء التعديل الذي حصل على هذا القانون. ويبدو أن المحتجين في الولايات المتحدة و"إسرائيل" قد حققوا ما كانوا يصبون إليه، فقط تراجع شامير عن الائتلاف ودخل في حكومة وحدة وطنية مع شمعون بيريز. وبينما رأت جهات داخلية إسرائيلية في ما فعله شامير خطوة مسرحية، من أجل تحسين موقفه في حكومة الوحدة الوطنية، فإن أهمية نفوذ المجتمعات اليهودية قد ظهرت جلية من خلال قدرتها على التأثير على السياسة الإسرائيلية[43].

4. موقف "إسرائيل" من يهود "الشتات" وتأثير ذلك على عملية صناعة القرار:

على الجانب الإسرائيلي يمكننا أن نلاحظ تناقضاً أو ازدواجية في العلاقة بين "إسرائيل" ويهود "الشتات". ففي الوقت الذي تنتظر فيه "إسرائيل" من يهود "الشتات" أن يزودوها بالمهاجرين، ويدعموها مالياً، وسياسياً ودبلوماسياً، فإنها تستثمر مواردها الخاصة في ضمان استمرارية المجتمعات اليهودية في الخارج، وذلك من خلال مساعدة هذه المجتمعات في الأزمات، وأيضاً من خلال إنقاذ اليهود حول العالم من مختلف المشاكل[44]. وهذا الأمر واضح من خلال الدعوة الواسعة لليهود ليهاجروا إلى "إسرائيل"، التي أطلقها رئيس الوزراء الإسرائيلي الأسبق أريل شارون، بالتزامن مع قيامه بدعم التعليم اليهودي في "الشتات"، وهي سياسة طبقتها حكومة شارون[45].

---

[42] حالياً يعرف مجلس علاقات المجتمع المحلي الاستشاري The National Community Relations Advisory Council (NCRAC) باسم المجلس اليهودي للعلاقات الخارجية Jewish Council for Public Affairs (JCPA).

[43] J. Goldberg, op. cit.

[44] كشف استطلاع أجراه مؤخراً الاتحاد العالمي لليهودية التقدمية World Union for Progressive Judaism أن 47% من الإسرائيليين يعتقدون أنه يجب على "إسرائيل" أن تساعد اليهود الذين يعيشون في محنة مهما كانت تلك المحنة.

[45] Sheffer, op. cit.

وهذا التناقض يمكن تفسيره من خلال إلقاء الضوء على مواقف الإسرائيليين المختلفة تجاه اليهود في "الشتات"، وتجاه جماعات الضغط أو اللوبيات التي يشكلونها.

هناك موقفان إسرائيليان أساسيان فيما يتعلق باليهود في أنحاء العالم، وهما موقف الليكود وموقف العمل. فالليكود يؤمن بالتضامن مع اليهود في كل أنحاء العالم، فيما يرى العمل أن "إسرائيل" قوية بما فيه الكفاية ولا تحتاج إلى يهود "الشتات" لتقيم علاقات رسمية مع الولايات المتحدة. ويرى حزب العمل أيضاً أن "إسرائيل" لا يجب عليها فعلاً أن تقود اليهود الأمريكان، لأن اليهود الأمريكان سوف يتبعون خطاها بطريقة آلية، خصوصاً وأن دعمهم لـ"إسرائيل" نابع من محض تقديرهم لها (وهي قناعة ثبت فيما بعد بأنها غير دقيقة).

ومن ناحية أخرى، فإن موقفي حزبي العمل والليكود تجاه يهود "الشتات"، يتناغمان مع موقف الحزبين من عملية السلام. وبالتالي فإن دعم حزب العمل لمبدأ الأرض مقابل السلام، سهل له بشكل عام العمل مع المسؤولين الأمريكيين في ملف التسوية السلمية. ولذلك، لم يشعر حزب العمل بحاجة كبيرة لأن يعتمد على اللوبيات. فحكومة العمل كانت ترى أن اللوبي الداعم لـ"إسرائيل" لا يلعب دوماً الدور المرغوب، طالما أن قياداته تميل إلى اليمين المتشدد الأقرب إلى الليكود، كما أنها خفضت مستوى علاقتها معه. كما حدّ رابين، الذي كان يعرف بموقفه العدائي والمنتقد بشدة للوبيات، إذ كان يرى أن هذه اللوبيات ستجر إلى مواجهة غير ضرورية مع الإدارة الأمريكية، من دور الأيباك في خطة حزب العمل المتعلقة بالعملية السلمية. وكانت بعض الجهات في حزب العمل تصف الأيباك بأنه "مجموعة يمينية متطرفة" لها تأثير سيء على عملية التسوية وعلى أمن "إسرائيل". وقد شرح يوسي بيلين، نائب وزير الخارجية الإسرائيلي الأسبق، قائلاً: "إن وصول حزب العمل إلى السلطة سحب البساط من تحت أرجل الأيباك، نحن نريد انخراط الولايات المتحدة بعملية السلام، فيما كانت أجندتهم إبقاء أمريكا خارج هذا الإطار؛ وفي الوقت الذي أردنا فيه السلام المبني على المساومة، كانت أجندتهم تشرح لماذا تستحيل المساومة"[46].

ومن جهة أخرى، عرف حزب الليكود منذ بداية الثمانينيات بموقفه المتطرف، الذي أدى به في كثير من الأحيان إلى مواجهة مع السياسة الأمريكية، ولذلك كان بحاجة إلى

[46] Rynhold, *op. cit.*

دعم حلفائه في الكونجرس وإلى دعم اللوبي المؤيد لـ"إسرائيل". ففي الثمانينيات احتاج الليكود إلى الدعم الأمريكي، ليس فقط لـ"إسرائيل"، ولكن أيضاً إلى من يدعم مواقف الحزب نفسه، من السياسيين المحافظين، والجماعات المسيحية الأصولية، والشخصيات الرائدة في الإعلام، والجماعات المهمة داخل المجتمع اليهودي. بالإضافة إلى أن الليكود استفاد من تزايد نفوذ الأيباك.

فعلى سبيل المثال، عمل ناشطو حزب الليكود مع اليهود الأمريكان والشخصيات الأساسية في الكونجرس من الحزب الجمهوري، على تخفيف الضغط عن "إسرائيل"، حين أرسلت قواتها إلى الضفة الغربية لقمع انتفاضة الأقصى التي اندلعت أواخر سنة 2000، كما عملوا معاً على وقف تدفق المساعدات الأمريكية للسلطة الفلسطينية[47].

وبشكل عام، فإن قيام المؤسسات الإسرائيلية الرسمية بفتح قنوات اتصال مباشرة بين الإسرائيليين والأمريكان، منذ أن تولى رابين رئاسة الحكومة للمرة الأولى، دفع الكثير من رؤساء الوزراء اليمينيين واليساريين على حدّ سواء (مثل بيجن ورابين ونتنياهو وباراك وشارون) إلى الشعور بأنهم أقل احتياجاً للوساطة اليهودية. فمنذ الثمانينيات، توصلت "إسرائيل" إلى قناعة مفادها أنها قادرة على متابعة شؤونها الاقتصادية والسياسية بنفسها، دون الحاجة إلى دعم كبير ووساطة من قادة ومتخصصي يهود "الشتات"[48].

---

[47] *Ibid.*

[48] Sheffer, *op. cit.*

الفصل الثامن

صناعة القرار في الحكومة
(دراسة حالة)

صناعة القرار في الحكومة (دراسة حالة)

من أجل إيضاح ديناميكيات صناعة القرار في أوقات الأزمات، سوف تناقش هذه الدراسة عملية صناعة القرار قبل وخلال ثلاثة أشهر من قصف العمق المصري سنة 1970، والتي كانت العلامة الفارقة في نهاية حرب الاستنزاف. كما أنه سيتم إجراء مقارنة بين ما حدث في ذلك الوقت، وما حدث خلال حرب صيف 2006 على لبنان، وذلك لتوضيح الاتجاهات المشتركة.

بدأت عملية صناعة القرار مع طرح خيار القيام بضربات عسكرية، في العمق المصري، ضمن صفوف قيادة الجيش الإسرائيلي. تبلور هذا الخيار مع تسلم سلاح الجو الإسرائيلي دفعة من طائرات فانتوم أف-4 من الولايات المتحدة، مما سمح للجيش الإسرائيلي بامتلاك القدرات اللازمة لتنفيذ هذه الضربات. تمّ طرح هذا الخيار على الحكومة، التي كانت مشكلة من تحالف واسع، ضم حزب العمل، بقيادة رئيسة الوزراء غولدا مائير، وحزب المفدال، والجناح اليميني في حزب الجاهال Gahal party، وحزب الماباي اليساري. تمحورت المناقشات في مجلس الوزراء حول أربع قضايا: هل يمكن القيام بهذه الغارات بتكلفة مقبولة؟ ما هو الهدف الذي تخدمه هذه العملية؟ ماذا سيكون الموقف الأمريكي؟ وكيف ستكون ردة فعل الاتحاد السوفياتي؟.

كان الجواب على السؤال الأول الأكثر سهولة، إذ نصح الخبراء العسكريين الحكومة بالموافقة على هذه العملية، لأنّ سلاح الجو الإسرائيلي يمتلك من القدرات ما يمكنه من القيام بها بأدنى تكلفة وأقل مخاطر.

ولكن الإجابة على السؤال الثاني كانت أكثر صعوبة، فالأهداف الموضوعة كانت: التخفيف من ضغط الجيش المصري على الجبهة، وذلك من خلال ضرب قواعده العسكرية البعيدة، وإنهاء حرب الاستنزاف وإجبار الجيش المصري على القبول باتفاقية وقف إطلاق النار، وردع الجيش المصري عن شنّ حرب شاملة. بالإضافة إلى ذلك، كانت هناك أهداف أخرى سياسية ونفسية، أقل أهمية مما ذكر وتمثلت في تدمير معنويات المصريين وضرب مصداقية الرئيس المصري آنذاك، جمال عبد الناصر في أعين المصريين؛ مما كان يمكن أن يتسبب في إسقاط نظامه. ولكن هذه الأهداف لم يتم تصنيفها من ضمن الأولويات بأي شكل من الأشكال.

تأثر تقييم الحكومة للموقف الأمريكي بشكل كبير بالتقييم الذي قدمه إسحاق رابين، الذي كان يشغل حين ذاك منصب سفير الولايات المتحدة في واشنطن. كان تقييم رابين مبنياً على إشارة تلقاها من مسؤول أمريكي خلال حفل كوكتيل في واشنطن، مفادها أن الولايات المتحدة تدعم تكتيكياً الضربة الإسرائيلية. رأى رابين، الذي كان يسعى إلى توطيد العلاقة مع الولايات المتحدة وإظهار "إسرائيل" على أنها قوية، من أجل الحصول على المزيد من السلاح؛ أن الإشارة كانت بمثابة ضوء أخضر من الأمريكيين[1]. وقد كان موقفه المتحمس لضرب مصر قوياً لدرجة أنه على الرغم من طلبات بعض الوزراء المزيد من التوضيحات حول الموقف الأمريكي، فقد نجح بترجيح كفة الميزان في الموقف الحكومي لصالح الصقور.

أما الموضوع الرابع الذي نوقش فكان ردة فعل الاتحاد السوفياتي. يكشف موشيه دايان في مذكراته عن انقسام مجلس الوزراء آنذاك إلى مدرستين في التفكير: المدرسة الأولى، التي تبناها أغلبية الوزراء، كانت ترى أن الاتحاد السوفياتي يواجه عقبات سياسية وتكنولوجية تمنعه من التدخل المباشر إلى جانب المصريين. أما الأقلية التي كان من ضمنها موشيه دايان، فكانت ترى أن وجهة النظر المتفائلة هذه غير مبنية على مقاربة واقعية بل على الأماني، إذ إن مصر كانت مركزية جداً بالنسبة لسياسة روسيا الدولية، لدرجة أن روسيا لم يكن لتسمح بأن يسقط نظام جمال عبد الناصر. وفي النهاية لم يتم التوصل إلى توافق بين وجهتي النظر هاتين، وبالتالي، تمّ الأخذ برأي الأكثرية على أنه الأساس في السياسة التي سيتم تبنيها.

اتخذ قرار القيام بالعملية. وخلال الأسبوع الأول من الغارات الجوية كان هناك وقائع تشير إلى تحقيق نجاح ما في الوصول إلى الأهداف المرسومة، مثل إلحاق ضرر كبير بالقوى العسكرية المصرية، وتقليص حدة هجماتها. ولكن الضغط العسكري فشل في تحقيق أي من الأهداف السياسية والنفسية الأخرى، مثل ضرب معنويات المصريين أو الإطاحة بالنظام القائم، أو إجبار عبد الناصر على العودة لوقف النار، وعلى العكس من ذلك التف الناس حول عبد الناصر، الذي اختار أن يمضي في الحرب بمساعدة الاتحاد السوفياتي. أدى التدخل السوفياتي في مسار الحرب وتوفير الدفاعات الجوية للجيش المصري وإمداده بالخبراء العسكريين إلى تجميد القوة العسكرية الإسرائيلية الجوية،

1 Barari, *op. cit.*, p. 105.

وتقوية قوة الدفاع الجوي المصري، وحرمان سلاح الجو الإسرائيلي من قدرته على تنفيذ ضربات وقائية ضدّ مصر، مما مهد الطريق أمام المصريين نحو تحقيق النصر في المرحلة الأولى من حرب أكتوبر سنة 1973. اقترحت الولايات المتحدة مبادرة وقف إطلاق نار، حيث تبين أنها كانت ضدّ الضربات الجوية العسكرية، ففتحت بهذه المبادرة الطريق أمام وقف لإطلاق النار[2].

إن البحث الموجز لعملية صناعة القرار قد أثبت عدة قضايا بُحثت في هذه الدراسة آنفاً:

1. غياب السياسة المتماسكة والأهداف الواضحة المرتبة حسب الأولويات، وهذه القضية ما زالت حتى الآن سمة مشتركة بين الأجسام السياسية والعسكرية الإسرائيلية. فقد عزا تقرير فينوجراد، الذي صدر سنة 2008، الفشل الذريع الذي منيت به "إسرائيل" في حربها على لبنان في صيف 2006 إلى غياب التفكير والتخطيط الاستراتيجيين، وعدم تحديد الأهداف الواضحة من الضربات العسكرية[3].

2. غياب البحث الجدي؛ أو على الأقل، عدم استطلاع الخيارات الأخرى المتوفرة غير الضربات الجوية. إذ لم تكن العملية التي أصبحت فيها الضربات العسكرية خياراً مبنية على مجموعة مركبة من الحسابات، بل جاءت بكل بساطة استجابة لتوصيات عسكرية مبنية على قدرة المؤسسة العسكرية على القيام بالعملية وعلى ما يمكن أن تعود به هذه العملية من منافع في حال تمّ رفع مستوى العنف. وحين قدم الخيار العسكري لمجلس الوزراء أصبح هو محط التركيز الوحيد، وحصرت المناقشات في قبول الخيار أو رفضه. إن غياب البدائل إنما يعكس نقصاً أو ضعفاً في المرونة السياسية حين تبدأ العمليات العسكرية، حيث استمرت العمليات في زيادة الضغط العسكري، حتى يقبل جمال عبد الناصر بإنهاء حرب الاستنزاف ويعود إلى وقف النار.

---

[2] Avi Shlaim and Raymond Tanter, "Decision Process, Choice and Consequence: Israel Deep penetration bombing in Egypt, 1970," in Ian S. Lustick (ed.), *Arab Israeli Relations: A Collection of Contending Perspectives and Recent Research* (Hamden, Conn: Garland Publishing, 1994), pp. 281-314.

[3] "English Summary of the Winograd Commission Report," *The New York Times*, 30/1/2008. http://www.nytimes.com/2008/01/30/world/middleeast/31winograd-web.html (Accessed: 5/6/2008).

ومن ناحية أخرى، فإن الفشل في استطلاع الخيارات يعود بشكل جزئي إلى نقص فريق العمل المتخصص، ونقص المعلومات المتوفرة بين يدي الوزراء، مما جعلهم يعتمدون على معلوماتهم العامة وعلى المحادثات التي تجري بينهم وحتى على الشائعات. ومن الأمثلة الأساسية على نقص المعلومات، الأهمية التي أوليت للإشارة المزعومة التي أعطاها المسؤول الأمريكي لرابين. وقد أشار تقرير فينوجراد أيضاً إلى غياب المرونة ونقص فرق العمل، معتبراً إياها من أسباب فشل الحرب على لبنان في سنة 2006. بالإضافة إلى ذلك، فإن الطريقة التي طرحت بها العملية العسكرية وتمت الموافقة عليها في الحرب على لبنان، تشبه إلى حد كبير ما أصبح هو الخيار الوحيد لسنة 1970، مع فارق أن فترة اتخاذ القرار سنة 2006 كانت أقل بكثير[4].

ولكن وفقاً لبعض المتخصصين، ومنهم مايكل بريشر، فإن الوضع كان مختلفاً تماماً سنة 1967 حيث يرون أن صناع القرارات في "إسرائيل"، تأنّوا جداً في تقييم كل الخيارات، كما أنهم أحسنوا تقدير التكاليف والفوائد لعواقب ما سيقومون به؛ واستمر هذا الوضع حتى في أحلك الساعات التي سبقت الأزمة، وقبل أن يتخذوا القرار بالقيام بما يدَّعون أنه "ضربة وقائية". ووفقاً لبريشر فإن قرار القيام بـ"ضربة وقائية" اتخذ لأنه كان سيعود بفوائد جليلة. ويرى هؤلاء الباحثون بأن حسابات التكاليف والمنافع لم تقتصر على الأوجه العسكرية، وإنما امتدت أيضاً لتشمل الأوجه الاقتصادية والإنسانية والدولية. ولم يتم اتخاذ أي قرار غير ناضج حتى في القضايا المهمة مثل قضية مدينة القدس واحتلال مرتفعات الجولان والتوسع باتجاه سيناء. ويضيف هؤلاء أن القيادتين السياسية والعسكرية على حد سواء، أظهرا قدرة واضحة على المراجعة والاستفادة مما حصل في ذلك الوقت[5]. ويرى بريشر أيضاً أنه حتى في أحلك ساعات الضغط التي شهدتها "إسرائيل" في حرب سنة 1973، لم تتراجع القيادات الإسرائيلية عن عمليات التقييم وتحديد الخيارات. ولكن عدداً آخر من الباحثين مثل يهودا بن مائير، يرى أن ما حدث في حرب 1967 من "فترة انتظار" كان في معظمه نتيجة للتردد ولغياب الثقة بالنفس، بدل أن يكون عملية تقديرٍ للخيارات السياسية والعسكرية[6].

---

[4] *Ibid.*

[5] Brecher, *Decisions in Crisis,* p. 359; and Janice Gross Stein, and Raymond Tanter, *Rational Decision-Making: Israel's Security Choices, 1967* (Columbus, OH: Ohio State University Press, 1980), pp. 309-322.

[6] Ben Meir, *op. cit.*, p. 74.

3. غياب التقييم الدقيق لعواقب عملية القصف، خاصة من ناحية تحديد المنافع والتكاليف؛ ففي حين كانت المنافع حاضرة في عقول صناع القرار، لم يعط هؤلاء كثيراً من الانتباه والاهتمام لكلفة هذا القرار. فقد استبعد صناع القرار في "إسرائيل" إمكانية لجوء عبد الناصر لطلب الدعم من روسيا، وفشلوا في تقدير عملية وزن سياسية وعسكرية للخيارات. كما أنهم فشلوا في التقدير بأنه من خلال دفع الاتحاد السوفياتي إلى الاختيار بين التدخل الفعال والاعتراف بعجزه عن حماية مصر، فإنهم يستدعون تدخله المباشر والعملي في الصراع. وقد كان هذا أمراً مخالفاً لمبدأ أساسي من المبادئ العسكرية الإسرائيلية التي وضعها بن جوريون، وهو أن الجيش الإسرائيلي لا يجب أبداً تحت أي ظرف من الظروف أن يخاطر بالدخول في مواجهة مباشرة مع جيش قوة عظمى.

4. الفشل في النظر إلى القضية من أبعاد مختلفة؛ مثل العواقب العسكرية والدبلوماسية على الخيار العسكري.

5. غياب التخطيط الطويل المدى، واعتماد عملية التخطيط في المجلس الوزاري على ردة الفعل. حيث دافعت رئيسة الوزراء عن ميلها إلى هذه السياسة قصيرة المدى، مبررة ذلك بضرورة الأخذ بعين الاعتبار المخاطر التي تواجه "إسرائيل".

6. الميل إلى المبالغة في تقدير الإمكانات أو النتائج المرغوب فيها؛ وبكلمات أخرى، فقد غلبت العاطفة على الحسابات الدقيقة. ومثال ذلك، وجهات نظر أعضاء المجلس الوزاري حول إمكانية الإطاحة بنظام جمال عبد الناصر، وافتراضاتهم حول الموقف الأمريكي، وتقديرهم لردة الفعل السوفياتية[7].

---

[7] Shlaim and Tanter, *op. cit.*, pp. 281-314.

الخلاصة

الخلاصة

كخلاصة لما سبق، يحاول هذا الفصل أن يعدد الخصائص الأساسية في عملية صناعة القرار الإسرائيلي. وسوف يتم تقسيم هذه الخصائص تحت عنوانين أو تصنيفين أساسيين: البراجماتية في مواجهة الأيديولوجية، والقوة في مواجهة الضعف.

أولاً: البراجماتية في مواجهة الأيديولوجية:

يعدّ المزج بين الأيديولوجية والواقعية السياسية أو البراجماتية[1] أحد أهم خصائص صناعة القرار في "إسرائيل". ويرى بعض المتخصصين مثل رايموند كوهين، بأن هذه الازدواجية، مضافاً إليها التوازن الجيد بين صناع القرار الإسرائيليين، غالباً ما تجعل مختلف العناصر السياسية، والقوى الخارجية، وقيود البيئة المحيطة على جهة، والأيديولوجيات السياسية على الجهة الأخرى.

ومن الأمثلة على سياسة البراجماتية، قيام صناع القرار الإسرائيليين باستغلال البيئة المحيطة بهم بحثاً عن فرص التعاون، مهما كان هذا التعاون جزئياً أو غير رسمي. وقد حاول الإسرائيليون استطلاع العديد من القنوات التي يمكنهم التحرك من خلالها لتحقيق أهدافهم، مثل السلاح، والعمل الاستخباراتي، والمساعدات النفطية، والمساعدة العسكرية، والحرب. وبناء على هذا الاستشراف أو الاستطلاع، كانت الأطراف المرشحة للتعاون المشترك هي البلدان التي يمكن أن يكون هناك احتمال وجود مصالح مشتركة بينها وبين "إسرائيل"؛ مثل تركيا، وإيران وأثيوبيا، وذلك وفقاً لمقولة "عدو عدوي صديقي". وتتضمن هذه اللائحة أيضاً فرنسا، وألمانيا، والدول المنبثقة حديثاً في إفريقيا وآسيا، والموارنة والأكراد، وغيرهم من الأقليات المعزولة[2].

كما جربت "إسرائيل" أشكالاً مختلفة من التموقع السياسي. فقد استكشفت وضع عدم الانحياز، غير أنها تخلت عنه لتتبنى موقف "العالم الحر"، في إطار سعيها لكسب التحالف مع الولايات المتحدة الأمريكية التي كانت متورطة في كوريا والحرب الباردة.

---

[1] غالباً ما يستخدم مصطلح الواقعية في الولايات المتحدة بدلاً من الواقعية السياسية.

[2] Cohen, Raymond, *op. cit.*

ولاحقاً، تمّ تعزيز هذا الموقف من خلال الخطاب السياسي الإسرائيلي الذي أصبح معادياً للشيوعية بشدة. وبالتالي استطاعت "إسرائيل" ببراعة استقطاب أصدقاء لها في واشنطن، من خلال إظهار نفسها على أنها حصن متين في مواجهة الشيوعية، وقيمة استراتيجية مهمة للولايات المتحدة في الحرب الباردة. وبعد انهيار الاتحاد السوفييتي وزوال الخطر الشيوعي، وبعد أحداث 2001/9/11، تمّ استخدام خطاب جديد مبني على التعاون الاستراتيجي مع الولايات المتحدة، قدمت "إسرائيل" نفسها من خلاله على أنها متعاونة مع واشنطن من أجل القضاء على الأصولية الإسلامية[3].

كان حاييم وايزمان أول من أسس للبراجماتية في السياسة الخارجية الإسرائيلية، وقد سار على خطاه بن جوريون وموشيه شاريت Moshe Sharett اللذين أثبتا مع غيرهما من السياسيين مثل روفين شيلواح Reuven Shiloah، وأبا إيبان Abba Eban ووالتر إيتان Walter Eytan، وجدعون رفائيل Gideon Rafael، وآخرون، بأنهم قادرون على لعب لعبة السياسية الخارجية المرنة غير الأيديولوجية، في وجه الضغوط الدولية.

ولكن مع أن ما ذكر يشير إلى تبني صناع القرار للسياسة الواقعية، فإن "إسرائيل" والحركة الصهيونية، تبنيا من قبل قرارات سياسية غير واقعية، وتتعارض مع البراجماتية، منها[4]:

- اختيار فلسطين العثمانية كمكان مستقبلي للوطن القومي لليهود، على الرغم من أن هذه الخطوة كانت تعني زرع سكان أوروبيين بشكل أساسي، في قلب العالم الإسلامي.
- إعلان قيام "دولة إسرائيل" سنة 1948، على الرغم من أن ذلك كان يعني إشعال حرب يكون اليهود فيها أقلية في ساحة المعركة.
- المصادقة على قانون العودة الذي يسمح لليهود في كل أنحاء العالم بالهجرة إلى "إسرائيل"، على الرغم من قلة موارد الدولة وعدم قدرتها على معالجة هذا العدد الكبير والمتنوع من المهاجرين.

---

[3] *Ibid.*

[4] *Ibid.*

- إعلان القدس عاصمة لـ"دولة إسرائيل"، على الرغم من الضعف الاستراتيجي لـ"دولة إسرائيل" وضبابية وضعها القانوني.
- إصرار الإسرائيليين طوال سنوات، على الرغم مما واجهوه من انتقادات دولية وعزل، على عدم إعادة الأراضي التي احتلت سنة 1967 إلا مقابل السلام وفق شروطهم.
- تنصيب الحكومات الإسرائيلية نفسها مسؤولة عن اليهود في كل أنحاء العالم، بغض النظر عن جنسياتهم، مما جعل مصالحها الوطنية، لا تتوقف عند تأمين سلامة وبقاء مواطنيها المباشرين، بل إنها تربط نفسها بمصالح اليهود في كل مكان، سواء كان هؤلاء ينوون العيش في "إسرائيل" ولو ليوم واحد أم لا. وهذا القرار بالتحديد، لا يشكل فقط انحرافاً عن الواقعية الكلاسيكية، بل إنه يتعارض بشكل تام مع كل خصائص الواقعية السياسية.

يمكن تفسير هذه القرارات، التي تتعارض مع الواقعية السياسية، فقط على أنها نتيجة للعقيدة السياسية للحركة الصهيونية، وهي عقيدة متأثرة بالرواية اليهودية التي تتمركز حول الرسالة الربانية لـ"شعب الله المختار"، أي ذرية إبراهيم وإسحاق ويعقوب، الذين حازوا على مكانة وتفضيل وعلاقة لا تحتاج إلى واسطة بينهم وبين الله. ونتيجة لهذا المعتقد، فإن هؤلاء يرون أنفسهم أنهم في خدمة الله، الذي يأمرهم بالحفاظ على هويتهم المتميزة عن غيرهم من الشعوب غير المختارة. وبالتالي، فإنه وفقاً للتاريخ اليهودي، فإن التاريخ هو عملية صراع لا نهاية له بين الخير والشر. ووفق هذه الرواية التاريخية، فإن شعب الله المختار، قد تشتت بسبب انغماسه في الملذات الدنيوية، وأنه من المقدر له أن يجتمع من شتاته بين الأمم في مختلف أنحاء العالم، وأن يعود إلى الأرض الموعودة حيث سيتحقق الخلاص الإلهي. والرواية الصهيونية لمسار الأحداث متأثرة كثيراً بالرواية المذكورة أعلاه، وبالتالي، فهي مبنية على الأيديولوجيات التالية[5]:

- "إسرائيل" ملك لكل "الشعب اليهودي".
- "دولة إسرائيل" ليست فقط كيانٌ قانوني وإداريٌ، تقتصر مهامه على تأمين مصالح مواطنيه، بل هي عبارة عن أداة مسخرة في إطار المسار التاريخي لخدمة جميع اليهود، ومعظمهم في واقع الحال مواطنون في بلدان أخرى.
- تجميع "الشتات" من خلال الهجرة إلى الأرض المقدسة.

[5] *Ibid.*

بالإضافة إلى ذلك، فإن الإسرائيليين قد ورثوا قاموساً كاملاً من المفردات ومجموعة من الاقتباسات ذات الأصول التوراتية، من أجل وصف علاقتهم بالأمم الأخرى. فحتى التعريف العبري للأمم أي الجوييم، يحمل دلالات واضحة على الخوف والشك. فمثلا تبدو عبارة "الجوييم كانوا دائماً ضدنا"، وكأنها حقيقة صالحة لكل زمان ومكان لتحديد المشكلة اليهودية. وهذه النظرة العالمية متعارضة تعارضاً صارخاً مع افتراضات الواقعية السياسية التي تقول بأن عدو الأمس هو صديق محتمل في الغد.[6]

وبالتالي، فإنه لا غضاضة في القول بأن العلاقات الخارجية الإسرائيلية، وقبلها الحركة الصهيونية، قد وطدت الأيديولوجية السياسية في أهدافها، أكثر من أي أيديولوجية مبنية على الواقعية السياسية. ولكن فيما يتعلق بالدبلوماسية الإسرائيلية، فإنها تسيطر عليها في معظم الأحيان الواقعية السياسية.[7]

ثانياً: عوامل القوة والضعف:

بالإضافة إلى الازدواجية بين البراجماتية والأيديولوجية في عملية صناعة القرار الإسرائيلي، فإن مختلف العوامل والتأثيرات والعمليات التي تمّ الحديث عنها في الفصول السابقة بالإضافة إلى الخصائص العامة، ممكن تصنيفها في مجموعة من عوامل الضعف وعوامل القوة.[8] وعوامل الضعف والقوة هذه ملخصة أدناه مع التركيز الخاص على عملية صناعة القرار في أوقات الأزمة. تجدر الإشارة إلى أن بعض الباحثين الإسرائيليين مثل ياكوف بار سيمان توف، يرى بأن التأثيرات الداخلية والخارجية لها تأثيرات مختلفة على عملية صناعة القرار، اعتماداً على التوقيت وطبيعة القرار الذي ينظر فيه. وفي الوقت الذي كانت العوامل الخارجية تدفع باتجاه البحث عن حلّ للأزمات، فإن العوامل الداخلية كانت هي الأكثر حضوراً خلال المفاوضات.[9]

Ibid. [6]

Ibid. [7]

This classification is based on Freilich, *op. cit.*, as well as Ben Meir, *op. cit.*, pp. 67-71, 92-94. [8]

Bar-Siman-Tov, *op. cit.*, p. 29. [9]

1. آليات الضعف:

أ. سيطرة النظرة أو المقاربة قصيرة الأمد:

دفع هاجس المخاطر المتصورة التي تهدد وجود "إسرائيل"، إلى تبني سياسات قصيرة الأمد وحلول للمشاكل الآنية، وإلى تبني ردات فعل غير مخطط لها. وقد أدى غياب التخطيط الطويل المدى مع غياب التعريف الواضح لأهداف سياسة الأمن القومي إلى الميل نحو:

1. اعتماد قرارات مبنية على ردة الفعل على الأحداث الآنية، التي تقع في البيئة الخارجية لـ"إسرائيل" دون النظر في العواقب.

2. تبني عملية صناعة قرار متمركزة في معظمها على "الآن وهنا"، مع إعطاء أهمية محدودة للمستقبل.

3. سيادة ثقافة الارتجال وإدارة الأزمات.

4. تأخير القرارات غير الجوهرية ومعالجة القضايا الضاغطة. ونتيجة لذلك، فإنه عندما تصبح القضايا غير الجوهرية قضايا عاجلة، فإنه يتم اتخاذ القرار فيه دون القيام بدراسة معمقة.

ب. تسييس آلية صناعة القرار:

إن طبيعة نظام التمثيل النسبي وتأثير سياسات الأحلاف مع الالتزام الأيديولوجي القوي أدى إلى عملية صناعة قرار مسيسة ومشحونة بالعواطف، وهذا التسييس الذي جاء في معظم الأحيان على حساب المصالح الاستراتيجية أدى إلى:

1. سيطرة الاعتبارات السياسية المحلية في عملية تخطيط السياسات.

2. التركيز الوزاري على المواقف الخاصة للأحزاب، وعلى الوظيفة السياسية للمسؤولين أكثر من التركيز على الحكم.

3. الحفاظ على الائتلاف أصبح هدفاً بحد ذاته أكثر منه وسيلة.

4. تجنب إعلان أهداف سياسية محددة، والحفاظ على ما يسمى بالضبابية البناءة.

5. اعتماد خطة تكتيك الاستراتيجية، بحيث تعالج كل قضية على حدة، بطريقة تراكمية.

6. تجنب دعم فرق العمل، والشك بالخبراء بشكل عام.

ج. تدهور القدرات الحكومية:

إن حجم مجلس الوزراء، وطبيعة الائتلافات، والتقليل من شأن الوزراء المستقلين في الحكومة، وكون الوزراء في معظمهم لهم تاريخهم الاحترافي في مجال العمل السياسي، أدت مجتمعة إلى تعطيل قدرة الحكومة على العمل كمنتدى لصناعة القرار. وقد أدى هذا الفشل، مضافاً إليه ضعف سلطة رئيس الوزراء، والضغط الذي يخضع له النظام بسبب غياب فرق العمل الكافية إلى:

1. ميل رئيس الوزراء إلى تأسيس منتدى صناعة قرار صغير خاص به.
2. ضعف المنهجية في عملية صناعة القرار. ففي معظم القضايا ليس هناك سياسات إسرائيلية، إذ غالباً ما يعتمد الوزراء والدوائر الرسمية على تقديراتهم الخاصة، وما يرون أن الأمر يجب أن يكون عليه[10].
3. تفضيل رئيس الوزراء الاحتفاظ بقدرته على المناورة الحرة على إيجاد عملية صناعة قرار ممنهجة[11].

د. غياب مأسسة آلية صناعة القرار:

أوجدت العملية الداخلية والخصائص البنيوية للنظام، مثل غياب فرق العمل، والخوف من التسريبات حالة أصبح الاعتماد فيها يكون على القائد والقضية قيد المعالجة، بحيث تكون عملية صناعة القرار مائعة وغير رسمية، وغير مبنية على المأسسة. وهذا بدوره قد أدى إلى:

1. عملية صناعة قرار شخصانية إلى حدٍّ كبير.
2. الاعتماد على الخبراء والثقة، وغياب الموازنات الكافية للأمور.
3. سيطرة التواصل الشفهي والشخصي بين مختلف المستويات في المؤسسة الرسمية الإسرائيلية.
4. انقطاع الصلة بين المعلومات السريعة التطور وآليات التخطيط للسياسات، وصناعة القرار.
5. تنسيق غير كاف بين مؤسسات الحكومة؛ وخصوصاً بسبب الخوف من التسريبات بشأن القضايا السياسية المحلية.

---

[10] Freilich, *op. cit.*

[11] *Ibid.*

6. امتناع الوزراء عن القيام بالاستشارات الضرورية والتنسيق وميلهم إلى خلط المهمات وتمييع خطوط السلطات الممنوحة.

هـ. سيطرة المركّب الصناعي – العسكري:

الأمر الذي أدى إلى:

1. تأثير قوي في عملية صناعة القرار، بسبب احتكار هذا التحالف للعمل الاستخباراتي والتخطيط للسياسات.
2. ضعف بنيوي في آلية الإشراف المدني على المؤسسات العسكرية.
3. غياب الآلية القوية والبديلة التي يمكن من خلالها تقييم الاستخبارات العسكرية والسياسات عبر السلطة المدنية، على الرغم من وجود مجلس أمن قومي.

و. الطبيعة الجامدة للنخبة السياسية:

تسيطر على المؤسسة السياسية الرسمية مجموعة من الأشخاص الذين يعدون السياسة وظيفة أو مهنة؛ ونتيجة لذلك، فإن المؤسسة الرسمية الإسرائيلية تميل إلى الجمود والمحافظة، مقارنة مع أنظمة أخرى لا يسعى السياسيون فيها إلى تحقيق مكاسب خاصة. ففي الحالة الأخيرة، هناك فرصة أكبر، لابتكار أفكار واتجاهات سياسية جديدة[12].

ز. الاعتماد على الخبرات السابقة في الأزمات:

يميل صناع القرار في "إسرائيل"، من الناحية النفسية، إلى الاعتماد على الخبرات السابقة، كدليل لهم يعينهم على معالجة التهديدات الآنية للقيم الأساسية التي يتبنونها، وهذا الاعتماد على الماضي يُغذِّيه الشعور بالإنجاز والنجاح في ما يرونه قدرتهم على تخطي العديد من العوائق والتحديات خلال السنوات. وهذا الاستناد إلى الماضي يوجد حالة كبيرة من الجمود الفكري في فهم التهديدات المستجدة. بالإضافة إلى ذلك، فإنه على الرغم من أن صناع القرار يبقون عقولهم مفتوحة على المعطيات الجديدة التي قد تغير المفاهيم القائمة عندهم، فإن قراراتهم تظل مع ذلك مبنية على افتراضات أساسية كانت مقبولة في الماضي، ولكن لم يعد بالإمكان تقييمها في ضوء المستجدات[13].

---

[12] Arian, *Politics in Israel*, p. 101.

[13] Brecher, *Decisions in Crisis*, pp. 344-345; and Ben Meir, *op. cit.*, pp. 67-71.

ح. المقاربة المحدودة للمشاكل:

تعالج كل مشكلة بفردية، ولتحقيق أهداف آنية ومحددة دون وجود نظرة شاملة. إذ ليس في السياسة الإسرائيلية ما يعادل سياسة الورقة البيضاء في بريطانيا، أو تصريحات المناصب في الولايات المتحدة الأمريكية. والواقع ان "إسرائيل" هي البلد الوحيد التي تعد فيه أوراق السياسات في قسم التخطيط في الجيش الإسرائيلي.

2. مواطن قوة الآلية:

في الوقت الذي دفعت فيه عوامل الضعف المذكورة أعلاه الكثير من المعلقين للقول إن "إسرائيل" التي تعيش ذروتها في هذه الأيام، ليس لديها عملية صناعة قرار منهجية[14]، فإن هناك العديد من عوامل القوة في النظام الإسرائيلي التي يجب أخذها بعين الاعتبار، لأنها تسهم في بلورة قراراتها التي غالباً ما تكون صائبة.

أ. القيم المشتركة:

إن وجود الالتزام المشترك ببعض الأهداف الأساسية، قد منع المعارك البيروقراطية من الوصول إلى النهايات الموجودة في بلدان أخرى. ومن هذه الأهداف:

1. المخاوف الأمنية ومواجهة "المخاطر الوجودية" التي تهدد "إسرائيل".
2. الإجماع على الأيديولوجية الصهيونية.
3. الحفاظ على "إسرائيل" دولة يهودية ديموقراطية، وهو ما يحدد بشكل طبيعي على سبيل المثال الموقف من عودة اللاجئين الفلسطينيين.

ب. مؤسسة صغيرة محكمة البناء:

في المؤسسة الإسرائيلية الصغيرة، يعرف معظم المسؤولين بعضهم بعضاً بشكل شخصي، وهذا ما سهل تطور لغة مشتركة، أسست لفهم مشترك للعديد من القضايا التي تواجهها "إسرائيل"، وأوجد مستوى من الحميمية الشخصية والتخصصية، وسهلت تحديد من هم المسؤولون القادرون على معالجة قضية ما.

Ben Meir, *op. cit.*, pp. 67-71. [14]

ج. سهولة التواصل:

هذه المؤسسة الصغيرة أيضاً سهلت التواصل، من خلال القنوات غير الرسمية والروابط الشخصية، بعيداً عن الهرمية المؤسساتية.

د. السرعة والمرونة:

إن طبيعة عملية صناعة القرار الإسرائيلي، السريعة والارتجالية وغير المبنية على المأسسة، تعطي فرصة للتغيير وإعادة التموضع، أو إعادة التجميع، وإعادة التفكير، والتأقلم بسرعة مع الأوضاع المتغيرة في المحيط.

هـ. عملية صناعة القرار الديناميكية والبراجماتية فيما يتعلق بقضايا الأمن القومي:

على الرغم من أن سياسة الحكومة غالباً ما تكون مشحونة عقائدياً أو سياسياً على درجة عالية، خاصة في قضايا مثل مستقبل الضفة الغربية أو ميزانية الدفاع، فإن المؤسسة العسكرية والأمنية نفسها، تتبنى مقاربة براجماتية في النظر للقضايا من منظور تحليلي يهدف إلى حلّ المشاكل، وهذه أيضاً خاصية أساسية في الكثير من القيادات السياسية. فالعديد من القادة الإسرائيليين أظهروا قدرة على إحداث تغيير راديكالي في سياساتهم القائمة، حتى تلك القائمة على قناعات أيديولوجية متجذرة بعمق منذ فترة طويلة، أو على منظور استراتيجي، وذلك حينما تقتضي ذلك الضرورة أو الفرصة[15].

و. العلاقات السياسية – العسكرية القوية:

إن الحدود بين ما هو مدني وما هو عسكري في "إسرائيل" متداخلة للغاية، خصوصاً مع تقاعد الضباط العسكريين في سنّ مبكر نسبياً، مما يدفعهم للتطلع إلى مستقبل سياسي. هذا التداخل، يسهم في استمرار انسياب الأفكار الجديدة من المؤسسة العسكرية، ويحد من مخاطر ترسخ عقليات معينة لفترة طويلة.

---

[15] Freilich, *op. cit.*

ز. الشفافية:

يمكن القول بأن الإعلام المحلي الإسرائيلي والإعلام العالمي، يعالجان الشؤون الإسرائيلية المختلفة أكثر مما تعالج شؤون أي بلد آخر في العالم. ونتيجة لذلك، فإن التغطية الإعلامية تستخدم كأداة أساسية لتجييش ردات الفعل أو اختبار ردات الفعل على السياسات التي يتم رسمها. كما أن "إسرائيل" تتميز بنظامها القضائي، الذي يؤدي دوره بفاعلية ضمن المشروع الصهيوني، والبعض يرى أنه على المدى الطويل، سوف يحصن هذا الانفتاح مواقف صناع القرار.

ح. الاستجابة لبيئة معقدة تحت الضغط:

يرى بعض العلماء مثل مايكل بريشر أن صناع القرار الإسرائيليين قد أظهروا دراية دقيقة بالبيئة المعقدة دون مبالغة أو تقزيم خلال حرب 1967، وعلى الرغم من الضغط الذي شهدوه في الأيام الأولى من حرب 1973، فإن ذلك لم يعطل قدرتهم على التقييم بشكل كبير، وذلك على الرغم من تأثيره السلبي على الأداء الفردي[16].

ط. الاستشارة:

إن التواصل الدائم مع المجتمع الدولي على كل المستويات يجعل آليات صناعة القرار القائمة مفتوحة من أوسع الأبواب على تغير دائم في الأفكار والمعلومات والعوائق، فتبادل المعلومات يجعل عملية صناعة القرار أمام حالة دائمة من تبادل الأفكار والمعلومات وتحديد العوائق ومعالجتها. وتبادل المعلومات مع الدول الصديقة، بشكل رسمي أو فردي، وخاصة مع الولايات المتحدة، يكون في معظم الأحيان معطى مهماً في عملية صناعة القرار، ويشكل ما يسمى بعملية مراجعة واقعية للسياسات التي يتم بلورتها والقرارات التي تتم دراستها.

ي. الديموقراطية:

يرى الكثير من الإسرائيليين أن أهم عوامل القوة في آلية صناعة القرار الإسرائيلي هو أن "إسرائيل" تتمتع بفوائد وجود ديموقراطية صحية وحيوية، بين اليهود الإسرائيليين، حيث إن الانتقادات في الإعلام والسياسة والاجتماع والاقتصاد، والانتقادات الشعبية، تضغط على السياسيين لكي يقوموا بما يخدم مصالح اليهود بشكل أفضل.

---

[16] Brecher, *Decisions in Crisis*, pp. 345-347.

ك. تخصص عملياتي ممتاز:

على الرغم من الفشل أو الإخفاقات على مستوى القيادي، فإن "إسرائيل" لديها العديد من فضاءات الامتياز، مثل المؤسسة العسكرية التي تشكل آلية منظمة وممنهجة لصناعة القرار، وحيث يتركز الجهد على توظيف المعلومات المتوفرة من أجل إخراج أو توليد خيارات سياسية مناسبة. وهناك فضاءات امتياز أخرى داخل المؤسسة الدفاعية وبالأخص سلاح الجو، ومجتمع الاستخبارات وغيرها من الوحدات. ولكن هذا امتياز عملياتي، ولا يتخطى ذلك إلى مستوى صناعة السياسات في مجلس الوزراء.

ل. الدوافع والقيادات النوعية:

يؤمن الإسرائيليون بأن الأخطاء التي تشوب عملية صناعة القرار تعود بشك جزئي إلى نوعية الناس الذين ينخرطون في هذه العملية، والذين غالباً ما يكونون ملتزمين بتحقيق هدف مشترك، يحدوهم إحساس عالٍ بالمخاطر الوجودية التي تهدد "دولة إسرائيل"، وإيمانهم بـ"عدالة وأحقية" قضيتهم. وقد ساعدت سنوات من الخبرة في معالجة قضايا الأمن القومي على تخطي موضوع غياب أو نقص فريق العمل المناسب، وغطت على الآليات الخاطئة في عملية صناعة القرار[17].

[17] Freilich, *op. cit.*

المراجع

المراجع

أولاً: المراجع باللغة العربية:

1. كتب:

• المسيري، عبد الوهاب، موسوعة اليهود واليهودية والصهيونية. القاهرة: دار الشروق، المجلد السابع، 1999.

• منصور، كميل، وفوز عبد الهادي، محرران، إسرائيل: دليل العام 2004. بيروت: مؤسسة الدراسات الفلسطينية، 2004.

2. مقالات وتقارير:

• اتساع الجدل حول الميزانية العسكرية في إسرائيل، موقع المشهد الإسرائيلي، 2007/6/26.

• بنك معلومات مدار، إدارة الائتلاف الحكومي، 2006/1/1.

• جرايسي، برهوم، التركيبة البرلمانية تمنع صيغة مشتركة لتغييرات في نظام الحكم الإسرائيلي، موقع المشهد الإسرائيلي، 2006/11/14.

• جرايسي، برهوم، ميزانية إسرائيل للعام القادم 76 مليار دولار، المشهد الإسرائيلي، 2007/10/16.

• جولة أولى أمام إيران، المشهد الإسرائيلي، 2006/11/14.

• جيش الدولة أم دولة الجيش: حول مراقبة المستوى السياسي للمستوى العسكري، المشهد الإسرائيلي، 2007/5/15.

• حول رفع نسبة الحسم: الدوافع والغايات، المشهد الإسرائيلي، 2007/4/17.

• كرزم، جورج، ماذا يعني تطبيق حق العودة بالنسبة لإسرائيل؟، المشهد الإسرائيلي، 2007/10/5.

• كيالي، ماجد، إسرائيل بعد الانتخابات: التحولات والاحتمالات، جريدة المستقبل، بيروت، 2006/4/11،
http://www.almustaqbal.com/stories.aspx?StoryID=173271

• لا للنظام الرئاسي في إسرائيل: مقاطع من وثيقة صادرة عن المعهد الإسرائيلي للديموقراطية، المشهد الإسرائيلي، 2006/12/12.

• 55% من الجمهور الإسرائيلي يعتقدون أن اليسار لم يعد قائماً... موقع عرب48، 2008/4/3.

• وقائع يوم دراسي حول تقرير فينوجراد: انعكاسات وأبعاد: إخفاقات حرب لبنان الثانية أكثر بكثير من إنجازاتها، المشهد الإسرائيلي، 2007/7/10.

ثانياً: المراجع باللغة الأجنبية:

1. Books:

• Arian, Asher et al., *The 2007 Israeli Democracy Index: Auditing Israeli Democracy- Cohesion in a Divided Society.* Israeli Democracy Institute- The Guttman Center: June 2007.

• Arian, Asher, David Nachmias, and Ruth Amir, *Executive Governance in Israel.* New York: Palgrave Macmillan, 2002.

• Arian, Asher, *Politics in Israel: The Second Republic.* Washington D.C: CQ Press, 2005.

• Aruri, Naseer H., *Dishonest Broker: The US Role in Israel and Palestine.* Cambridge: South End Press, 2003.

• Barari, Hassan, *Israeli Politics and the Middle East Peace Process: 1988-2002.* London: Routledge Curzon, 2004.

• Bar-Siman-Tov, Yaacov, *Uncertainty and Risk-taking in Peacemaking: The Israeli Experience.* Jerusalem: The Leonard Davis Institute for International Relations, The Hebrew University of Jerusalem, 1999.

• Ben Meir, Yehuda, *National Security Decision Making: The Israeli Case.* Boulder, CO: Westview Press, 1986.

• Bober, A., *The Other Israel.* New York: Anchor books, 1972,

• Brecher, Michael, *Decisions in Crisis: Israel, 1967 and 1973.* Berkeley: University of California Press, 1980.

• Brecher, Michael, *Decisions in Israel's Foreign Policy.* London: Oxford University Press, 1974.

• Brecher, Michael, *The Foreign Policy System of Israel: Setting, Images, Process.* New Haven: Yale University Press, 1972.

• Finkelstein, Norman, *The Holocaust Industry: Reflections on the Exploitation of Jewish Suffering.* London: Verso books, 2001.

- Goldberg, J. J., *Jewish Power: Inside the American Jewish Establishment.* Reading, MA: Addison-Wesley Publishing, 1996.
- Green, Stephen J., *Taking Sides: America's Secret Relations with a Militant Israel: 1948-67.* New York: William Morrow, 1984.
- Greffenius, Steven, *The Logic of Conflict: Making War and Peace in the Middle East.* Armonk, NY: M.E. Sharp, 1993.
- Heller, Joseph, *The Birth of Israel: 1945-1949: Ben-Gurion and His Critics.* Gainesville, FL: University Press of Florida, 2000.
- Horowitz, David, ed., *Yitzhak Rabin, Soldier of Peace.* London: Peter Halban, 1996.
- Kuperman, Ranan D., *Cycles of Violence: The Evolution of the Israeli Decision Regime Governing the Use of Limited Military Force.* Lanham, MD: Lexington Books, 2005.
- Mearsheimer, John J., and Stephen M. Walt, *The Israel Lobby and U.S. Foreign Policy.* New York: Farrar, Straus and Giroux, 2007.
- Metz, Helen Chapin, ed., *Israel: A Country Study.* Washington: GPO for the Library of Congress, 1988.
- Mor, Ben D., *Decision and Interaction in Crisis: Model of International Crisis Behavior.* Westport, CT: Praeger, 1993.
- Peri, Yoram, *Between Battles and Ballots.* Cambridge: Cambridge University Press, 1983.
- Peri, Yoram, *Generals in the Cabinet Room: How the Military Shapes Israeli Policy.* Washington D.C: United States Institute of Peace Press (USIP), 2006.
- Petras, James, *The Power of Israel in the United States.* Atlanta, GA: Clarity press, 2006.
- Pfaltzgraff, Robert, Jr., and Uri Raanan, eds., *National Security Policy: The Decision-Making Process.* Hamden, CT: Archon Books, 1984:
  - Raanan, Uri, "Contrasting Views of the Role of Strategic (Politico-Military) Doctrine: Soviet and Western Approaches."
  - White, Richard C., "Congressional limitations and oversight of Executive Decision-Making Power: The Influence of the Members and the Staff."

- Reiser, Stewart, *The Politics of Leverage: The National Religious Party of Israel and Its Influence on Foreign Policy.* Cambridge, MA: Harvard University Center for Middle Eastern Studies, 1984.
- Rose, John, *The Myths of Zionism.* London: Pluto Press, 2004.
- Sager, Samuel, *The Parliamentary System of Israel.* Syracuse, NY: Syracuse University Press, 1985.
- Sasson, Theodore, Charles Kadushin, and Leonard Saxe, *American Jewish Attachment to Israel: An Assessment of the "Distancing" Hypothesis.* Massachusetts: Steinhardt Social Research Institute, Brandeis University, February 2008.
- Shahak, Israel, and Norton Metzvinskly, *Jewish Fundamentalism in Israel.* 2nd edition, London: Pluto Press, 2004.
- Sharansky, Ira, *Policy making in Israel: Routines for Simple Problems and Coping with the Complex.* Pittsburgh, PA: University of Pittsburgh Press, 1997.
- Singh, Priya, *Foreign Policy Making in Israel: Domestic Influences.* Delhi: Shipra Publications, 2005.
- Stein, Janice Gross, and Raymond Tanter, *Rational Decision-Making: Israel's Security Choices, 1967.* Columbus, OH: Ohio State University Press, 1980.
- Terry, Janice J., *US Foreign Policy in the Middle East, The role of Lobbies and Special Interest Groups.* London: Pluto Press, 2005.
- Wagner, Abraham R., *Crisis decision-making: Israel's experience in 1967 and 1973.* New York: Praeger, 1974.

2. Articles in Books:

- Bar-Joseph, Uri, "Towards a Paradigm Shift in Israel's National Security Conception," In Efraim Karsh, ed., *Israel: The First Hundred Years, Vol. II: From War to Peace?.* London: Frank Cass, 2000.
- Bar-Siman-Tov, Yaacov, "Peace Policy as Domestic and Foreign Policy: The Israeli Case," in Sasson Sofer, ed., *Peace Making in a Divided Society: Israel After Rabin.* London: Frank Cass Publishers, 2001.
- Liebman, Charless S., and Eliezer Don Yehiya, "What a Jewish State Means to Israeli Jews," in Sam N. Lehman-Wilzig, and Bernard Susser, eds., *Comparative Jewish Politics: Public Life in Israel and the Diaspora.* Israel: Bar-Ilan University Press.

- Lissak, Moshe, "The Civilian Components of Israel's Security Doctrine: The Evolution of Civil-Milirary Relations in the First Decade," in S. Ilan Troen, and Noah Lucas, eds., *Israel: The First Decade of Independence*. Albany, NY: State University of New York Press, 1995.
- Peri, Yoram, "Civil Military Relations in Israel in Crisis," in Maman, Daniel, Ben-Ari, Eyal, and Rosenhek, Zeev, eds., *Military, State, and Society in Israel*. New Brunswick, NJ: Transaction Publishers, 2001.
- Shlaim, Avi, and Raymond Tanter, "Decision Process, Choice and Consequence: Israel Deep Penetration Bombing in Egypt, 1970," in Ian S. Lustick, ed., *Arab Israeli Relations: A Collection of Contending Perspectives and Recent Research*. Hamden, Conn: Garland Publishing, 1994.
- Stock, Ernest, "Philanthropy and Politics: Modes of Interaction between Israel and the Diaspora," in S. Ilan Troen, and Noah Lucas, eds., *Israel: The First Decade of Independence*. Albany, NY: State University of New York Press, 1995.

3. Periodicals:

- Arian, Asher, "The Israeli Election for Prime Minister and the Knesset, 1996," *Electoral Studies* journal, vol. 15, no. 4, November 1996.
- Barak, Oren, and Gabriel Sheffer, "The Study of Civil-Military Relations in Israel: A New Perspective," *Israel Studies* journal, vol. 12, no. 1, Spring 2007.
- Bard, Mitchell G., and Daniel Pipes, "How Special is the U.S.-Israel Relationship?," *Middle East Quarterly* journal, vol. 4, no. 2 , June 1997.
- Cohen, Raymond, "Israel's Starry-Eyed Foreign Policy," *Middle East Quarterly*, vol. 1, no. 2 , June 1994.
- Cohen, Stuart A., "Tensions between Military Service and Jewish Orthodoxy in Israel: Implications Imagined and Real," *Israel Studies* journal, vol. 12, no. 1, Spring 2007.
- Davidi, Efraim, "Protest Amid Confusion: Israel's Peace Camp in the Uprising's First Month," *Middle East Report* magazine, no. 217, Winter 2000.

- Dowty, Alan, "Israeli Foreign Policy and the Jewish Question," *Middle East Review of International Affairs (MERIA)* journal, vol. 3, no. 1, March 1999.
- Eiland, Giora, "Israel's Defense Budget," INSS Policy Brief No.6, The Institute for National Security Studies (INSS), 14/7/2007, http://www.inss.org.il/publications.php?cat=25&incat=&read=181
- Freilich, Charles D., "National Security Decision-Making in Israel: Processes, Pathologies, and Strengths," *The Middle East Journal*, vol. 60, no. 4, Autumn 2006.
- Goldberg, Giora, "The Growing Militarization of the Israeli Political System," *Israeli Affairs* journal, vol. 12, no. 3, July 2006.
- Hadar, Leon T., "Orienting Jerusalem toward Ankara or Cairo? Israel's New Geostrategic Debate," *Mediterranean Quarterly* journal, vol. 12, no. 3, 2001.
- Hazan, Reuven Y., "Kadima and the Centre: Convergence in the Israeli Party System," *Israel Affairs*, vol. 13, no. 2, 2007.
- Inbar, Efraim, and Giora Goldberg, "Is Israel's Political Elite Becoming More Hawkish?," *International Journal*, no. 45, Summer 1990.
- Izemkank-Kane, P., On Knowledge & Policy: The Role of Think-Tanks in Israel and Other Countries, The Jerusalem Institute for Israel Studies (JIIS), 2004, translation from Hebrew provided by the *Journal of Palestinian Studies*, vol. 64, Autumn 2005.
- Jaffee Center for Strategic Studies (JCSS), "Israel's Civil-Military Relations in Wartime," JCSS bulletin, no. 31, September 2005.
- Kaarbo, Juliet, "Power and Influence in Foreign Policy Decision Making: The Role of Junior Coalition Partners in German and Israeli Foreign Policy," *International Studies Quarterly* journal, vol. 40, no. 4, December 1996.
- Kimmerling, Baruch, "Religion, Nationalism, and Democracy in Israel," *Constellations* journal, vol. 6, no. 3, 1999.
- Laor, Yitzhak, You are Terrorists, We are Virtuous, *London Review of Books* magazine, London, vol. 28, no. 16, 17/8/2006.
- Latner, Michael and Anthony McGann, "Geographical representation under proportional representation: The cases of Israel and the Netherlands," *Electoral Studies*, vol. 24, 2005

- Levy, Yagil, Edna Lomsky-Feder, and Noa Harel, "From "Obligatory Militarism" to "Contractual Militarism": Competing Models of Citizenship," *Israel Studies* journal, vol. 12, no. 1, Spring 2007.
- Mark, Clyde R, Israel: U.S. Foreign Assistance, Congressional Research Service Washington (CRS), The Library of Congress, 2002.
- Mearsheimer, John J., and Stephen M. Walt, "The Israel Lobby and US Foreign Policy," Harvard Kennedy School, HKS Faculty Research Working Paper Series, RWP06-011, http://ksgnotes1.harvard.edu/ Research/wpaper.nsf/rwp/RWP06-011/$File/rwp_06_011_walt.pdf
- Mearsheimer, John J., and Stephen M. Walt, "The Israel Lobby," *London Review of Books*, vol. 28, no. 6, 23/3/2006, http://www.lrb.co.uk/v28/n06/mear01_.html
- Michael, Kobi, "Military Knowledge and Weak Civilian Control in the Reality of Low Intensity Conflict: The Israeli Case," *Israel Studies* journal, vol. 12, no. 1, Spring 2007.
- Rodman, David, "Israel's National Security Doctrine: An Appraisal of the Past and a Vision of the Future," *Israel Affairs*, vol. 9, no. 4, June 2003.
- Rozin, Orit, "Forming a Collective Identity: The Debate over the Proposed Constitution, 1948-1950," *The Journal of Israeli History*, vol. 26, no. 2, September 2007.
- Rynhold, Jonathan, "Israeli-American relations and the Peace Process," *MERIA*, vol. 4, no. 2, June 2000.
- Shamir, Michal and Asher Arian, "Collective Identity and Electoral Competition in Israel," *American Political Science Review (APSR)* journal, vol. 93, no. 2, June 1999.
- Sheffer, Gabriel, "Is the Jewish Diaspora Unique? Reflections on the Diaspora's Current Situation," *Israel Studies* journal, vol. 10, no. 1, Spring 2005.
- Shelef, Nadav G., "From "Both Banks of the Jordan" to the "Whole Land of Israel:" Ideological Change in Revisionist Zionism," *Israel Studies* journal, vol. 9, no. 1, Spring 2004.
- Shiffer, Zalman F., "The Debate Over the Defense Budget in Israel," *Israel Studies* journal, vol. 12, no. 1.

- Willis, Aaron, "Redefining Religious Zionism: Shas' Ethno-Politics," *Israel Studies Bulletin*, vol. 8, no. 1, Fall 1992.
- Yaari, Aviezer, National Security Council, Civilian Supervision of the Army in Israel, Memorandum No. 72, JCSS, October 2004, translation obtained from http://almash-had.madarcenter.org/almash-had/printtemp.asp?articalid=2436
- Yaari, Aviezer, Whom Does the Council Advise? A New Model for the National Security Council, Memorandum No. 85, JCSS, September 2006.
- Zunes, Stephen, "The Strategic Function of US Aid to Israel," *Middle East Policy* journal, vol. 4, no. 4, October 1996.

4. Reports and Articles:

- Alon, G., A. Harel, and A. Benn, MI and Mossad disagree over Assad's intentions, *Haaretz* newspaper, 26/12/2006.
- Avnery, Uri, Israel's Intelligence Scandal, *Counter Punch* newsletter, 21/6/2004.
- Benn, Aluf, Final Lebanon Push Decided After PM Met Informal Team, *Haaretz*, 25/5/2007.
- Benn, Aluf, State Comptroller Recommends Upgrading National Security Council, *Haaretz*, 28/9/2006.
- Black, Ian, Not David but Samson, *The Guardian* newspaper, book review, 11/2/2006.
- Central Bureau of Statistics (CBS), Jews and others, by origin, continent of birth and period of immigration.
- Cook, Jonathan, Israel's Dead End, *Al-Ahram Weekly* newspaper, no. 903, 26/6/2008.
- Cubby, Ben, Jewish Coalition Calls for Open Debate on Palestine, *The Sydney Morning Herald* newspaper, 6/3/2007.
- De Rooij, Paul, The Voices of Sharon's Little Helpers, *Counter Punch*, 9/12/2004.
- Deveson, Max, US Jewish Lobby Gains New Voice, British Broadcasting Corporation (BBC), 16/4/2008.
- Editorial, Censorship by Israel: How It's Carried Out, *The New York Times* newspaper, 29/6/1982.
- Editorial, Poll: 40% of secular Jews keep kosher, *Yediot Achronot* newpaper, Israel Jewish Scene, 26/5/2008.

- Egozi, Ariyeh, Record Israeli Arms Sales Irk US, *Yediot Achronot*, 12/10/2006.
- Elazar, Daniel J., "How Religious are Israeli Jews?," Jerusalem Center for Public Affairs (JCPA).
- "English Summary of the Winograd Commission Report," *The New York Times*, 30/1/2008.
- Erlanger, Steven, A Modern Marketplace for Israel's Ultra-Orthodox, *The New York Times*, 2/11/2007.
- Erlanger, Steven, Israeli Army, a National Melting Pot, Faces New Challenges in Training Officers, *The New York Times*, 31/12/2007.
- Fisk, Robert, Another Brick in the Wall, *The Independent* newspaper, 2/4/2006.
- Franks, Tim, Israel's Other Demographic Challenge, BBC, 3/9/2007.
- Gordon, Evelyn, Where is All the Money Going?, *The Jerusalem Post* newspaper, 8/9/2006.
- Halevi, Ezra, Knesset Advances Jerusalem Protection Law, *Arutz Sheva* (Israeli National News), 16/12/2007.
- Her Majesty's Treasury, UK budget report 2007, Her majesty's Stationary Office, London, 2007.
- IAP News, Sharon to Peres: 'Don't worry about American pressure; we control America', Washington Report on Middle East Affairs, 3/10/2001, http://www.wrmea.com/html/newsitem_s.htm
- Ilan, Shahar, Knesset approves expanding powers of national security chief, *Haaretz*, 29/7/2008.
- Katz, Yakoov, IDF: Prospect for Conflict up in 2007, *The Jerusalem Post*, 11/1/2007.
- Klug, Brian, Who Speaks for Jews in Britain?, *The Guardian*, 5/2/2007.
- Leibler, Isi, Retreat From Reason, *The Jerusalem Post*, 25/9/2007.
- Levy, Gideon, Heads to the Right, *Haaretz*, 9/3/2008.
- Levy, Shlomit et al., A Portrait of Israeli Jewry: Beliefs, Observances, and Values among Israeli Jews 2000. Highlights from an In-Depth Study Conducted by the Guttman Center of the Israel Democracy Institute for the AVI CHAI Foundation, June 2002.
- Margalit, Dan, Unnecessary Excitement on the Left, UJA Federation of Greater Toronto.

- Montopoli, Brian, News Out of Israel Filtered Through Military Censor, Public Eye, CBS News, 20/7/2006.
- Peri, Yoram, Israel's Broken Process, Decision-Making on National Security Must Be Fixed, *The Washington Post* newspaper, 25/8/2006.
- Rees, Matt, The Man Who Turned Sharon into a Softie, *Time* magazine, 15/5/2005.
- Segev, Zohar, An Ongoing Tug-of-War, *Haaretz*, book review, 7/12/2006.
- Shamir, Shlomo, Poll: 76% of Israelis feel safer living as Jews in Israel than in Diaspora, *Haaretz*, 1/7/2008.
- Shragai, Nadav, For Religious Zionists, the First Independence Day after Disengagement Poses an Ideological Dilemma, *Haaretz*.
- Sleiman, Mounzer, Will US Keep Letting Israel Sell Arms?, Al Jazeera English, 7/7/2005, http://english.aljazeera.net/NR/exeres/23A0A815-7FD2-4482-A20A-09DDF72D8A5E.htm
- Sofer, Ronny, Top NSC Officials Step Down, *Yediot Achronot*, 9/10/2007.
- Sternberg, Adi, Year-and-a-Half to Elections, *Yediot Achronot*, 4/2/2006, http://www.ynetnews.com/articles/0,7340,L-3235266,00.html
- Stieglitz, Meir, Israel on the Brink, *Information Clearing House*, 10/1/2007.
- Zelikovich, Moran, IDF: 50% of Israeli teens do not enlist, *Yediot Achronot*, 1/7/2008.

5. Workshops:

- Dvir, D., and A. Tishler, "The Role of Israeli Defense Industry," revised edition of paper presented at the workshop: The Place of the Defense Industry in National Systems of Innovation, Cornell University, Ithaca, New York, 1998.
- IDB Group, "The Patriotism and National Strength in Israel after the Lebanon War," working paper presented at the 7th Herzliya Conference at The Institute for Policy and Strategy, http://www.herzliyaconference.org/Eng/_Uploads/1856patriotismeng(4).pdf
- Maor, Anat, "The Legislation in Israel," Association for Israel Studies' 22nd Annual Conference, Calgary, Canada, May 2006.

6. Web Sources:

- American Jewish Joint Distribution Committee (JDC) website, Who Are We?, http://www.jdc.org/who_mission.html
- Americans for Peace Now, "The Settler Vote in the Israeli Elections," Settlements in Focus, vol. 2, issue 6, 24/4/2006,
- Ben-David, Alon, Israel's arms sales soar to hit record in 2006, Jane's Defense Weekly (JDW), Bracknell, 10/1/2007, http://www.plasansasa.com/pdf/JDW-Jan-5.pdf (Accessed: 24/7/2007).
- Benjamin Netanyahu's website, www.netanyahu.org/joinsesofusc.html
- Campaign Against Arms Trade (CAAT), *Arming the occupation: Israel and the arms trade*. London: CAAT, 2002.
- Center for Arms Control and Non-Proliferation website, "US Military Spending vs. the World," 6/2/2006, http://www.armscontrolcenter.org/archives/002244.php
- Central Intelligence Agency (CIA), *The World Factbook* on line.
- Conversation with Tom Segev, "Israeli National Identity," Institute of International Studies, University of California Berkeley, Conversations with History series, 8/4/2004.
- Encyclopaedia Britannica online, Fundamentalism.
- Etkes, Dror and Lara Friedman, "Challenges to the Settler Leadership," Peace Now website.
- Etkes, Dror and Lara Friedman, "Who Leads the Settlers?," Peace Now.
- Foundation for Middle East Peace (FMEP), The Beilin-Eitan Agreement on Permanent Status and its True Antecedents.
- Grinstein, Gidi, A President Doesn't Guarantee Capacity to Govern, The Reut Institute, 10/10/2006.
- Intelligence Resource Program, Israel Security Service: Sherut ha-Bitachon ha-Klali (Shabak), Federation of American Scientists (FAS) website.
- Intelligence Resource Program, The Institute for Intelligence and Special Tasks ha-Mossad le-Modiin ule-Tafkidim Meyuhadim, FAS.
- Israel Democracy Institute (IDI), Think tanks in Israel, http://www.idi.org.il/english/article.asp?id=578#3620061472542

- Israel Government Portal, Establishing a new party,
  http://www.gov.il/FirstGov/TopNavEng/EngSubjects/EngSElections/
  EngSESystem/EngSEEstablishing/
- Israel Government Portal, Ministry of Foreign Affairs.
- Israel Ministry of Foreign Affairs, "Israeli Democracy: How
  does it work,"
  http://www.mfa.gov.il/MFA/Government/Branches+of+Government/
  Executive/Israeli%20Democracy%20-%20How%20does%20it%20
  work
- Israel Votes 2006, Political Parties & Platforms.
- Jewish Virtual Library, Formal US-Israel Agreements.
- Jewish Virtual Library, Glossary,
  http://www.jewishvirtuallibrary.org/jsource/gloss.html
- Jewish Virtual Library, Israel Establishes National Security Council.
- Jewish Virtual Library, Politics,
  http://www.jewishvirtuallibrary.org/jsource/Politics/poltoc.html
- Jewish Virtual Library, The Beilin-Eitan Agreement: National
  Agreement Regarding the Negotiations on the Permanent Settlement
  with the Palestinians.
- Jewish Virtual Library, The Elections.
- Jewish Virtual Library, The Jewish Population of the World.
- Jewish Virtual Library, The Knesset.
- Jewish Virtual Library, The Role of the Knesset Speaker.
- Jews for a Just Peace website, Alliance of Concerned Jewish
  Canadians Condemns Creation of pro-Israel Caucus.
- Kaplan, Jonathan, The Role of the Military in Israel, Jewish Agency
  for Israel website, Jewish Zionist Education.
- Limor, Yehiel, The Printed Media: Israel's Newspapers, Israel
  Ministry of Foreign Affairs website.
- Lorch, Netanel, "The Israel Defense Forces," Israel Ministry of
  Foreign Affairs.
- Parsi, Trita, "Iran, the Inflatable Bogey," Rootless Cosmopolitan
  website.
- Peace Now website, "Summary of the Sasson's Report."

- Prime Minister's Office website, National Security Council, http://www.pmo.gov.il/PMOEng/PM+Office/Divisions/Security Council.htm
- Seitz ,Charmaine, Israel's Defense Budget: The Business Side of War, The Jerusalem Fund for Education and Community Development website, http://www.thejerusalemfund.org/images/informationbrief.php?ID=55
- Sher, Hanan,"Facets of the Israeli Economy: The Defense Industry," Israel Ministry of Foreign Affairs.
- The Anti-Defamation League (ADL) website, The Conversion Crisis: The Current Debate on Religion, State and Conversion in Israel.
- The Knesset website, "Legislation," http://www.Knesset.gov.il/description/eng/eng_work_mel2.htm
- The Knesset website, "The Existing Basic Laws," http://www.Knesset.gov.il/description/eng/eng_mimshal_yesod2.htm
- United Jewish Communities (UJC), The Jewish Federations of North America, United Israel Appeal.
- UJC, An Introduction into the Jewish Federation System, http://www.ujc.org/onlinelearning/flash/interface.html
- U.S. Department of State website, "Background Note: Israel."
- Zionism and Israel-Encyclopedic Dictionary website, Israeli Political System and Parties Definition.

إصدارات مركز الزيتونة للدراسات والاستشارات

أولاً: الإصدارات باللغة العربية:

1. بشير نافع ومحسن صالح، محرران، **التقرير الاستراتيجي الفلسطيني لسنة 2005**، 2006.

2. محسن صالح، محرر، **التقرير الاستراتيجي الفلسطيني لسنة 2006**، 2007.

3. محسن صالح، محرر، **التقرير الاستراتيجي الفلسطيني لسنة 2007**، 2008.

4. محسن صالح، محرر، **التقرير الاستراتيجي الفلسطيني لسنة 2008**، 2009.

5. محسن صالح، محرر، **التقرير الاستراتيجي الفلسطيني لسنة 2009**، 2010.

6. محسن صالح ووائل سعد، محرران، **مختارات من الوثائق الفلسطينية لسنة 2005**، 2006.

7. محسن صالح ووائل سعد، محرران، **الوثائق الفلسطينية لسنة 2006**، 2008.

8. محسن صالح ووائل سعد، محرران، **الوثائق الفلسطينية لسنة 2007**، 2009.

9. وائل سعد، **الحصار: دراسة حول حصار الشعب الفلسطيني ومحاولات إسقاط حكومة حماس**، 2006.

10. محمد عارف زكاء الله، **الدين والسياسة في أميركا: صعود المسيحيين الإنجيليين وأثرهم**، ترجمة: أمل عيتاني، 2007.

11. أحمد سعيد نوفل، **دور إسرائيل في تفتيت الوطن العربي**، 2007.

12. محسن صالح، محرر، **منظمة التحرير الفلسطينية: تقييم التجربة وإعادة البناء**، 2007.

13. محسن صالح، محرر، **قراءات نقدية في تجربة حماس وحكومتها 2006-2007**، 2007.

14. خالد وليد محمود، **آفاق الأمن الإسرائيلي: الواقع والمستقبل**، 2007.

15. حسن ابحيص ووائل سعد، **التطورات الأمنية في السلطة الفلسطينية 2006-2007**، ملف الأمن في السلطة الفلسطينية (1)، 2008.

16. محسن صالح، محرر، **صراع الإرادات: السلوك الأمني لفتح وحماس والأطراف المعنية 2006-2007**، ملف الأمن في السلطة الفلسطينية (2)، 2008.

17. مريم عيتاني، **صراع الصلاحيات بين فتح وحماس في إدارة السلطة الفلسطينية 2007-2006**، 2008.
18. نجوى حساوي، **حقوق اللاجئين الفلسطينيين بين الشرعية الدولية والمفاوضات الفلسطينية – الإسرائيلية**، 2008.
19. محسن صالح، محرر، **أوضاع اللاجئين الفلسطينيين في لبنان**، 2008.
20. إبراهيم غوشة، **المئذنة الحمراء**، 2008.
21. عدنان أبو عامر، مترجم، **دروس مستخلصة من حرب لبنان الثانية (تموز 2006): تقرير لجنة الخارجية والأمن في الكنيست الإسرائيلي**، 2008.
22. عدنان أبو عامر، **ثغرات في جدار الجيش الإسرائيلي**، 2009.
23. قصي أحمد حامد، **الولايات المتحدة والتحول الديموقراطي في فلسطين**، 2009.
24. أمل عيتاني وعبد القادر علي ومعين منّاع، **الجماعة الإسلامية في لبنان منذ النشأة حتى 1975**، 2009.
25. سمر جودت البرغوثي، **سمات النخبة السياسية الفلسطينية قبل وبعد قيام السلطة الوطنية الفلسطينية**، 2009.
26. عبد الحميد الكيالي، محرر، **دراسات في العدوان الإسرائيلي على قطاع غزة: عملية الرصاص المصبوب / معركة الفرقان**، 2009.
27. عدنان أبو عامر، مترجم، **قراءات إسرائيلية استراتيجية: التقدير الاستراتيجي الصادر عن معهد أبحاث الأمن القومي الإسرائيلي**، 2009.
28. سامح خليل الوادية، **المسؤولية الدولية عن جرائم الحرب الإسرائيلية**، 2009.
29. محمد عيسى صالحية، **مدينة القدس: السكان والأرض (العرب واليهود) 1275-1368 هـ/ 1858-1948 م**، 2009.
30. رأفت فهد مرة، **الحركات والقوى الإسلامية في المجتمع الفلسطيني في لبنان: النشأة – الأهداف – الإنجازات**، 2010.
31. سامي الصلاحات، **فلسطين: دراسات من منظور مقاصد الشريعة الإسلامية**، ط 2 (بالتعاون مع مؤسسة فلسطين للثقافة)، 2010.
32. محسن صالح، محرر، **دراسات في التراث الثقافي لمدينة القدس**، 2010.
33. مأمون كيوان، **فلسطينيون في وطنهم لا دولتهم**، 2010.

34. عبد الرحمن محمد علي، محرر، **إسرائيل والقانون الدولي**، 2011.

35. كريم الجندي، **صناعة القرار الإسرائيلي: الآليات والعناصر المؤثرة**، ترجمة أمل عيتاني، 2011.

36. عباس إسماعيل، **عنصرية إسرائيل: فلسطينيو 48 نموذجاً**، سلسلة أولست إنساناً؟ (1)، 2008.

37. حسن ابحيص وسامي الصلاحات ومريم عيتاني، **معاناة المرأة الفلسطينية تحت الاحتلال الإسرائيلي**، سلسلة أولست إنساناً؟ (2)، 2008.

38. أحمد الحيلة ومريم عيتاني، **معاناة الطفل الفلسطيني تحت الاحتلال الإسرائيلي**، سلسلة أولست إنساناً؟ (3)، 2008.

39. فراس أبو هلال، **معاناة الأسير الفلسطيني في سجون الاحتلال الإسرائيلي**، سلسلة أولست إنساناً؟ (4)، 2009.

40. ياسر علي، **المجازر الإسرائيلية بحق الشعب الفلسطيني**، سلسلة أولست إنساناً؟ (5)، 2009.

41. مريم عيتاني ومعين مناع، **معاناة اللاجئ الفلسطيني**، سلسلة أولست إنساناً؟ (6)، 2009.

42. محسن صالح، **معاناة القدس والمقدسات تحت الاحتلال الصهيوني**، سلسلة أولست إنساناً؟ (7)، 2011.

43. حسن ابحيص وخالد عايد، **الجدار العازل في الضفة الغربية**، سلسلة أولست إنساناً؟ (8)، 2010.

44. **معاناة قطاع غزة تحت الحصار الإسرائيلي**، تقرير معلومات (1)، قسم الأرشيف والمعلومات، 2008.

45. **معابر قطاع غزة: شريان حياة أم أداة حصار**، تقرير معلومات (2)، قسم الأرشيف والمعلومات، 2008.

46. **أثر الصواريخ الفلسطينية في الصراع مع الاحتلال الإسرائيلي**، تقرير معلومات (3)، قسم الأرشيف والمعلومات، 2008.

47. **مسار المفاوضات الفلسطينية الإسرائيلية ما بين "أنابوليس" والقمة العربية في دمشق (خريف 2007 – ربيع 2008)**، تقرير معلومات (4)، قسم الأرشيف والمعلومات، 2008.

48. **الفساد في الطبقة السياسية الإسرائيلية**، تقرير معلومات (5)، قسم الأرشيف والمعلومات، 2008.

49. **الثروة المائية في الضفة الغربية وقطاع غزة بين الحاجة الفلسطينية والانتهاكات الإسرائيلية**، تقرير معلومات (6)، قسم الأرشيف والمعلومات، 2008.

50. **مصر وحماس**، تقرير معلومات (7)، قسم الأرشيف والمعلومات، 2009.

51. **العدوان الإسرائيلي على قطاع غزة (2009/1/18-2008/12/27)**، تقرير معلومات (8)، قسم الأرشيف والمعلومات، 2009.

52. **حزب كاديما**، تقرير معلومات (9)، قسم الأرشيف والمعلومات، 2009.

53. **الترانسفير (طرد الفلسطينيين) في الفكر والممارسات الإسرائيلية**، تقرير معلومات (10)، قسم الأرشيف والمعلومات، 2009.

54. **الملف الأمني بين السلطة الفلسطينية وإسرائيل**، تقرير معلومات (11)، قسم الأرشيف والمعلومات، 2009.

55. **اللاجئون الفلسطينيون في العراق**، تقرير معلومات (12)، قسم الأرشيف والمعلومات، 2009.

56. **أزمة مخيم نهر البارد**، تقرير معلومات (13)، قسم الأرشيف والمعلومات، 2010.

57. **المجلس التشريعي الفلسطيني في الضفة الغربية وقطاع غزة 2010-1996**، تقرير معلومات (14)، قسم الأرشيف والمعلومات، 2010.

58. **الأونروا: برامج العمل وتقييم الأداء**، تقرير معلومات (15)، قسم الأرشيف والمعلومات، 2010.

59. **دور الاتحاد الأوروبي في مسار التسوية السلمية للقضية الفلسطينية**، تقرير معلومات (16)، قسم الأرشيف والمعلومات، 2010.

60. **تركيا والقضية الفلسطينية**، تقرير معلومات (17)، قسم الأرشيف والمعلومات، 2010.

ثانياً: الإصدارات باللغة الإنجليزية:

61. Mohsen M. Saleh and Basheer M. Nafi, editors, *The Palestinian Strategic Report 2005*, 2007.

62. Mohsen M. Saleh, editor, *The Palestinian Strategic Report 2006*, 2010.

63. Mohsen M. Saleh, editor, *The Palestinian Strategic Report 2007*, 2010.

64. Mohsen M. Saleh, editor, *The Palestinian Strategic Report 2008*, 2010.

65. Mohsen M. Saleh, editor, *The Palestinian Strategic Report 2009/2010*, 2011.

66. Muhammad Arif Zakaullah, *Religion and Politics in America: The Rise of Christian Evangelists and their Impact*, 2007.

67. Mohsen M. Saleh and Ziad al-Hasan, *The Political Views of the Palestinian Refugees in Lebanon as Reflected in May 2006*, 2009.

68. Ishtiaq Hossain and Mohsen M. Saleh, *American Foreign Policy & the Muslim World*, 2009.

69. Abbas Ismail, *The Israeli Racism: Palestinians in Israel: A Case Study*, Book Series: Am I Not a Human? (1), translated by Aladdin Assaiqeli, 2009.

70. Hasan Ibhais, Mariam Itani and Sami al-Salahat, *The Suffering of the Palestinian Woman Under the Israeli Occupation*, Book Series: Am I Not a Human? (2), translated by Iman Itani, 2010.

71. Ahmad el-Helah and Mariam Itani, *The Suffering of the Palestinian Child Under the Israel6i Occupation*, Book Series: Am I Not a Human? (3), translated by Iman Itani, 2010.

72. Firas Abu Hilal, *The Suffering of the Palestinian Prisoner Under the Israeli Occupation*, Book Series: Am I Not a Human? (4), translated by Bara'ah al-Darazi, 2011.

73. Mariam Itani and Mo'in Manna', *The Suffering of the Palestinian Refugee*, Book Series: Am I Not a Human? (6), translated by Salma al-Houry, 2010.

Printed in the United States
By Bookmasters